序一

掀起习作的“盖头”来

语文教育是母语教育，是民族言语生命与民族文化传承的接力艺术。正是出于这样一种对艺术的向往和守望生命田园的责任，身为特级教师的张云鹰选择了语文教学中最难却最具有现实意义的“习作教学”来作研究——这是需要勇气，更是需要智慧的。

有人把“阅读”和“习作”形象地比做语文教学的一对翅膀，缺一不可。对阅读教学的研究，众多专家学者，各路学术流派，可谓“五彩缤纷”。毋庸置疑，长期以来教育工作者给予习作教学的关注也是积极的，催生了不少关于习作的教学理论、方法和模式，并且在一定的时期产生了积极的影响，推动了语文教学的进步，夯实了习作教学的根基。但是，时至今日，习作教学“高投入，低产出”的问题似乎并没有得到根本的扭转。习作教学之难，“难于上青天”，学生感到难，教师也感到难。这种现状促使我们不得不知难而上，拨开云雾，摒弃纷扰，掀起习作的“盖头”来，去追问习作教学的本源性问题。

追寻习作教学的本源，必然要追溯到习作主体上来。我们不妨把教育部制定的新世纪《全日制义务教育语文课程标准（实验稿）》与 1992 年国家教委制定的《九年义务教育全日制小学语文教学大纲（试用）》相比较，可以看到，在关于习作教学的表述上有一些非常引人注目的变化，其中最具有指导意义的，莫过于改“作文”为“习作”了。“作文”与“习作”，虽一字之差，其侧重点却相去甚远。“作文”强调“文”，重的是结果；而“习作”强调“习”，重的是过程。

众所周知，现代教学论更加强调学生积极主动地学，生动活泼地学。换句话说，现代的教学，对学生来说，通常应经历这样一个过程：从教会，到学会，到会学，到会用，这才是真正的“会”。过程完成得好，就没有理由得不到好结果。

写作是运用语言文字进行表达和交流的重要方式，是认识世界、认识自我、进行创造性表述的过程。写作能力是语文素养的综合体现。从根本上说，这一变化并没有改变习作本身所应承载的言语使命和言语功能。但是，在很大程度上让习作主体得到了解放，这种解放，对于教师，是理念的重新建构，是思维的碰撞更替，也是方式的重新设计。对于学生，是从要我学、要我写，到我要学、我要写，从怕学怕写、厌学厌写，到乐学乐写，乐在其中，乐此不疲，乐而忘返。生命在激扬中得到成长，得到发展。主人翁的积极的生命状态和精神自由得到张扬。说到底，这就是开放，是意识的开放，是心灵的开放，也是胸怀的开放。

特级教师张云鹰所著的《开放式习作教学》正是切合了这一本源性问题。或者说，这是一本站在“教者”的角度审视“学者”的习作教学蓝本，而不是某种一成不变的范式。它用开放的姿态和读者平等对话，既不拘泥，又没有矫揉造作。它不是可望而不可即的海市蜃楼，而是看得见够得着的高度，实实在在，真真切切。只要我们看准目标，努力跳一跳，就能把“果子”摘到手，享受收获的愉悦。这正是我们当前习作教学的真正需要，而这本书也正是广大语文教师迫切需要的著作。

《开放式习作教学》一书，突破了传统的习作教学樊篱，构建起了开放的习作教学理念，自成一家之言，独树一帜，令人耳目一新。这一理念，促使了师生关系的变化，学生观、学习观的变化，也促使了思维方式、表达方式、评价方式乃至习作内容的变革。这种变革必将进一步对整个语文教学领域带来深远的影响。对此，我们可以预见，并深信不疑。

语文教学必须高度重视习作教学，这是语文教学的根本任务，也是广大语文教师的使命。教学有法，教无定法，贵在得法。教学本身既是一门科学，又是一门艺术。科学的价值在于求真，艺术的生命在于创新。习作教学更是如此。我们既要探寻规律，驾驭规律，又要勇于超越，凸显特点甚至特色。这正是张云鹰著写此书的要旨。

这是一本好书，会对教师有益，会使学生得益。因此，我乐于为之作序，并向广大教师推荐。

吕达

（本序作者吕达教授为全国教育学研究会理事长，全国课程专业委员会主任，全国教育科学规划基教专家组成员，博士生导师）

序二

走向习作教学的春天

我们常听学生抱怨“习作难”，是习作本身难写？还是学生能力不够？抑或老师没有给学生一副解除“难”的良方？尽管不少老师正在习作教学途中“上下求索”，但往往过程曲折而收效不大。正当老师们“山重水复疑无路”时，广东省特级教师、深圳市宝安区名校长张云鹰老师所著的《开放式习作教学》一书，带给大家“柳暗花明又一村”。本书根据我国2001年颁布的《全日制义务教育语文课程标准（实验稿）》的基本理念，带领老师穿越迷雾，识得习作教学的本真；送给老师一颗慧心，悟出习作教学的法宝，是一本实实在在的习作“教参”。

本书内容包括：开放的习作理念、开放的习作思维、开放的习作情感、开放的习作内容、开放的习作表达、开放的习作过程、开放的习作文体、开放的习作范式和开放的习作评价等。取材宏富，体例新颖，结构严谨，脉络清晰，语言得体。书中的“开放”理念是针对“封闭”“禁锢”“狭隘”而提出的，它通过创设宽松的学习环境，放开学生的手脚，减少对学生习作的束缚，促进学生自由的、有创意的表达。它为学生提供了一个学科与学科之间相融合，习作与生活、自然、社会相渗透的大空间。让学生在全方位开放的习作教学空间里自由驰骋，全面提高自己的语文素养。

本书有很强的思想性、理论性，能从现象升华到本质，从而使教师们掌握习作教学的规律，学到习作教学的精髓，而不仅仅是接触些许例子的皮毛学问，进而可相机提升教师习作教学的理论素养，助其由经验型教师向智慧型教师转变。本书每一章节都有理论指引及案例支撑。正如张云鹰老师所说，“习作，阅读是基础，兴趣是动力，思维是关键，表达是难点”。区区20个字，就道破了习作的真谛。从这几句凝练的话语中，我们对习作有了清晰的认识。要想教好习作，必须让学生丰富阅读，积淀底蕴，厚积薄发，所以要构建开放的习作内容；必须把培养兴趣作为起点，让学生消除畏难情绪，乐于写作，善于写作，并具有情感丰富的心灵，去追求真善美，所以要创设开放的情感；必须扎扎实实地进行语言文字的训练，让学生很好地表情达意，所以要激活开放的表达；必须让学生多元思维，立体思维，发散思维，成为有思想，有个性，有创意的人，所以要拓展开放的思维……

本书更具有很强的指导性、操作性。书中有大量的案例、模式，甚至介绍了如何操作的具体环节。对于众多在习作教学中茫然无措的教师来说，无疑就是拐杖，就是方向标，这些案例与模式能使教师以最快的速度迈上科学高效的习作教学轨道。如“开放的习作范式”一章中就提供了“剪贴画式”“情境式”“活动式”“日记式”“话题式”“新读写结合式”“网络式”“推理式”和“下水文式”等多种范式。每一种范式都介绍得十分详细，相关的概念、意义、类型、操作程序，无不涉及。作为一线教师，我们的教学都是从“仿”到“创”的过程，《开放式习作教学》一书，正给了我们很好的借鉴，解决了大家“教不得法”的难题，同时并非局限在“仿”中，还能引领大家“创”出习作教学更宽的路子。教师会教了，学生自然也就能在习作中得心应手，这样，习作的春天还会远吗?!

通过长期刻苦的理论学习和实践探索，曾经从事过中小学语文教学、担任过九年小学语文教研员、做过三年专职小学语文培训教师的张云鹰校长终于找到了一个以“开放”为特征的、言之成理、行之有效的小学习作教学模式，并形成了独有的“开放式习作教学”流派。在张云鹰老师的大作《开放式习作教学》付梓之际，我这个长期从事习作教学研究的老兵，谨向她表示热烈的祝贺和崇高的敬意！

吴立岗

2008年6月30日于上海樟树园

（本序作者吴立岗教授为全国小学语文教学研究会理事长）

目　录

第一章　开放的理念

小学语文是义务教育阶段的一门基础学科，它对于培养学生的思想道德素质和科学文化素质，培养学生的创造力，发展学生健康的个性，养成良好的意志品格，都具有重要意义。而作为小学语文教学重要组成部分的习作教学，在实现上述教育目标方面更处在特殊的位置。

习作本身既是学生对知识的一种重构、创新，又是学生对生活的一种再现、理解、创造、升华，同时更是一个开放的、流动的、递进的、复杂的思维过程。任何一篇文章都不是信手涂鸦，它映射着习作者知识的积淀，闪耀着习作者智慧的火花。鉴于此，习作教学过程应该是学生能动的、积极的参与过程，是一种开放的、民主的、自主的、和谐的过程，是师生合作、生生合作的共同学习过程，是融实践、生活、社会，融听说读写等各种因素于一体的过程。

近年来，习作教学是有一些积极变化的。但是，我们也应该看到，由于长期受“应试教育”的影响，习作教学的理念、思维、情感、内容、表达、文体、范式、评价等还存在着很多问题。如何在现代教育教学理念指导下，深化小学习作教学改革，切实提高习作教学质量，已成为广大教育工作者，特别是广大一线语文教师和全社会共同关心的热点。

第一节　习作教学的问题与思考

长期以来，由于受传统“应试教育”的影响，教师为应试而教，学生为应试而学，习作教学的现状引人忧思。

一、封闭——习作教学存在的最大问题

（一）师生之间、生生之间的关系处于封闭状态

长期以来，在习作教学上教师主导作用的过度夸大、强化，在师生之间、生生之间形成了不可逾越的心理鸿沟。绝大多数教师、学生认为习作是“教”出来的，且必须经过“千淘万漉，吹尽黄沙”的艰辛过程才能真正创作出来，由此导致学生害怕习作、拒绝习文。

（二）习作与实践、生活、社会的关系处于封闭状态

学生们为了应付考试，应付老师，奉命习作，闭门造文，东抄西凑。于是，“假、大、空、套”便成了小学生习作的主旋律。学生在一种相对封闭的空间里进行写作，即使生活在社会、家庭之中，也很少将其真正融入到习作之中，致使习作成了无源之水、无本之木，缺少生机与活力，故而会表现出千篇一律、千人一面的假象。

（三）习作与听说读之间的关系处于封闭状态

习作本是学生自然形成的一种素质。可以说，从孩子会张口讲话起，他便开始进行“习作”了。长期以来，我们仅把习作定位为书面语言的规范表达，忽视了听、说、读等方面的培养，使习作走上了摇摇欲坠的独木桥，学生语言贫乏、无话可说的现象比比皆是。

（四）低、中、高三个年段之间的关系处于封闭状态

由于缺乏有效的引导，各个年段为完成各自的任务而独立训练、各自为战，造成各个年段之间训练不衔接、不到位，以致学生的习作能力形成断层。

（五）习作过程的各个环节之间处于封闭状态

写、评、改、赏各个环节训练的不到位、不衔接，极大地影响了习作训练的效果。重“写”，轻“评”“改”“赏”，使习作教学始终处于粗放状态。

（六）习作的输出和输入之间处于封闭状态

习作作为语言“输出”，需要有“输入”这一前提。阅读积累和生活积累是学生习作水平提高的重要基础，所以习作教学的重点首先应让学生产生丰富的体验，引导学生的经验参与，让学生有表达的冲动，然后引导学生恰到好处地表达。而一味地重视“输出”，最终会使学生语言乏力、

才思枯竭。

（七）习作教学的课堂相对处于封闭状态

一方面，目前的习作教学备课常常流于形式，过于简略，设计缺乏科学性和操作性。另一方面，由于习作教学没有基本的操作范式和活动流程可以借鉴，导致习作教学的课堂基本处于对外封闭状态，教师之间互动交流的机会较少。

（八）小学习作教学的文体处于封闭状态

长期以来，习作教学片面重视记叙文体的训练，忽视了应用文、说明文等实用文体的练习，导致许多学生连最起码的请假条都写不好。

（九）习作教学的研究尚处于封闭状态

比之阅读教学和识字教学研究，习作教学的研究相对薄弱。专家讲学、专题研究、教研活动很少涉及，教师们的教育科研、论文撰写对之也多采取回避策略。

上述种种问题，最终抹杀了学生习作的兴趣，阻碍了学生习作能力的形成，对于学生形成创新性品质更是有百害而无一益。因此，在习作教学中注入“开放”的理念，并“开放”地指导学生进行习作实践显得尤为重要。

总之，受“应试教育”的影响，教师习惯于为应试而教，学生习惯于为考试而学，习作教学不容乐观。由于听说读写的训练不到位，学生听话断章取义，说话张口结舌，读书不求甚解，习作也就只得生拉硬套、闭门造车。加之习作指导越来越精细（审题有套路，结构有模式，主题有定数），习作也就没有了创意，失去了灵性，泯灭了个性。

习作本是人生一大快事，抒心中所感，写心中所想，酣畅淋漓，一吐为快，那才过瘾。然而，写的是见所未见、闻所未闻的东西，哪里谈得上“酣畅淋漓”和“一吐为快”？抹杀的，最终是学生习作的兴趣；阻碍的，也是学生习作能力的形成。因此，在习作教学中注入“开放”的理念，并“开放”地指导学生进行习作实践，让学生能够自主真实地描绘多彩生活，无所顾忌地抒发真情实感，正是开放的习作所希冀的。

二、开放——习作教学问题的最佳对策

（一）树立开放的习作教学新理念

我提倡的开放式习作教学理念是以学生生命的表达、沟通，情感的流露、滋润为本，不是以考试为本，从培养学生习作兴趣、增强学生习作动力的角度，向学生传输并不断强化习作训练。

1. 习作是生活的再现

万物可入文，遍地都是金，留心身边事，处处有文章。有人说，现在的孩子生活枯燥，两点一线，除了上课就是回家，当然写不好文章。但细细想来，今天的孩子们视野何其广阔：无所不容的互联网，花样迭出的电子游戏，名目繁多的各类书报，五花八门的电视节目，丰富多彩的第二课堂……真可谓“上可九天揽月，下可五洋捉鳖”。由此可见，孩子们不是没有生活，而是不懂得在看似平淡的生活中发掘属于自己的情趣和意义，正像著名雕塑家罗丹说的那样，生活中不是缺少美，而是缺少发现美的眼睛。

2. 习作是心灵的倾吐

小学生习作其实就是一种练笔，一种妙不可言的文字嬉戏，把内心的快乐、忧愁、烦恼、困惑等表达出来，就是习作，其意重在自由表达、快乐倾吐，若要求过高，就会出现“无病呻吟”“揠苗助长”之弊端。而教师要做的应是不断地唤醒、激励和鼓舞，让学生在习作的起步阶段就感受到习作的快乐与精彩，激发习作兴趣，轻松地步入习作之门，进而实现新课标中所强调的让小学生“易于动笔，乐于表达”的目标。

3. 习作是轻松的游戏

有些学生之所以害怕习作，是因为他们被习作森严的壁垒所吓倒。有板有眼的题目，洋洋洒洒数百上千字的正文，意味悠长的结尾，加之中心明确、内容具体、条理清楚、标点正确等必达指标，学生未成文前便心有余悸，习作时更是小心翼翼，毫无轻松可言。其实，小学生习作大可不必长篇大论。一句话是习作，几句话是习作，一个片段亦是习作，甚至口头叙述也可称为习作。小学生习作可以或长或短，亦放亦收，长有洒脱之美，短有凝练之趣；可文字描绘，可拼图填补，亦可绘画渲染，不拘形式，不限篇幅，洋洋洒洒，笔走龙蛇。写作就应像快乐的儿童游戏般轻松

自得。

4. 习作是自我的折射

“文为心声”，习作表达的是自己的所见所闻，吐露的是自己的所思所感，是在用笔为自己的人生“画像”。因此，教师应引导学生用眼观察，用心感受，这样学生习作时才会神聚气敛、思接千里、情动于中、文如泉涌，笼天地于形内，挫万物于笔端。

5. 习作是思维的体操

思维是习作的灵魂，倡导学生按照自己的思维方式行文，既是习作方式的一种回归，更是创新习作的一种体现。习作思维是在阅读和习作中生发出的一种智慧，习作思维的培养既需要教师在学生习作时渗透给他们一些“精要有用”的写作知识，又需要学生主动地在习作实践中通过模仿、创新等形式不断去发现、总结、提升和运用。

6. 习作是童心的记忆

尊重儿童对生活的独特体悟，珍视充满童真童趣的原生态绿色语言，淡化“主题”，倡导写真。引导学生随时记下自己成长中的点点滴滴，并在习作中充分张扬个性，是对童年的守望，对童心的呵护，对童真的珍视。

（二）从兴趣入手，使学生乐于表达

兴趣是指一个人经常倾向于某种认识、把握某种事物，力求参与某种活动的心理机能。兴趣是调动学生的积极因素，是发展智力，培养能力的基础。怎样使学生对习作教学充满期待、兴趣盎然，进而迸发出强烈的表达欲望呢？一般可从以下几方面入手。

1. 降低门槛

不在篇幅和结构方面提出过高要求，控制习作次数，尊重学生的愿望。新课标对小学写作的目标要求是“能具体明确、文从字顺地表述自己的意思”。这就是说，学生只要把自己看到的、听到的、想到的内容，用明白通畅的文字记下来就可以了。所谓“习作”，即强调小学生的作文就如同绘画的写生一样，是一种练习，而非“专业创作”。从篇幅上讲，根据学生所处的不同年段，凡要求写一两句话的，就绝不要求写几句话；凡要求写一段话的，就绝不作成篇的要求；从表达上讲，绝不盲目追求学生文笔之美、辞藻之丽、立意之高、言论之精辟。总的来说，小学生习作重在萌生其无穷的表达兴趣，而非在所谓的技术层面上大做文章。

2. 体验成功

激发学生的习作兴趣，让他们不断获得习作的成功，体验成功的快乐，尝到胜利的喜悦。转变习作评价观念，变“纠谬”为“捕捉闪光点”。教师必须蹲下身子平视学生，真正树立以学生为主体的思想，在对待学生习作上，努力给学生一片舒展自我个性的空间，坚决反对字斟句酌、刀砍斧凿、体无完肤的修改，尤其要反对训斥和嘲讽。即使是学生的习作内容与要求相悖，也要尽可能保持其原汁原味，以增强学生表达的信心。

3. 指导方法

文无法则文亡。小学生习作方法的积淀一靠模仿，二靠教师的悉心指导。在模仿中习得方法，在指导中运用方法是习作教学的根本思路，“具体”是习作方法指导的关键，要让小学生写出有血有肉、文从字顺的文章，教师就必须密切关注习作方法的指导。

（三）引导学生观察生活，培养他们的发现力

1. 让学生学会“审视”

观察是一种智慧。人的眼睛是最灵敏的高科技摄像机，它可以看到任何一个细微之处，但每个人的眼睛摄取的角度不同，看到的内容也不一样。如何让小学生真实地观察生活，多侧面地反映生活，多视角地审视生活，需要教师在小学生习作前、习作中、习作后进行方法的指导和反复训练。

2. 让学生学会“倾听”

倾听是一种习惯，也是一门艺术，声音可以还原生活的本来面貌，也可以创造出生活中原本不存在的美妙境界，同样的声音在不同人的耳朵里所想象出的画面不尽相同。树林里啁啾的鸟语、海滩上起落的潮汐、街道上鸣响的汽笛、闹市间嘈杂的叫卖……一切皆可入耳，一切皆是音乐，一切皆可入文。

3. 让学生学会“感知”

摸和闻是认识事物的有效方法。一花一世界，一叶一菩提，在感知中我们会渐渐懂得世间的一切都有生命，都有灵气。“水暖知春近，叶落闻秋声”是对自然浅层次的感知，“感时花溅泪，恨别鸟惊心”是对内心深层次的感知。要引导学生通过多种感官去认识事物，了解世界，走进自己乃至别人的内心深处，并通过习作表达自己内心的认识和情感。

4. 让学生学会“表达”

感悟的过程是灵感升华的过程，当学生积累了丰富的体验与感受时，就要为其提供自我倾吐和相互表达的机会。这种倾吐和表达可采用多种方式，可以口语表达，也可书面表达；可以是一个人独白，也可与同伴分享……可以是寥寥数语，也可长篇大论。这些不同的表达方式可以促进学生观察和感知等能力的不断提高，因此，教师不必苛求形式，只求让学生“口咏其言、心惟其义”。

（四）准确把握习作要求，切忌盲目拔高

教师应深入研读新课标，全面把握习作教学目标，准确捕捉学段训练重点。（如下表所示）

习作教学各学段训练内容提要

学　段	情　感	方法技能	量
第一学段（1～2级）（写　话）	有兴趣	运用学到的词语	无
第二学段（3～4级）（习　作）	乐于表达；增强表达自信心；分享习作快乐	不拘形式地表达；运用积累的语言材料；学习修改明显错误。	无
第三学段（5～6级）（习　作）	懂得写作是表达和与人交流的需要	写简单的作文；内容具体，感情真实，分段表述；与人交流修改；积累习作素材。	40分钟不少于400字

（五）充分发挥评价的杠杆作用

充分体现评价主体的多元性。参与评价的主体可以是教师、家长、同学，也可以是学生自己；评价的重心不仅仅关注内容，还要兼顾写作的兴趣、情感、态度、习惯、创造性等；评价的形式可以以书面的方式呈现，如等级、评语、简笔画、特定符号等；可以以动作方式呈现，如竖大拇指、摸头、拍肩、击掌等；可以以象征性物品的方式呈现，如赠送小图片、动物形剪纸、笑脸娃娃等。此外还可以在网上进行互评、采用个性化评价表、建立个人习作档案、搭建“成果展示台”等形式进行评价。

（六）强化习作教学研究

将习作教学作为课题进行专题研究，充分发挥考试命题的导向功能，有针对性地开展教研活动，举行形式多样的竞赛活动。如，习作课堂教学展示、习作教学案例评比、习作教学优秀论文评选、习作教学设计竞赛，以赛促学，以赛促研，以赛促改。

（七）建设习作训练教材

目前，国内还没有一套科学的、权威的、系统的、独立的小学习作训练教材。为了充分发挥习作教学在素质教育中的独特功能，我们认为，建设一套具有理论性、实践性和可操作性的习作教材供师生使用，是很有必要的。

第二节　开放式习作教学的理论支撑

一、建构主义学习理论对习作教学的启示

建构主义（constructivism）也译作结构主义，其最早的提出者可追溯至瑞士的皮亚杰（J. Piaget），它是认知学习理论的一个重要分支。建构主义者认为，知识不是通过教师传授获得的，而是学习者在一定的情境即社会文化背景下，借助其他人（包括教师和学习伙伴）的帮助，利用必要的学习资料，通过意义建构的方式而获得的。因此，建构主义学习理论认为，“情境”“协作”“会话”和“意义建构”是学习环境中的四大要素或四大属性。

建构主义教学原则兴起于20世纪90年代的美国，它是在否定、检讨和扬弃客观主义教学原则的基础上诞生的，二者的分歧集中反映在如下三个方面。

第一，认识活动是否要以学习者原有的经验为基础？

客观主义者相信真实世界存在于人的主体之外，不受人类经验的支配。因此，教育的作用是帮助学生反映真实世界，而不是鼓励学生对他们所感知的真实世界进行自己的理解。

建构主义者强调真实性更多地存在于认识主体的大脑中。学习者在建构一个真实世界，或者至少是在理解这个真实世界时，要以他原有的经验或感知为基础。

第二，组织学习活动是否关注个体的差异？

客观主义者认为，所有人的认识活动都具有同一性、同步性和统一性，学习活动是从初学者到专家的一个连续体或统一的活动，这种活动是以获取真理或知识为本质特征的。对于每一个学生来说，他们掌握的真理或知识是同一的，学习活动为教学设计提供了一个普遍的语言模式，大家可以按部就班地遵循这些模式，进行有效的学习。

建构主义者则认为知识的建构是一个人先前经验、认知结构和信念等因素相互整合的结果。因此，每个人掌握的知识具有浓厚的个人色彩，组织学习活动时必须关注个体的差异。

第三，为了个体自由而有效地学习是否需要减少外部控制？

客观主义者坚持教育者外部控制个体的学习，教师和设计者垄断了教学过程，没有体现个体的学习程度，把教学过程外部化、机械化和模式化。

建构主义者认为，为了个体自由而有效地学习，教育者不得不放弃一些有目的的控制，通过提供支持而不是干预学习环境，使个体主动调节自身的学习行为。

明白了上述二者的分歧，我们便可豁然开朗，以往习作教学的病根就在于受客观主义教学原则的影响太深，而与建构主义理论背道而驰。习作并非机械地反映现实生活，相反，它总是渗透着作者的情感，浸染着个性的色彩，即使注目同一事物，感受也会因人而异。正因为如此，被人格化了的大千世界，才显得更加鲜活，更富魅力。但是，长期以来，我们只注重真实世界的客观性，忽视了认识活动要以个体原有的经验为基础；过多地着眼于学习者的共性，忽视了个体的差异性，致力于通过一个通用的模式，凭借外部的控制，使千差万别的个体步调一致，这就必然导致教师的垄断。这种垄断具体表现为教师控制了命题权，统一了写什么；掌握了习作指导权，统一了如何写；独揽了批改权，任由一张嘴说了算。这样，教者便主宰了习作教学的全过程，形成了从命题、指导直至批改、评讲的大一统局面，其实质是彻头彻尾的教师中心主义。这样，学生便丧失了习作的自主权，当然难有习作的情趣，要写的并非自己想写的，老师的要求常常使自己难以下笔；写好了，听任老师修修改改，自己却不明白所以然；评讲时老师讲得头头是道，只是自己难以做到，长此以往，怎能不视习作为畏途？

以建构主义理论为指导进行习作教学，教师就应帮助学生建构习作的意旨，指导他们自由地写出对生活的体验和感悟，并组织协作评改，形成自由、开放的习作氛围，真正把习作的主动权还给学生。

二、“新基础教育”理论对习作教学的启示

叶澜教授在“新基础教育”理论中把教学过程的基本任务定位为：使学生努力学会不断地从不同方面丰富自己的经验世界，努力学会实现个人的经验世界与社会共有的“精神文化世界”的沟通和富有创造性的转换；逐渐完成个人精神世界对社会共有精神财富具有个性化和创生性的占有；充分发挥人类创造的文化、科学对学生“主动、健康发展”的教育价值。

叶澜教授表述的教学过程任务的定位，表达了我们对教学过程中必然出现的两个“世界”的多重变换关系的认识，以及教学需要完成的“个性化和创生性”这一要求之中，“个性化”是指个人的动机、需要、基础、兴趣、特长、倾向性、学习的风格和思维方式等因素的组合；“创生性”是学生创造能力的开发、生成和积聚，同时又是对创造性活动的理解和体验过程。它不是知识的灌输与简单积累，而是用科学、文化内含的创造力，去激发、促进学生个体生命创造力的发展过程。

“新基础教育”理论中有关教学过程的阐述，对于习作教学具有一定的指导意义。因此，在习作教学过程中，我们要坚持以趣导教，以乐施教，以学立教。

1. 以趣导教

激发情趣，事事皆可成文；张扬个性，人人能作妙章。把习作看成是一种自然的生命状态，一种朴实的生活行为，以情感激发情感，以情趣激发情趣，引导学生用真实的生命去拥抱习作，让心灵与习作亲密无间，表达自己生命的真情实感。

2. 以乐施教

新课标中多次提到“体验”，把“体验”的理念应用到习作教学中，就是以乐定教，以发展为宗旨，以生活为主线，以体验为主导，要让学生在习作中享受到体验的愉悦，体验到探究的魅力，体验到生命的活力，体验到对话的激情，体验到生活的美丽，体验到交流的快乐，体验到合作的幸福……

3. 以学立教

传统的习作教学大多是以考定教，很少考虑到学生的需要和发展，这

就背离了习作教学的本真。以学立教，就是要把准学生成长的脉搏，活跃学生的身心，开拓学生的视野，找准学生的“激情点”，激发学生的创造欲望，激活学生的生命力，让学生“吾手写吾心”，兴趣盎然，激情勃发，文思泉涌，写出“清水出芙蓉”般的生命习作，让学生习作与做人齐头并进。

三、“新教育实验”理论对习作教学的启示

“新教育实验”创始人朱永新教授在诠释“新教育实验”理论时指出，教育本身就是生活，教育就是生活的方式，是行动的方式，教育在作为促进美好生活的手段的同时，本身就应该是幸福的生活，是存在的目的。朱永新认为，过一种幸福完整的教育生活，不仅有对教育终极意义的思考追求，也含有对当前某些畸形教育提出治疗的企图。在许多地方，某种形式的教育，使学生享受不到童年和青春，没有美好的梦想，许多学生已经失去了凝望世界的明眸，失去了追求理想的冲动，失去了淳朴的情怀和感恩之心。

“新教育实验”理论启示我们，在习作教学中要让学生成为一个幸福者，首先要解决的问题是如何唤起学生的主体意识，培养他们的自信心和观察力。

（一）确立学生的主体地位

长期以来的习作教学基本上是沿袭教师提出要求——学生奉命习作——教师批改讲评的模式。这一模式的最大弊端是师生角色错位，主导者成了主宰者，学生则是被动地听命于教师，一次次机械地重复别人的思想，结果学生逐渐失去自我，失去了体察现实生活、抒发内心真实感受的能力，失去了创造的激情、创新的勇气，成了缺乏思维、缺少思想、从事简单劳动的“学徒”。

事实上，学生才是习作的主人，各人的生活经验、情趣爱好、价值取向不同，对于怎样命题，选什么材料，想说明什么问题，如何把意思表达清楚……都各有各的想法。教师应该激活学生的主体意识，让其主观能动性得到最大限度的发挥。

（二）增强学生的自信心理

问学生为什么怕习作，大多回答是“不会写”。为什么“不会写”？究其原因，是我们教师对学生的习作要求过高，远远超出了学生的“最

近发展区”，使学生望而却步、望而生畏。新课标将以往大纲中的“作文”提法改为“习作”，并且删去了“有中心，思想健康”等要求，“有条理”也改为“有一定条理”，旨在降低习作要求，突出练笔性质与习作能力的提高。但这一新标准、新尺度并未为广大教师所理解。从起步阶段开始，习作要求就被普遍拔高，用成人化、文学化的标准来指导、评价学生习作的做法依然大行其道，习作稍有偏题、“越轨”（不符合要求、不合口味），不是否定，就是打低分、评低等级；有的教师用了不少工夫精批细改，把学生习作改得面目全非。殊不知这种“高要求”不但不能发挥学生的主体意识，而且严重打击了学生习作的自信心。

因此，在习作教学过程中，教师首先要认识到学生在习作能力上的起点不一样，无论是认识水平，还是表达能力、习作志趣，都不可能在同一水平上，过多用同一“标准”衡量，必然会使一部分学生勉为其难。教师要少提要求，不定框框，使学生打消顾虑，放开手脚，放胆习作，做到“敢写”；其次，教师要用宽容、赏识的眼光发现习作中的成功之处、闪光之点，多肯定，多鼓励，让学生体验到成功的快乐。这样，学生的自信心就会不断增强。

（三）培养学生的观察力

小学生习作难的另一大原因是“不知写什么”。叶圣陶说，作文这件事离不开生活，生活充实到什么程度，才会作成什么文字。精彩多姿的生活是习作的源泉，教师要敢于破除“封闭式”的教学模式，让学生走进大自然，让生活滋润习作园地。鼓励学生做到眼观六路，耳听八方。教师要创造机会，培养学生优秀的观察能力和习惯。

在观察过程中，教师要注意指导学生运用多感官边观察边联想，对观察对象努力探求，找出新意。学生带着问题去观察、思考、探索，才能形成自己的东西，通过内化以后，便会产生自己要说的东西。如此多角度、多侧面的长久训练，可帮助学生由无意性、情绪性观察向目的性、方向性观察发展，逐步提高观察能力。

四、多元智能理论对习作教学的启示

1983 年，美国哈佛大学教育研究生院《零点项目》（Project Zero）两位负责人之一霍华德·加德纳（Howard Gardner）教授出版了专著《智能的结构》（Frames of Mind），标志着多元智能理论（Multiple Intelligence Theory，简称MI理论）的诞生。二十多年来，多元智能理论成为推动美国和全球教育改革的有力工具，也为我国大力推进的素质教育提供了充分的理论依据，因此，在世界各地和中国的大陆、港、澳、台地区产生了广泛的影响。智能是多元化的，多元智能理论包括八又二分之一（所谓“二分之一”是指“存在智能”，但这一智能的有无还尚未确定）种智能：语言智能，掌握并运用语言、文字的能力；逻辑—数学智能，指逻辑推理、数学运算以及科学分析方面的能力；音乐智能，指感觉、欣赏、演奏、歌唱和创作音乐的能力；身体—动觉智能，指运用全身或身体的某一部分，解决问题或创造作品的能力，舞蹈家、运动员、外科医生、手工艺大师都表现出高度发达的身体运动智能；空间智能，指针对所观察的事物在脑海中形成一个模型或图像，从而加以运用的能力，视学艺术就是空间智能的运用；人际智能，指了解他人，与人合作的能力，特别是观察他人的情绪、性格、动机、意向的能力，成功的销售商、宗教领导人、政治家、教师、心理咨询专家，都是拥有高度人际关系智能的人；自我认识智能，指自知、自处、深入认识自己内心世界的能力，有较好自我认识智能的人，脑中有一个积极有效的自我行为模式；自然观察智能，指观察、辩认、研究人类生活环境中各个物种并加以分类的能力；存在智能，是对人生和宇宙终极状态的思考能力，存在智能的核心能力，是在广袤无垠的宇宙尽头为自己定位的能力，是在人类的生活环境中与存在有关的能力。

加德纳认为，上述每种智能各自独立存在，对于个体而言，所有这些智力潜能都是与生俱来的，其发展程度由先天和后天两个因素决定。人类个体所处文化和时代背景以及所受的教育，对于这些智能的评价、开发、利用起重要作用，而且每个人都有一两项较强的智能。他还认为，任何一种智能都是可以训练的。借鉴多元智能理论，我们不难发现，学习习作虽然主要靠语言的智能，但是需要其他多种智能的参与。比如，数理逻辑智能能够影响到思维和语言的逻辑性；视觉空间智能比较强的人，其色彩感、线条感、行动感就比别人强，在写景状物和以图形展开联想等方面有一定优势；音乐智能有助于学生听音乐写故事、编故事；身体运动智能有助于学生通过游戏、表演、活动来更好地完成习作。所以说，多元智能理论不仅可以指导我国中小学有效开展素质教育工作，而且对习作教学本身也有着极为重要和现实的参考价值。根据这一理论，教师应认真分析不同学生习作水平的差异性，对习作水平较高的学生，需增强其其他领域智能的开发，进一步提升其习作水平；而对于习作水平相对较低的学生，则需借助其他智能的培养和发展，有效提升其习作水平。真正做到使每个学生全面地发展，使每位学生得到全方位的培养和锻炼。

五、全语言学习理论对习作教学的启示

全语言学习理论是美国的古德曼（Ken Goodman）提出来的。全语言教育是一种视儿童语言发展和语言学习为整体的思维方式。古德曼指出，全语言教学这种教育哲理是基于对若干门相互结合的学科的研究，是一种以学生为中心的教学观点。古德曼主张语言是整体的，由语意、语形、语用组成，不可分割；语言中的音、字、词、短语等，都只是语言片段。我们在学习语言时首先认识完整的话语，然后才认识整体中部分之间和部分与整体之间的关系。全语言学习理论强调对语言、学习者及教师的尊重；学生掌握学习的主动权，学习的重点是真实的言语及语篇的“意义”而非语言本身；全语言鼓励学习者为了自身的目的，使用各种形式的语言和文字。简单地说，全语言教育提倡的是开放式的语言教学，它将传统的“师传生受”的语言教学过程转变为教师和儿童合作学习的过程，从而对儿童语言教育的基本原则作了新的探讨。

全语言教育主要有以下这些基本原则和特点。

第一，儿童的语言学习是整体性的学习。儿童从出生起就已经具备了学习作为人的全部语言的基本条件，儿童语言发展的过程是以完整的方式呈现出来的。因而，儿童语言的学习应当是完整的学习，早期语言教育应当不仅重视儿童听说能力的发展，同时也要注意为他们读写能力的发展作准备。

第二，儿童的语言学习是自然而然的学习。全语言的提倡者注重儿童语言发展的规律，认为儿童是通过与他人互动的方式学习和使用语言的。因此，教育机构要为幼儿提供各种学习语言的机会和资源，让幼儿被充满语言和文字信息的环境所包围，同时采用“自然学习模式”（即示范、参与、练习或扮演角色、创造表达）进行语言教育。

第三，儿童的语言学习是有效的和有用的学习。有效的语言学习不是

"正确的"或者是"标准的"，而是连接个人生活经验和社会的学习。因此，教育者要注意引导儿童在情境中学习语言，脱离了情境的语言对儿童来说是没有意义的。

由此可见，语言学习的内容，绝不仅仅局限于教科书。语言学习的途径、场所也绝不仅仅是课堂。语文学习有充足的时间和广阔的空间，语文学习的外延和生活的外延是相等的。可以说，语文无处不在，习作无处不在。借鉴全语言学习理论，我们的习作教学应注重培养学生日常需要的习作能力和实用的语言表达能力。

第三节　开放是习作教学的创新之路

开放的习作教学是习作教学的一种新发展。开放习作是在开放学生生活，尊重学生主体，遵循语文说写规律，重视学生心理机能，如感知、情感、兴趣、动机、形象思维、联想和想象、有意注意和无意注意等的基础上，引导和帮助学生书写最能体现学生个体的兴趣、爱好、需要、愿望，最能反映学生独特的性格特征和气质特点的文章的一种最有效的形式。其研究价值可概括为以下几点。

一、开放是习作教学的创新之路

开放的习作教学，是我们针对以往的"封闭式"习作教学提出的。"开放"是指从学生习作的接受体系、组织体系、表达体系、评价体系等多元角度，减少对学生习作的束缚，促进学生自由的、有创意的表达，多维度培养学生习作能力，全面提高学生语文综合素养，促进学生全面、和谐地发展。

开放，对于教师而言，就是批判、超越、开发、探索、创新。批判长期束缚习作教学的陈腐理念，超越传统的习作教学经验，开发鲜活的习作教学资源，探索高效的习作教学课堂文化，开创科学健康的语文教育新天地。

开放，对于学生而言，就是解放。解放他们的眼睛、嘴巴、手脚、大脑、心灵……让他们用眼睛去发现，用心灵去体验，用大脑去思考，用嘴巴去表达，用双手去描绘。

二、开放的习作教学要遵循新课程理念

新课标提出了四个基本理念，即“全面提高学生的语文素养；正确把握语文教育的特点；积极倡导自主、合作、探究的学习方式；努力建设开放而有活力的语文课程”。习作教学作为语文教育的重要内容，在教学实践中不仅要遵循这四个基本理念，还要把握“知识与能力、过程与方法、情感态度价值观”这三维目标。

新课标还对习作教学进行了具体的表述与说明，如“教学建议”中提出“减少对学生写作的束缚，鼓励自由表达和有创意的表达”。“阶段目标”中要求“能不拘形式地写下见闻、感受和想象”，“珍视个人的独特感受”等。可见，指导学生进行开放的、自由的表达是其习作教学的鲜明理念，有待我们去践行。

三、开放的习作教学要遵循的基本原则

1. 全体性原则

在习作教学中要承认学生的差异性和独特性，挖掘每个学生的潜能，发挥其特长，让每个学生在原有基础上都能获得全面而富有个性的发展。

2. 主体性原则

要充分尊重学生的自主权，习作训练的过程要让学生主动参与、自我评价、自我发展，使他们真正成为学习的主人。

3. 开放性原则

遵循小学生兴趣广泛、好奇心强、求知欲旺盛的特点，实现习作教学的多元化、开放化。

4. 趣味性原则

兴趣是最好的教师，是学生探求知识的内在动力，习作训练的内容设计要力求形象具体、生动活泼、吸引力强，让学生乐学乐写。

5. 有效性原则

习作教学中要处理好自主、合作、探究学习与接受性学习的关系，所采用的方式、方法要有利于提高教学效率。

6. 实践性原则

叶圣陶曾说，凡是技能，唯在实践中才能练就。认识来源于实践，实

践深化认识。习作教学要引导学生去观察生活、体验生活、创造生活、表现生活，通过知识技能的反复运用，写出符合小学生特点的美文来。

四、开放的习作教学要实现的主要目标

开放的习作教学的直接目的就是提高学生的习作能力，但一个人的习作水平又会受到自身思想水平、文化修养、观察能力、思维能力的影响和制约。因此，我们着眼于师生的共同发展，主张通过开放的习作教学，逐步达到以下目标。

第一，突破传统习作教与学的局限，拓展教与学的范围，沟通生活世界与书本世界，开拓眼界，丰富学生的个体体验，培养学生对日常生活的敏感性，激发习作兴趣，提高书面语言表达能力。

第二，通过习作训练使学生掌握交流讨论的方法，生与生、师与生之间养成交流探讨、互助合作的习惯。在互助交流的过程中锻炼综合运用语言的能力，提高学生的习作技巧，培养思维的乐趣，获得认识的升华。

第三，建立读与写有机结合、课内与课外有效融合的习作教学新体系。读有价值的书籍，写有个性的文章，课内积淀方法，课外积淀素材，树立“生活中处处皆可习作”的理念，让习作成为学生生活中必不可少的一部分。

第四，焕发生命活力，塑造一代新人。培养学生勤于观察，善于思考，勇于创新，乐于表达的习惯品质；使习作成为学生张扬个性、挥洒生命活力、抒发真实情感的内在需要。

“问渠哪得清如许，为有源头活水来”。学生个人生活情感的体验永远是习作的“源头活水”，而这种体验本身具有开放性和独特性。在“正本清源”的基础上，从关注学生生命成长出发，我们对开放的习作教学的理念、思维、情感、内容、表达、范式、评价等进行了卓有成效的探索，努力实现习作教学有本可依，有章可循，真正让教师乐教，学生乐写。

小学教师影响着孩子们一生的做人，小学习作影响着孩子们一生的作文。把握当下，把握习作教学改革新契机，把习作教学作为一项提升学生生命质量的事业，不懈探索习作教学的成功之路，是语文教育工作者肩负的重要历史使命与时代责任。

第二章　开放的思维

传统的习作教学是师生的畏途。因为在传统习作中，学生接受了如何审题、如何构思、如何组织和安排结构等训练后，思维几乎定型，进而导致其笔下的文章大多千篇一律，缺乏生气、缺乏灵性、缺乏个性。文章是思维和语言的体操，说到底，习作是一种思维活动。学生是习作的主体，他们缺少的不是生活的体验，而是良好的思维品质。思维是本、是根，思维的培养是我们进行习作教学时应该首先着重考虑的。如何抓住思维这一核心要素，培养学生的创新精神、创新意识和创新能力，是习作教学义不容辞的责任，也是习作教学改革的方向。

第一节　开放的思维是习作创新的核心

思维是什么？思维是人类特有的认识过程，是人的认识能力向事物本质深入的一个复杂辩证的过程，是人脑反映事物一般特性和事物之间相互联系的过程，是大脑以已有的知识为中介，进行分析、综合、判断、推理和形象创造的过程。从文章的生成过程来看，任何一篇文章的诞生都要经过“双重转化”。首先是写作者能动地、本质地、真实地将现实生活、客观事物转化为对客体的认识（观念和情感），这是由事物到认识的第一转化。而后是写作者的观念、感情向文字表现转化，将头脑中的意识、情感转化为书面语言，这是由认识到表现的第二转化。无论是第一转化，还是第二转化，其主体都是学生，其中心都是思维。新课标在“总目标”中也特别提出了“在发展语言能力的同时，发展思维能力”的要求。至于发展语言能力和发展思维能力之间的关系，老一辈语文教育家，例如陈望道、叶圣陶等，都认为二者应该并重。梁启超则开创了“以思维为中心”的先河。他主张，在所有作文能力培养环节中，整理思想、组织构造文章、培养思维能力是中心环节。而朱光潜的看法与梁启超几近相同，他强调，语言的实质就是情感思想的实质，语言的形式也就是情感思想的形式。他根据自己修改文章的经验发现，话没说清楚的原因都在于思想混乱。把思想条理弄清楚了，话自然就会说清楚。在语言和思维的关系问题上，美国教育专家与我国语文教育家的认识不谋而合。威廉 W. 韦斯特在《提高写作技能》一书中说："写作过程能帮你把凌乱的思想条理化，使你的想法经过提炼而清晰起来，并且进一步发展你的思想。"纽约大学坤思学院的唐纳德·姆奎德和罗伯特·爱特温在《写作中的思考》一书中也提出，思维和口头语言之间存在着密切联系。在整个写作过程中，写作和思考是同时产生的，写作的过程也就是思考的过程。

以现代信息观点看，习作过程实际上也是思维处理信息的流程。从最初对客体自然信息的反应与选择，到大脑的转换加工，以至后期的编码组合，信息经由思维的处理，经历了从自然信息到主体自为信息，再到人工再生信息的流动过程。这一流动过程中的每个环节，无不需要作者思维的发散和思维的开放。比如在选材定题时，需要观察力和直觉力，在炼意构思时，需要推断力和想象力。每一环节的深入，都是思维的推进。刘心武认为，写作需要有生活，但不对生活进行深入的思考，不能形成对生活某一方面的独到的、深刻的见解，写出来的作品就不可能有深度。美国教育家奥多 W. 海伯也提出，要想写清楚就必须想清楚；要想写得充分，就必须想得充分；要想写得实在并富有想象力，那就必须在思想上想得实在并展开丰富的想象。一个学生要想较好地学习习作，那他就一定要更好地学习思考。这是一条规律，其他没有第二条路可走。以上所说的思考就是思维，而"深入的思考""独到的深刻的见解"，涉及的就是开放的习作教学思维，就是创新思维。

因此，我们倾向于把开放的习作思维过程定义为：学生通过学习，运用创造性思维活动，借助语言文字符号，表达自己的认识和感情的活动过程。开放的习作教学思维就是指在习作教学中，教师突破传统的习作教学思维定式和狭隘眼界，灵活运用多种手段调动学生的感官体验，引导学生多视角、全方位看问题，唤起学生的生命需求，减少对习作的束缚，给学生提供广阔的习作空间，从而使学生个性化地表达出自己主观感受的思维模式。这种过程充分展现出思维的广度和深度，它与把事物彼此割裂开来、孤立起来、封闭起来，使思维具有保守性、被动性和消极性的形而上学的思维过程是根本对立的。开放的习作教学思维过程可以用图表示如下。

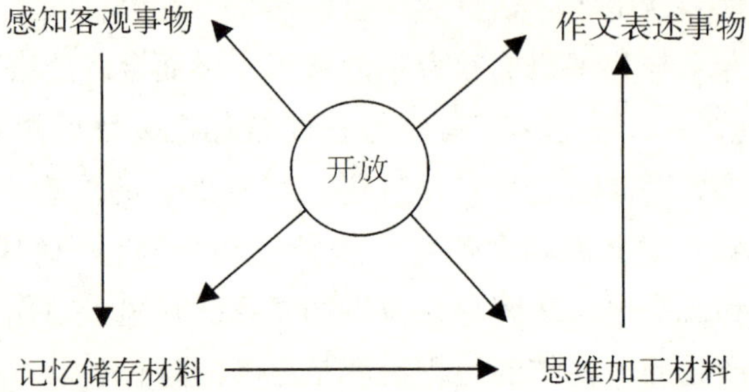

第二节　开放习作的思维特征

一、思维的开放性

习作思维的开放性就是在习作中，使学生思维解除禁锢和定式，不局限于某一种固定的形式和范围，始终处于激活的状态，使其能在新知识与已有的知识、经验之间进行自由变通，并不断产生新的思维火花。

（一）激活形象思维

从某种意义上说，所谓形象思维，就是指教师在习作教学当中，提到任何一种事物，学生的脑海中就相应地浮现出一幅幅实物或生活情境的画面，并用这些画面形象地反映客观事物的内在本质或规律的思维活动。

小学阶段的儿童，特别是低年级学生处在写作的初级阶段，要充分利用意境优美、充满童真童趣的情境图，激励学生放胆去说，放胆去想。激活学生的形象思维，就像教会幼儿如何走路一般，首先要让他们有迈开步子自己走路、不要人扶的勇气。人教版语文教材第一册第二课“ɑ、o、e、y、w”的插图，是一幅幅富有生活情趣的画面：妈妈正在屋前晾衣服，屋前有一棵丫形的小树，小弟弟正在池塘旁边喂鱼，有一只乌鸦站在池塘边的大树上。教学时我们借助图画引导学生编故事，课堂上出现了很多富有创意的童言趣语，其中有学生说乌鸦在看有没有敌人来侵犯，有的说乌鸦在看它的孩子是不是放学回家了，有的学生说小鱼跳出水面是练习跳高，还有的说那是小鱼在了解外面的世界……在此基础上，引导学生将多幅画连起来说一个故事，这样，初级的习作就完成了。

中高年级，要引导学生借助生活场景来进行形象的描述。如《我爱热带鱼》一文。

学生习作

我爱热带鱼

我家的鱼缸里生活着十几条色彩斑斓、形状各异的热带鱼。它们有的身穿粉红色的纱裙在水中翩翩起舞，有的披着黑色的战甲不停地在水帘中穿梭，还有的身着天蓝色的花衣，摇着长长的尾巴赶到鱼缸前沿，犹如体操运动员在做垂直倒立，展示着它独特的风采。

凝神一看，只觉得精灵鱼——血鹦鹉活泼可人，显得更顽皮。那"淘气包"一会儿往上浮，一会儿往下窜，一会儿鼓腮摆尾，扭动着娇小的身子，仿佛仙女下凡，飘飘然的，不一会儿，又躲到假山后面"羞"而不露，忽然又大摇大摆地游了出来，猛地向另一同伴发动"袭击"，没想到小血鹦鹉非常机灵，尾巴一甩，一溜烟躲到一旁去了，落了空的"淘气包"一头撞在了玻璃缸上，惹得我们哈哈大笑。暗自庆幸的小血鹦鹉这时更是睁着水汪汪的大眼睛，嘴巴一张一合的，一副幸灾乐祸的样子。失手的"淘气包"发怒不止，瞪了瞪眼，不服气地游开了。

过了许久，也许是小血鹦鹉发现"淘气包"真的生气了，生怕失去这经常一起嬉戏的好朋友，就怯怯地游向"淘气包"，发觉"淘气包"并没有特别排斥，半推半就地接受了自己，就大胆地用小嘴轻轻地碰了一下"淘气包"的嘴角，似乎讨好地说了些什么……

一缕阳光从窗口斜射进来，照在鱼缸上。五光十色的热带鱼又快乐地穿越游玩于水帘间，好一派其乐融融的景象。

文中小作者选取了活泼可人的热带鱼——"血鹦鹉"作为代表，通过大量生动形象的动作描写，把两只"血鹦鹉"间发生的趣事惟妙惟肖地展现于读者面前，让人忍俊不禁。小作者之所以写得如此生动，是因为他有效地运用了形象思维。知觉、联想和想象是形象思维的主要形式，文中小作者有写实、有联想、有奇特的想象，因而文章有血有肉、情趣盎然。

（二）启发相似联想

相似联想，是以事物之间在结构、形状、色彩、声音、神貌等方面的相似之处为基础，从这一事物联想和迁移到另一事物的一种思维方式。教师在教学中可以启发学生由形似写到神似，许多托物咏志的诗文就是通过相似联想写出来的，这种思维对第一学段、第二学段的学生来说运用比较多，如从竹的中空外直的形状，联想到虚心、挺拔、正直的品格，就使用了相似联想。下面这篇文章中，面对漫天火红的晚霞，那变幻莫测的形状使小作者生出无数联想，将这活泼有趣的画面描述出来，就成了一篇新颖美妙的文章。

学生习作

变化莫测的晚霞

夕阳、明月、繁星……是美丽的。曾有多少位作家、诗人用最美的语言描述过它们，可我却被那变化莫测的晚霞深深吸引了。

那是一个晴朗的傍晚，我吃过晚饭，站在凉台上，仰望天空，忽然在天边出现了一道红霞，红霞的范围慢慢扩大，一秒、两秒……顿时，红霞染红了西方的天空。

我聚精会神地望着，天空中出现了两朵洁白的云彩。可霎时又被霞光染红了，它们向前移动，离我越来越近了。啊！这两朵云，前一朵那么像一只狡猾的狐狸，尾随在后的不正是凶恶的老虎吗？我望着天空中的造型，不由联想起《狐假虎威》这则寓言。我真觉得好笑，但不一会儿，它们都消失了。

在我眼前又呈现出一幅有趣的画面：一只活泼可爱的小兔，正无忧无虑地吃草。忽然，在它身后屹立着一位高大的猎人。瞧！他手里还拿着猎枪呢！小兔竖起灵敏的长耳朵，迅速地向前跑去，猎人在后面紧追不舍，眨眼，小兔钻进了浓密的云层不见了，猎人也不知哪里去了。我看着看着，眼前模糊了，当我再次仰望天空时，只见天边“尘土飞扬”，无数匹被晚霞染红了的烈马向前飞奔，随着云朵的移动，仿佛还听到了它们奔腾的声音。眼前的这幅万马奔腾图太精彩了。没有哪位画家能够描绘出来。

一时恍恍惚惚，又什么也看不清了，晚霞是不可能永留天空的，它收敛起最后的霞光，消失了。我呆呆站在那里，久久不想离去……

啊！大自然，您创造了人类：是您给了我们花草树木，河流山川……晚霞也是您的杰作，您创造的美真不可计数啊！

（三）放飞遐思想象

坐在家里听音乐，哪里都没去，却怎么跑到大草原上观看了一场激烈的赛马呢？原来，是思想“跑”出去了。作者的思维在音乐的美妙旋律的作用下，不知不觉“飞”了出去，在大草原上尽情漫游，尽情观赏赛马的场景。把这些奇异的想象和感受，用生动的语言，有层次地描述出来，就成了一篇奇异的习作，这就是遐思想象的妙用。

学生习作

赛马遐想

一缕轻纱似的月光洒进窗户，映照在我的脸上、身上。坐在月光里，打开收音机，乐曲声飘了出来。

只听一阵马蹄似的奔跑声，是那么清晰、纯净。这首乐曲好像是二胡曲《赛马》。对！是《赛马》！我认真回味着，坐在窗前，望着皎洁的月光认真回味着……

乐曲活泼、欢畅、旋律明快，时而快，时而慢，多数是马蹄那清脆的奔跑声。伴着那爽朗的乐调，我的遐想仿佛飞到那美丽的大草原上去了。

美丽的大草原一碧千里，远山在云雾中时隐时现，像披着轻纱的姑娘。蒙古族人民在大草原上欢歌。牛羊在草原上吃着嫩香的青草，望着美丽的草原，还不时发出叫声，好像在说：“多美啊！”牛群羊群像是绣在草原上的巨幅图案，多美啊！人们不论男女老少，都骑上马儿，在大草原上驰骋，欢声加笑声，真快乐呀！

瞧！那么多人围在一起干什么？原来，他们在赛马呢。十多只膘肥身健的骏马做好了夺冠的准备，等枪声一响，所有的骏马齐头并进，飞快冲向终点。骑马的人不停地舞动着手中的马鞭，两边助威的人儿呐喊着为它

开放式习作教学

们鼓劲。随着音乐的不断反复，我仿佛看到了骏马跑了很长一段路才冲向终点，又仿佛成为一个呐喊的人儿，正为它们鼓劲。骏马们的奔跑速度更快了。看！冲刺！一只身着绿色马鞍的12号骏马跑到了最前面，夺得桂冠。人们欢呼着，马的主人更高兴了。

多么优美的音乐啊！它催人振奋，怎么停止了？原来播放完了。我终于从陶醉中苏醒了。

音乐何其神妙，它是一种旋律，一种语言，一种心境，是欢乐、悲哀、忧郁、幽默、愤怒等情绪以声音形式的体现，音乐的魅力可以抵达人的心灵、拨动人的神经，让人在流动的、冥想的体验中抚慰心灵。这种神妙来源于小作者遐思想象的合理运用。

遐思想象还可以通过思维的类比、分析等其他形式产生出一系列的意象。下面是一位教师设计的沙漠探险队7天的用水统计图。这支沙漠探险队的装备极其简单，骑着骆驼，只带了干粮和水，在茫茫沙漠中经历了7天的探险生活。想象一下，写一写《沙漠7日探险记》，你一定会觉得很有意思吧！

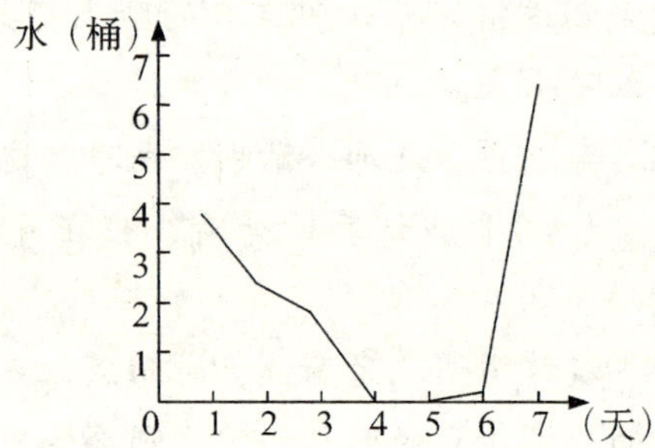

遐思想象思维，是让思想“飞”出去的方法。就是通过想象和缀合，创造出现实生活中并非实有，而在情理中必然存在的生活图画的思维方式。用这种思维构思，使学生在心理上蒙上一层奇幻想象的浪漫色彩，学生就会不由自主地想调集一切生活素材、信息积累去构筑一个他们自己心目中的神秘世界。

（四）丰富假设想象

假设想象，是想象的一种，就是假设一种特定的条件或背景，利用想象，描绘出在这种前提下所产生的情景和故事。《泡泡的义举》一文就是基于现实生活的一种合理的假想。

学生习作

泡泡的义举

现在人们的活动是自由的，可是在一百万年前却不是这样。

那时的人类，都是被天上的神仙装入泡泡悬在空中的。悬在空中的泡泡在阳光的映照下，闪耀着五彩缤纷的光芒。但每个泡泡都只能容纳一个人，被囚在里面的人都没有笑容、没有欢乐、没有感情。只有离开那魔鬼般的泡泡，人类才能获得自由。

人类想得到自由，可神仙不准呀！当那些五彩的泡泡知道后，它们懊悔极了。因为它们知道是自己束缚了人类的自由，只要自己不存在，人类的希望就能实现，可现在自己还存在呀！怎么办呢？

最后，泡泡们想到了一个办法，那就是互相碰撞，让自己的生命结束，把人们放出来，让他们寻找自己的笑容、欢乐和感情。

这个办法是可行的，但泡泡们因此要为人类而献出自己宝贵的生命。虽然会失去生命，但泡泡们没有退缩，坚决地选择了这条路。

开始碰撞了，泡泡们似乎不想失去同伴，只是轻轻地碰撞，可不论它们碰撞得如何轻，泡泡们还是一个个破碎了。

人们一个个从泡泡里走出来，他们找到了自己的笑容、欢乐和感情。可他们没有想到，帮助他们的正是曾经囚禁他们的泡泡。

当天上的神仙知道这是泡泡的举动后，感动极了，便为人类制作了一个美丽的大泡泡，把所有的人都放在了大泡泡上，让所有的人高高兴兴地生活在一起，这个大泡泡就是地球。

对于人类和地球起源这个天大的事，这位天才小朋友作了一个大胆的设想。他想得还真有意思，让人不得不感激那些轻薄的但却义重如山的泡泡们，因为它们以自我牺牲换取了人类美好的自由。我们又不得不热爱我们的家园——地球，因为那是无数个为人类而破碎的泡泡们换来的。故事虽短，但又新奇又有趣，寓理深刻，立意高远，作者的想象力多丰富呀！

（五）指导多种形式改写

改写有多种形式：改变原文的人称；改变原文的叙述方式；改变原文的体裁；改变文章的内容，还可以改变原文的人物关系，如将原文中的次要角色改为主角重新组织文章，等等。这样的改写有利于训练学生思维的开放变通，提升其思维品质。

在学习了《我多想去看看》这首儿歌后，有位小朋友应用文章的结构作了这样的改写："爸爸告诉我，坐上长长的火车，就能走出深圳。古老的襄樊，是我的故乡，在那里三顾茅庐的故事流传久远。我对爸爸说，我多想去看看，我多想去看看。"在学了第三册第一单元后，教师让学生表达他们对秋的喜爱之情，有学生仿着《春风吹》这样写道："秋风吹，秋风吹，吹醉了辣椒，吹亮了葡萄，吹开了棉花，吹弯了香蕉。秋风慢慢地吹，秋雨绵绵地下，大家快去写生，大家快做贴画！"同样是《假如我有一支马良的神笔》，一位二年级的孩子却写出了不俗的想象："假如我有一支马良的神笔，我要画许多丰盛的食物。送给那些贫穷的人们，让他们不要忍饥挨饿。假如我有一支马良的神笔，我要画一对漂亮的翅膀，长在我的背上，让我自由自在地飞翔。假如我有一支马良的神笔，我要给祖国的南方画一个真正的冬天。雪花漫天飞舞，那里的人们就能感受到冬天的严寒。假如我有一支马良的神笔……"

可见，改写活跃了学生的思维，增强了习作最重要的内驱力。

二、思维的敏锐性

习作思维的敏锐性是指学生对客观事物感知、捕捉的速度快，容易接受新现象，发现新问题，有留心观察周围事物的习惯，珍视个人的独特感受，能够有意识地积累习作的素材。

（一）熟练掌握观察方法

现在很多学生对语文不感兴趣，写文章虚假做作，其原因就在于缺少生活体验。其实，从某种意义上讲，他们缺乏的不是生活，而是观察生活的眼光。观察是心灵的门户，儿童认识事物，先从观察开始。教学生学会观察要做到以下几点。

第一，在观察前要指导学生明确观察的目的，定好观察对象，引起学生对观察对象的兴趣。

第二，观察时要善于抓住事物的特征，即与其他事物的区别点，一般是从形态、情态、样式、颜色、气味等去认识观察分析。观察时不仅用视觉，还要注意用听觉、嗅觉、触觉，调动所有感官。

第三，教师可设计好观察卡，要求学生认真做好观察记录。

第四，对观察的信息做出正确的处理。

通过观察，学生能从色彩斑斓、千姿百态的大自然中，从日新月异、蒸蒸日上的社会中，从丰富多彩的日常生活中，获得大量的感性材料。这些来自直接见闻的感性材料是习作素材的直接来源。观察是有思维活动参加的知觉过程，它总是与思维紧密地联系在一起的。指导学生观察周围的事物，除了教给学生观察事物的方法外，还要引导学生把观察和思维结合起来。做到用眼看、用耳听、用心想、一边观察，一边思考，并展开想象和联想，使之从感性的了解达到理性的认识。这犹如蜜蜂酿蜜，采集的花粉只有经过酿造，才能形成蜂蜜。学生只有通过直接感知与积极思维，才能对客观事物有个比较透彻的了解，才能在思想上有所感受，留下难忘的印象。这样的印象，这样的感受，习作的时候就会一一涌现出来。

（二）具备捕捉素材的意识和能力

叶圣陶先生认为，写作文不是生活的点缀和装饰，而就是生活本身。确实，生活无处不文章。一次有趣的对话、一场激烈的比赛、一回小小的口角、一份纯真的友谊，甚至是窗外落下的一片树叶、教室黑板上的一道水渍，母亲眼中的一滴泪水……都是新鲜出炉的习作素材。要让学生多写自由文、放胆文、生活文、芝麻文、实用文、游戏文、激情文。想方设法鼓励和引导他们为自己的兴趣爱好而写，为游戏好玩而写，为了记下生活中的新鲜事、可笑事、难忘事而写，为了打笔仗、比智慧、争输赢而写，为了太兴奋、太激动、太生气、太委屈而写，为了抱不平、辨是非而写，为了消除别人对自己的偏见和误解而写，为了求助于人需要充分说明理由而写，为了关心家事班事提出建议表达己见而写，为了好奇存疑发问而写，为了总结经验教训而写，为了得到启示深受感动而写，为了记录遐思幻想中的美事梦境而写，为了练笔习作没话找话也要写。长此以往，学生的习作思路拓宽了，就会越写越欢，越写越来劲，越写越觉得写文章实在是一件太有意思的事。慢慢地，他们就会具备捕捉素材的意识和能力，会增强习作的敏感度。同时，学生也会渐渐意识到，在五光十色的生活天地中，习作原来也不过是一种用平常话和平常事编织起来的特好玩的“变形金刚”。

（三）讲时效、快节奏

在习作训练中，教师要树立强烈的时效观念，要实行快节奏的习作教学法和习作批阅法，要让学生加强快写的练习，教学生掌握快速习作的方法。为此，我们除了每周让学生在课外写一两篇自由文之外，还要经常在课堂组织学生写5分钟、10分钟、20分钟和半小时的话题习作，教会学生快速写人、快速记事、快速写活动场面、快速写读后感等快速习作的方法。这种习作限话题、限字数、限时间，事先不让准备，也不让打草稿。要求开门见山，一气呵成，即席写作成文，当堂抽样展读和讲评。在小学，这类即席话题文的时效要求是：第三学段40分钟500～600字，第二学段40分钟300～400字，第一学段40分钟100～200字。质量要求是：切合题意，能说明问题，表述清楚，字迹较易辨认，错别字不多。教师批阅习作也要求快节奏。我们的做法是，把学生课外写的自由文化整为零，随教随批，当天交来的文章力争当天发给学生。教师可以抽部分抓紧批阅，快速处理，及时评讲；其他的同学互批。此外，当堂写的即席话题文章，要求当堂抽样展读和讲评。这类即席习作，采用一次性抽查批阅法。

三、思维的流畅性

习作思维的流畅性就是指学生在习作活动中，思维符合逻辑，能够条理化、系列化，对客观事物或现象有着正确的判断和严密的推理，正所谓“思才无碍”“文思如泉”“文从字顺”。指导学生快速构思、打腹稿、编拟写作提纲，是训练思维流畅性的好方法。

快速构思的方法有很多，如顺乎天理法、顺时构思法、顺空构思法、顺事构思法、时空结合法、分类条陈法、片段组合法、冰糖葫芦法等。我们也可以按文章体裁的不同来确定逻辑思维的训练内容。例如，记事的文章，可按时间、地点、人物、事情的起因、经过和结果这六个要素编拟提纲；写人的文章，要抓住人物的特点，通过人物的外貌、语言、行动和心理活动来写；写景状物的文章，则要依据景和物的本身特点，从方位、形状、颜色、静态和动态等方面加以描述，按一定的顺序组织材料；进行连句成段，连段成篇等训练，也有利于发展学生的逻辑思维。

当然，一篇文章从不同的角度去构思，也会产生不同的流畅性的结果。如写“家乡”这个话题，运用“顺乎天理法”构思，可以按“春—夏—秋—冬”的条理写四段，也可以按“东—南—西—北”的条理写四段；可以按“过去—现在—将来”的顺序写三段，也可以按“白天—黑夜”的顺序写两段；可以按“山—水”的顺序写两段，也可以按“自然景色—人的活动”写两段；可以按“远景—近景”的顺序写两段，也可以按“山美—水美—人更美”的顺序写三段；可以按“静景—动景”的顺序写两段，也可以按“天空—地面—地下”的顺序写三段，或是按“前—后—左—右”的顺序写四段，等等。运用这样的方法构思，仅一个话题，我们就有十多种不同的段落层次安排方法，每一种安排都体现了思维的流畅性。

以下是一名六年级学生以“难忘的小学生活”为话题写的《课间十分钟》，我们看看他是怎样构思的。

学生习作

课间十分钟

“丁零零……”一阵清脆的下课铃响了。老师宣布下课的话音刚落，值日生已大步流星地走上讲台擦黑板，其余同学像一只只快乐的百灵鸟似的，唧唧喳喳、争先恐后地走出教室，兴高采烈地来到操场上，开展自己喜爱的活动。

你看，操场东边三五成群的同学正在跳绳。中间的那个同学叫小丽，她头上扎着两朵可爱的蝴蝶花，胸前戴着鲜艳的红领巾。只见她像一只轻盈的小燕子在绳子间翩翩起舞，那么轻快。旁边的几个小伙伴嘴里不停地数着：“九十九、一百……二百！”“哇！她跳了二百下，好棒哦！”气喘吁吁的小丽甜甜地笑了。

“加油！加油……”怎么回事？哦，原来是操场西边的同学正在进行长跑比赛呢！你瞧，小军、小吴正在跑道上不甘落后地追赶着，那速度快得惊人。落在后面的小吴同学虽然汗流浃背，但他还是坚持跑着。他准是在想：我一定要超过小军和小辉。小吴在众人的鼓励下，深深地吸了一口气，猛地加快速度，一个箭步冲上去，三米、二米、一米……“哦，终于胜利了！”围观的同学高兴地喊着。小吴神采飞扬，嘻嘻地笑着。

你瞧，操场南边有几个同学在老师的带领下正在练习舞龙。他们身强体壮，穿着舞龙服，手撑“巨龙”，威风极了。老师一声令下，蛟龙“出海”了！只见红、黄、蓝、绿、橙五条巨龙奔腾着、跳跃着，一会儿席地而坐，一会儿绕场穿行，一会儿还摆出各种造型。他们精彩的表演吸引了同学们的眼光，大家都情不自禁地鼓起掌来。

在操场的北边，一年级的老师正带领小朋友们玩“老鹰捉小鸡”的游戏。你看那狡猾的“老鹰”一会儿扑到东，一会儿扑到西，一会儿向后退，一会儿又向“鸡妈妈”发起猛攻。聪明机灵的“鸡妈妈”左躲右闪，竭尽全力地保护着它那一只只活泼可爱的“鸡宝宝”。看，“鸡宝宝”们一个个惊恐地躲在“鸡妈妈”的后面，安然无恙。可恶的“老鹰”用尽了所有的计谋都一无所获，累得气喘吁吁。最后“老鹰”无可奈何，垂头丧气地说：“唉！我已经筋疲力尽了，还要受饥饿的折磨，真是罪有应得啊！”听了这番话，“鸡妈妈”和“鸡宝宝”们笑得前俯后仰。

“丁零零……”悦耳的上课铃又响了，同学们立即停止了有趣的活动，迅速走进教室，又投入到新的学习中。

这是一篇条理清晰、描写生动的记叙文。该学生运用“顺乎天理法”构思，按照“东—西—南—北”的顺序安排段落层次，文章不但内容具体，而且有条不紊。

长期进行这样的训练不仅可以使学生的思维敏捷，而且有利于学生智力的早期开发。

四、思维的独创性

相对于常规思维来说，思维的独创性是指根据已有的条件产生新的、非凡的思想的能力，表现为产生新奇、罕见、首创的观念和成就。

（一）逆向思维

逆向思维是相对于正向或顺向思维来说的，傅世侠在《科学创造方法论》中说：“一切与原有的思路相反的思考，都叫做逆向思维。逆向思维指的是反向求索，或称反向法。”逆向思维不按照事物原来的逻辑顺序思考，而是从与之相反的方向思考问题，充满了辩证法，能从正反、好坏、褒贬、益损等方面去表现事物的特征，使人明白更多的道理，是习作创新、快速构思的一条好渠道。

下面这个寓言故事的续写就是用逆向思维来构思的，充满了辩证的道理，洋溢着鼓舞人、激励人的力量。

学生习作

乌鸦上当之后

话说乌鸦嘴里那块鲜美的肉被狡猾的狐狸骗走之后，众人都认为乌鸦必定懊悔不已。可谁会想到，乌鸦反倒高兴得要命：长久以来，从没有人赞赏过我们，今天狐狸先生的一席话，总算让我看到了我们乌鸦家族的优点。乌鸦越想越高兴："不就是那一块肉吗？并不是所有的人都能得到狐狸先生的肯定，奖给他也是应该的。不过，我得加强练习，不能辜负狐狸大哥对我的期望。"

第二天，乌鸦早早就起来了。她面对着太阳升起的地方，清清嗓子，开始练声了："哇、哇……"虽然听众极少，有的甚至翻白眼，捂耳朵，但乌鸦并不气馁。她相信狐狸的话是对的。于是她喂养了孩子后，便开始练习发音。可刚练不久，邻居猫大姐便迈着猫步走了过来，说："乌鸦妹子，别吵了，就你那声音，还是不要浪费时间的好！再说还会影响我们的午睡。"乌鸦很有礼貌地回答道："对不起，我会小声点的。请原谅，我必须得练下去。"猫大姐看到乌鸦决心已定，便不再说什么，悻悻地走开了。

乌鸦就这么刻苦地练习着，虽然有一定的进步，但结果不太明显。而且，她听到了许多邻居对她抱怨，说她影响了他们的休息。就连她的兄长——乌鸦大哥也赶来好言相劝："妹子，认命吧！"乌鸦显然有点激动，说："哥，正因为这是我们的弱点，我们才要努力改变啊！只有这样，才能重新得到其他人的认可，也才有我们乌鸦家族的立足之地啊！"乌鸦大哥看到她如此倔犟，便摇摇头走开了。

大家的相劝或埋怨反而让乌鸦觉得：只有把歌练好，才能改变大家对她的看法。于是，她更加勤奋了，遇到不懂得的地方，便记在本子上，一有机会，她便虚心请教。大家看她如此好学，便也尽力地帮助她。特别是花喜鹊，把自己所知的乐理全部传授给乌鸦。后来，在大象村长的推荐下，乌鸦被送往“百灵鸟艺术学院”深造。在那里，乌鸦被群鸟精湛的演技惊呆了，她立志一定要学好本领。

乌鸦学习的热情受到学院的一致肯定，大家并不因为她的外表而嫌弃她，也不因为她基础差而冷落她；相反，大家总是竭尽所能地帮助她。功夫不负有心人，三年后，乌鸦学成归来了。

在一年一度的“森林歌王争霸赛”上，乌鸦那优美的歌声博得了阵阵掌声，并且获得“歌王”的称号，成为红极一时的“歌星”。

又如《狼和小羊》最后一句写：“狼不想再争辩了……说着向小羊扑去。”一只凶恶的狼扑过来，有可能小羊没命了，很多孩子不愿看到这样的结果，善良的孩子甚至会流泪，教师如果抓住时机，引导孩子向相反的结果想：小羊得救了。到底小羊怎样得救的，以“侥幸的小羊”为题目，让学生展开想象写一段话，生发出与课文内容相反的结果。在学了《两只小狮子》以后，我们可以让学生设想一下懒狮子如果没听妈妈的话会吃哪些苦头，又是怎样痛改前非，刻苦练功，终于和勤狮子一起成为林中之王的过程。这样不仅开发了学生的思维，而且可以对学生良好品质的养成起到积极作用。

（二）求异思维

求异思维，是提出与普通的、平常的观点相异的观点的思维方式。这个“异”，是由衡量事物的标准不同，或看待事物的观察点不同得来的，是在众多的思维路径和结果中，另辟蹊径，克服从众性，保持独立性，具有与众不同的特点的思维。下面是一位二年级同学的日记，求异思维闪出了智慧的火花，他写道：“今天是星期天，我和弟弟在看超人碟。妈妈看了一会儿，起身说：‘你们看吧，我要去美容了。’爸爸听了也连忙起身说：‘我也去！我也去！’我和弟弟都笑了，男同志也美容吗？爸爸说：‘无论男的、女的、老的、少的，都爱美，所以都可以去美容。’”

《渴望做差生》——读了这个题目，你不觉得这位同学有异于平常吗？但这篇习作却表达了中等生不痛快的真实感受，吐露了中等生的心声，发人深思。

学生习作

渴望做差生

我现在有一个强烈的愿望，那就是做一名差生。幸亏没人知道我的这个想法，不然，肯定要说我发神经了。我不会怪他们这么说，因为正常人都应该是希望自己好学上进的。不过，我是真的想做一名差生，原因简单得离奇——想让老师注意我。

从一年级到现在，我一直做着平凡的中等生。做尖子生这辈子恐怕是没希望了，智力有限，还不肯整日泡在书本作业里；做差生容易，可我又没这个胆。要是哪次考个不及格，我妈不骂死我，我爸不打死我才怪呢！

可我真的恨自己是个中等生。老爸老妈总是这样对说：“这孩子不上不下，考名牌大学没什么指望，放弃了又太可惜，真是烦人哪！”而老师更是忽略了我，鲜花样的微笑，阳光般的温暖都给了尖子生，个别辅导的机会和一些奖励性的话语全施舍给了差生。我和其他那些“不上不下不饥不饱”的中等生“难友”，只能待在被遗忘的角落，没有阳光雨露，甚至连风霜雨雪都没有。

再想想平时，答题的机会大多是差生的，上黑板的良机几乎被差生包揽；好不容易有个公开课，差不多又成了尖子生的专场。“三好学生”“优秀班干部”没我的份；进步奖、鼓励奖更是被差生所“垄断”。为了不让老师忘了我的存在，只能故意制造些事端，结果还不能如愿。差生把那一点点骂都抢走了，那骂对我来说可都是爱和关注啊！

左想想，右想想，中等生真是倒霉。如果有来生，一定要做尖子生。实在没这福分就做个差生，打死我也不做中等生了。

（三）发散思维

发散思维又称辐射思维、扩散思维，是对同一问题从不同层次、不同角度、不同方面进行思索，从而求得多种不同甚至奇异的答案的思维方式。它能开阔思路，冲破思维定式的束缚，从各个方向想出许多新奇、独特的办法。然而，只有把发散思维与聚合思维辩证地统一起来，当做一种思维方式的不可分割的两方面，才能真正发挥它的作用，因为聚合思维能将各种办法、方案加以分析、比较，为创新选择方向。下面是一位学生用发散思维所写的文章。

学生习作

一次辩论赛

今天，我们班举行了辩论赛，讨论用一次性筷子好不好。

老师选了正方和反方，每组五人，我们便展开了辩论。

张涵说："我认为用一次性筷子不好，因为一次性筷子只能用一次就扔掉，这样太浪费了！"

"对！对！绝对没错！我双手赞成！"张烁阳大嚷。

"哼！一次性筷子虽然有这些缺点，可带着容易！"范青衿反驳道。

话音刚落，王宇昇便抢着说："没错！这样还不会弄脏旅行包，也不会弄脏你自己，吃完后更不会让病毒交叉感染。"

"同学们，停一下。"李老师开腔了，"你们各有各的道理，其实，一次性筷子有好处也有坏处。无论什么事物都有优点和缺点，所以看什么东西都要一分为二。"

听了老师的话，教室里掀起的高潮才平息了。但我想：为了环保，还是用消毒筷子比较科学。

运用发散思维，可从某一个中心出发，根据它的特征，进行自由自在的畅想，向各个方向、各个角度发散出去，最后又运用聚合思维加以分析，从而将新的观点表现出来，大大地开拓我们的思维空间。在调查报告、课堂辩论、发明设想等习作活动中都可鼓励学生使用这种思维方式。

总之，创新思维在习作的生成过程中，对习作主题的创新、内容的创新、形式的创新、语言的创新起着决定作用。

第三节　教师思维的开放是关键

写作是人的生存选择，是作为个体的人的生命价值的自我实现。写作显示了人的生命意志和本质需求，小学生写作是一种成长需求，更是一种生命需要。他们观察生活，记录生命历程，抒发情感体验，表达自己对自然、社会和人生的感受与思考，都需要一种有效的途径，这种途径除了口头交流就是习作。而口头交流有其相对的局限性，因而习作便成为人人都应具备的素质之一。作为传道、授业、解惑者的教师，无疑是唤醒学生这种生命需求的倡导者、引领者，从某种意义上说，学生习作思维的形成与教师的思维开放有着极为密切的联系。

一、树立习作教学的“大课堂”观

开放习作不局限于每个单元的习作教学，它同时要求我们开展以课外阅读、课外练笔为主的活动来发展学生的语言，并适时适量地引导学生走出课堂，走出校门，走向社会，走进自然，让他们在广阔的天地里学语言、学作文。叶圣陶先生说过，生活如泉源，文章如溪水，泉源丰富而不枯竭，溪水自然活泼地流个不歇。可见，习作的内容不能仅限于课堂，而应与生活的外延相等。因此，在习作教学中，要努力延伸学生思维的触角，从培养学生学习和实践的态度、思维和能力出发，激活学生主动地去发现、去想象、去探索，充分凸显学生的创新精神和综合实践能力，建立开放的、全方位的“大语文”“大课堂”教学观，为学生学语文、用语文开辟广阔的时空领域，同时强化学生的语文综合能力训练，提高学生的整体素养。

二、解放学生的身心

解放学生的身心要做到充分地尊重他们，极大地信任他们、肯定他们。让他们用自己的心灵去感悟人生，用自己的眼睛看待事物；让他们在实践中磨炼自己，并在实践中有所收获；让他们在交流碰撞中成熟，大胆创新；让他们自主学习、自主思考、自主参与，创造一个平等、和谐、自主、自立的习作氛围；让他们说真话、吐真情、做真事、干真活。正如陶行知先生所说的，解放学生的头脑，使他能想；解放他的双手，使他能干；解放他的眼睛，使他能看；解放他的嘴，使他能谈；解放他的空间，使他能到大自然大社会里去取得更丰富的学问；解放他的时间，要他消化所学。

三、开放习作的过程

在习作教学中，要敢于打破传统的“命题—立意—选材—构思—成稿”式的封闭教学过程，不刻意追求格式标准、写法标准，而是让习作教学回归生活，回归学生内心的需要，以我手写我心，力求让学生能够表达自己对自然、社会、人生的独特感受和真切体验。制定多元化的习作题目，尽可能地淡化文体，随时随地地捕捉创设习作的时机和情境，鼓励个性化的表达，开放习作评价等做法都能让学生积极参与，凸显习作的个性。新课标明确指出，写作教学应引导学生关注现实，热爱生活，表达真情实感。因此，我们应该把习作过程看做是一种自然的生命状态、一种朴实的生活行为、一种心灵与心灵间的对话，引导学生亲历生活，用真实的生命去拥抱习作，让心灵与文字共舞，让激情与梦想共同起飞。

四、多角度地培养学生创新思维

一切创造性的活动，都源于创造性思维。创新思维虽然是一种复杂的、高级的心智活动，但绝不是神秘莫测、高不可攀、仅属少数天才人物的“专利”。陶行知先生曾说，人人是创造之人，天天是创造之时，处处是创造之地。创新思维能力是人类普遍具有的素质。1996 年，国际 21 世纪教育委员会的报告《教育——财富蕴藏其中》指出，教育的任务是毫无例外地使所有人的创造才能、创造潜能都能结出丰硕的果实。裴斯泰洛齐也强调，教学的主要任务不是积累知识，而是发展思维。如何培养学生开放性思维，提升其习作思维的品质呢？刘勰在《文心雕龙·总术》中说：“才之能通，必资晓术。”可见，要想使才思通达，立意深刻而新颖，重要的是要锻炼自己敏锐的感受力、深刻的观察力、丰富的想象力，提高自己的思维水平，此外还必须通晓立意的技巧与方法。

第三章　开放的情感

花开花落，本是一种自然现象，龚自珍写下“落红不是无情物，化作春泥更护花”；苏轼吟出“细看来，不是杨花，点点是离人泪”；舒婷叹息“ 那不是花瓣 ，那是我凋零的心。”

雨，在《春雨沙沙》中显得那么活泼可爱、生气昂然：飘在果林，点红桃花；洒在树梢，染绿柳芽；落在四野，滋润庄稼；降在池塘，唤醒青蛙……在朱自清的《春》里是那样的清新自然：像牛毛，像花针，像细丝，密密地斜织着，人家屋顶上全笼着一层薄烟……在戴望舒的《雨巷》里却显得那么忧郁感伤：撑着油纸伞，独自彷徨在悠长悠长又寂寥的雨巷……

…………

这些语言都是因“情感”而生，是发自内心的倾吐，是一种情怀的展现。因为情感的流动，寻常的东西变得诗情画意、变得饶有情趣、变得耐人寻味、变得多姿多彩。“情感”无疑成了作品中流淌着的河，或潺潺流过，轻缓细润；或浩浩荡荡，浩瀚无边；或浊浪排空，乾坤沉浮……同是一条河，因水的性情而变幻万千。

新课标中强调“写作教学应贴近学生实际，让学生易于动笔，乐于表达，应引导学生关注现实，热爱生活，表达真情实感”。列宁说过，没有情感的认识就失去了情感的深入。叶圣陶先生说得好，“心有所思、情有所感，而后有所撰作”。

我们的学生为什么把写文章当成老大难的事呢？听一听学生中流传的口头禅，便知道答案了：作文难，难作文，下笔无言难成文；头儿空，肚儿空，空来空去空对空。对此，我们一贯认为是学生缺少生活体验。其实并非如此！有意，一草一木都可入文；无情，万水千山都会视若无睹。学生稀缺的正是“情感”！而我们的老师在习作教学中不也是过多地重视“技巧”的训练，忽视了情感的“培育”吗？没有“情感”，再丰富多彩的生活也无法走进他们冷漠的内心，再感人的事迹也湿润不了他们的眼睛，再美好的景致也只能等闲视之。心灵的沙漠，必然注定文章或空洞苍白或无病呻吟，或拙劣地模仿他人。因此，教师在习作教学中必须重视"情感"的开放，打开学生的心扉——让阳光进来；深入学生的内心——让情感激荡。有了情感的萌发与流动，才会激荡起表达的主观欲望，流泻出来的语言才会有生命的质感!

第一节　消除心理障碍是情感开放的基础

习作难，很多时候是我们老师习惯于给习作"造势"。学生在一、二年级写话练习时还敢写、还能写，到了三年级却不敢写、不会写了，这其中，教师对学生习作的过分束缚不能不被视为一个重要原因。许多教师在习作教学中总是不停地警示学生：习作在考试中占25分、占30分，你们一定要写够多少多少字，一定要突出中心，一定要有优美的词语，开头要怎样，结尾应如何……在改习作时，一看学生写得满满的，不管写的是什么，看在"没有功劳也有苦劳"的份上多给了分数；看到学生给内容戴了"高帽子"就认为"有思想"；瞅到几则成语就认为文章生动……原本自然而然、自由自觉的活动，变得不自由、不自然。渐渐地，习作离学生的心灵越来越远，也成了学生越来越重的心灵负担。解铃还需系铃人，教师只有为学生松绑，让学生简简单单习作，拉近习作与学生的距离，才能迎来习作的春天。

一、减少束缚，认识本质

在首届冰心作文奖赛中，一个一年级学生写的一篇107字的文章获得了一等奖。

学生习作

妈妈回来了

前段时间，妈妈去杭州学习，去了好长时间，可能有一个月吧。今天，妈妈终于从杭州回来了，我非常高兴！因为妈妈的怀抱很暖和，因为妈妈回来会给爸爸过生日，因为妈妈在家里会给我读书……妈妈不在家的时候，我很想她，想妈妈的gǎn觉，就是一种想哭的gǎn觉。

这篇短短的文章为什么能在上万份稿件中脱颖而出，赢得评委的青睐呢？定然是那份不加修饰的纯真和一份自然流露的真情打动了评委。评委们这样总结："作者用自己纯真的感受，带领我们重温了'母爱'的温馨及其无所不在的美丽。真实情感就是我们的评选标准。回头看看这篇文章，一个孩子内心情感的自然流露是我们最愿意看到的作品。"这正体现了真实是文章的生命，情感是文章的灵魂。

我们的学生能写出这样的文章吗？答案是肯定的！可见写文章并不难，写出好文章也并不是一件难事！然而，这样的好文章，在一些老师眼中，可能因为其不符合种种"标准"而被给予负面评价。这说明什么，这说明这些老师已经让习作丢失了最本真的东西，以至于教出来的孩子心灵没有说话，思想没有说话，当他们想说时，真实的思想与心灵的感觉往往被公众的言辞所淹没。

从上述实例中我们体会到，只要让真实的生活、真挚的情感、真切的思想在孩子们的心灵里安营扎寨，学生也就不会为"习作难"而唉声叹气了。

二、找到感觉，品尝甜头

何为找到写作的感觉呢？我们知道学唱歌要找到乐感，也常说"跟着感觉走"，可见"感觉"很重要。特别是对于刚步入写话阶段的学生来说，尤为重要。比如，学生说，我今天在公园玩，太高兴了！你马上让他把这句话记下来，并告诉他为什么要把这句话写下来。就这么慢慢引导，让孩子明白，记下来，以后读到它，就又会想起那天高兴的事情。你还可以问孩子，以后万一是"哪天"忘了，怎么办？引导孩子把日期写上。并告诉孩子，这就是写作，写作就是这么容易！而且要对学生们强调：写文章就有这样的好处，留住美好。当然，你还可以引导孩子，让孩子找到写作的更多感觉，使表达的内容更加丰富。例如，你在公园里都看了什么？（花、小池塘、假山、碰碰车，等等）当然你还可以根据学生的学情和心情，选择还要不要继续谈下去。如果学生饶有兴趣地想让你分享他的快乐、他的发现，就继续引导。等他说完，你告诉孩子，把你刚才说的，全部写下来，以后，哪怕 10 年，再看到这些文字，你依然会感到这天生活的美好。

这就叫做找感觉，找写作的感觉。

何为尝到写作的甜头？

在帮孩子找感觉的过程中，我们首要的是呵护孩子习作的“幼苗”。在孩子最初的写作过程中，千万别去纠缠他的错别字，千万别去纠缠他的语句是不是通顺、用词是不是生动、文章布局是不是合理，等等。否则，这些做法将严重破坏孩子刚刚才产生的写作的感觉。那些事情，是当孩子写到一定程度，然后才去注意的问题。如果像下面的故事那样，就适得其反了。

在长城上，一位妈妈问八岁的儿子，长城好不好看？儿子说，好看。妈妈又问，你看那长城像什么？妈妈循循善诱，孩子心不在焉。孩子想了半天，说，看不出来。妈妈说，儿子，你真笨啦！你看这长城多像一条蜿蜒的巨龙，多么雄伟，多有气势！

一个八岁的孩子哪里知道什么是蜿蜒，什么是气势！对话之后，孩子垂着头，玩的兴致也没了，像泄了气的皮球。我们可以想象孩子在写文章的时候，被迫用妈妈给出的句子，是多么沉重的心理感受。也就是这样，孩子失去了写的乐趣，失去了孩子的语言，变得成人化和虚假化。我们必须还孩子“吾笔写吾口”的自由，呵护孩子写作时简简单单的快乐。

当学生有了一定的练写经历，教师仍然要小心呵护孩子对习作的兴趣，使每个层次的孩子都能体会到成功的喜悦，产生饱满的热情。有些教师在班中组织学生编辑“优秀习作卷”“名言录集”。在批改习作时，以“找亮点”为主，画出精彩的地方，然后让学生把自己习作中别出心裁的句子誊写在“名言录集”里，并让他们认真地写上自己的名字。

例如，老师带着蒙娜丽莎般神秘的笑容走上了讲台。——王媛

如果说“优秀习作卷”选到的只是一部分写作优秀的学生文章的话，那么“名言录集”将会使每个学生都品尝到成功的喜悦。每一次发习作本，学生就会迫不及待地查看自己写的句子有没有被录取。每个学期下来，班上就有三四本沉甸甸的“名言录集”！渐渐地，能写出一句“名言”的，变成两句、三句，最后自然也就能写出质量好的片段与文章。

第二节　激荡内心感悟是情感开放的积淀

一、灵活命题，诱发情感

学生习作首先接触的是题目，题目新颖，有鲜明的色彩，且饱含着激情，才能使学生的写作情感在心中激荡起来。反之，命题不考虑学生的生活积累，不考虑能否引起学生习作的兴趣，在一定意义上讲，会压抑学生的作文情感，对学生的写作心理产生负面影响。叶圣陶先生曾说过，只有儿童的心底流出来的命题，儿童才能以极大的兴趣对待它。这正说出了习作命题的真谛。习作命题要充分考虑儿童的心理和需要，符合学生的生活积累，触动学生的心弦，诱发学生的情感，才能激发他们习作的积极性和主动性。

习作命题要注意“四性”：一是启发性。有启发性的题目不但能勾起学生对生活的回忆，使头脑中浮现出作为写作素材的各种各样的鲜明形象，而且能开拓学生思路，能由此及彼产生联想，激发他们潜在的情感；二是趣味性。心理学研究表明，大脑皮层下的中枢神经传至大脑皮层引起情绪冲动，好像在唤醒正在沉睡的大脑皮层细胞，使他们积极活动起来。趣味性的命题能唤起学生的这种情绪，使之产生“我要写”的积极愿望；三是动情性。这是学生习作的兴奋点，动实情的命题能引起学生的创造激情，产生写作冲动；四是灵活性。叶圣陶先生说过，命题习作是“不得已而为之”。学生所写的必须是自己积累的。教师在给学生习作命题时，应克服公式化、概念化、成人化的倾向，注重灵活性，可以只出范围，提示写作方向，出半个题目任填后半题、自拟题目等，使学生在无心理压力的情况下，根据自己的需要，按照自己的爱好，拓宽思路、畅所欲言，“吾口说吾心，吾手当吾口”。

就拿“写事”的命题来说，我们常让学生写“一件难忘的事”。学生从三年级开始写甚至到小学毕业都是这个题目，就不免老套、乏味、死板。假如换一下，变成《我落泪了……》这个题目，就能一下子触动学生的心灵，学生读题目的声调也会一下子低沉起来。当然，这个题目绝对不是局限在“伤感、难过、忏悔”等方面，它还包括“含着泪水的微笑”

“感动的泪水”，甚至是“乐极生悲”，等等。学生既可以写发生在自己身上的事，也可以写自己目睹到的一个场景、听到的一个故事，等等，文章的记叙方式既可以是叙述式的，也可以是边叙边议式的。再如，写“我的妈妈”这个内容，如果题目是《______的妈妈》，那么学生就不会局限在“妈妈雨中给我送伞”“黑夜背我看病”这些老生常谈的事情上了。在这种半开放的命题下，学生补充的词语可谓丰富多彩：爱美、唠叨、能干、小心眼、温柔、宽容……有个学生写的是《懒惰的妈妈》，大概内容是：妈妈什么事都让“我”做，“我”成了家里的“苦力”，她却悠闲地坐在沙发上看电视。直到一次外出军训，“我”在内务整理比赛中获得了冠军，在骄傲的同时，体会到没有妈妈的“懒”，说不定就没有这个冠军啦。还有个孩子学生写的是《胆小的妈妈》，讲妈妈虽然是大人了，却胆小如鼠，看到蟑螂吓得魂不附体，还是“我”出手相助，擒获了蟑螂……其中的细节描写，尤为生动，读起来让人捧腹大笑！

如此开放的题目，也开放了学生的情感——总有一个支点，激活属于自己的真情实感。

二、创造情境，激发欲望

“情以物迁、辞以情发”，只有受到环境、气氛的感染时，人才会产生相应的情感，当内心涌起不能抑制的情感时，便要用文字表达出来。赞科夫说过，应该打开窗户，让沸腾的社会生活、奇异的自然现象映入学生的脑海，借以丰富学生的感情经验，激发学生表达情感。因此，应不失时机地引导学生观察奇异的自然现象，参与丰富的社会生活。此外，还可以有意识地创造情境，渲染气氛，为学生创造“有话可说，有话要说”的语言环境，帮助学生捕捉写作时机，激发学生写作欲望。我们可以在班上组织“语言描绘”“声像渲染”“生活再现”“现场表演”等活动。把学生带入特定的情境之中，激发学生情感，使其产生不吐不快之感。这不仅是引导学生在特定的环境中观察、思维，更重要的是使学生入境生情，融情入境，带着感情去观察，去深刻体验和感受所观察的事物，以言其心声，不为文造情。经过长期的练习，学生积累了丰富的情感，语言的积累也随之丰厚起来。叶圣陶先生说得好：“作文的自然程序，应该是我认识事物，我心中有感。感情的波澜冲击我，有说话的欲望，这时我就要倾吐。”这样学生习作时，就已经形成要写作文的强烈欲望，自然不会发愁没有内容可写了。

三、及时反馈，深化情感

实践表明，学生了解学习结果比不了解学习结果更能提高学习的积极性，激发学生的学习情感，促进其学习进步。因此，习作批改首先要及时，以满足学生尽快了解自己写作结果的情感需要。在具体评价时，教师要注意以下几点。一是善于点拨，富有启发性。恰当的评语能使学生明确方向，逐步找到习作的门径，又能增进师生之间的情感。如，学生在写《校园的春天》时，从班级门前的一株木棉树的变化写起，说明春天来到了，春天的校园很美丽。但如果再多找几个观察点体验春天的来临，会使内容更加丰富，也更加凸显“春天已经走进校园”这一主题。教师在评语中这样写道：“你对木棉树的观察非常细致，描写得很美，如果能在校园里多寻找到几处春天的脚步，校园会美上加美。”这既指出了这篇文章的优点，又很婉转地指出了不足之处，让学生容易接受，并能使其明确努力方向。二是褒贬要适度，注重鼓励。积极的鼓励是一种巨大的情感力量，对激发学生的写作情感具有催化作用。习作的批改要善于捕捉学生习作中的闪光点。如“这个比喻句真贴切”“这句话真有水平”“有意思”“妙极了”，这样的批语，学生看了肯定喜上眉梢，笑在心里，急于写好下次习作，特别是对后进生，更要多加鼓励，让每个学生看了习作评语后都能享受成功的乐趣。三是评语要有亲切感。学生在接受知识和评语时的情感参与是有选择的，若教师的评语内容空泛，缺乏导向性或不痛不痒，草草了事，就会使学生从感情上拒绝它，讨厌它，甚至产生消极情绪。亲切的口吻、提示性的磋商语气，有利于创造和谐、轻松的氛围。

第三节　鼓励厚积薄发是情感开放的升华

一、以情促情

一个语文教师只有情感饱满，且带有文人敏感的特质，才能感染学生拥有丰富的情感。比如，当门前的木棉花开的时候，你会兴奋地带着学生去聆听花开的声音；当花落了一地的时候，你会带着学生去感受另一种美丽；当落雪纷飞，你能舍得丢下一节课，带学生走进大自然这个大课堂，去享受另一种学习方式的乐趣；当你读到一段感人的故事时，会在学生面前毫不掩饰地落泪……当我们成为这种“性情中人”的时候，我们的学生也会随之“染”上文学的特质，那么，学生所拥有的就将是两种不同的世界——一个是眼睛里的，一个是心灵里的！他们既能发现和欣赏一棵茂密的绿树在阳光下如何摇曳生姿，也懂得欣赏一棵死亡的枯树在月光下的静默……就怕一个语文教师也是神经迟钝，感觉木讷，对一切无动于衷；或者有了感觉却不知道向学生发出信号，那么学生自然也是眼睛空空、心灵空空了。

二、阅读智者

引导学生阅读，让学生的情感与作品的情感充分交融，引起共鸣。优秀文学作品对学生的影响力是不言而喻的，要让学生走进书籍，在阅读中感受世事沧桑，人生百态，喜怒哀乐。同时，学会欣赏和享受文字带给我们的美丽、生动与平静，使学生亲近文字，养成阅读的习惯，并终生与之相伴。那么，学生的心灵便会受到书籍的终生呵护。当然，学生阅读书籍的过程中少不了教师的指点和引导。教师可以开设美文赏析课，或者学完一篇课文后，引导学生再回过头来品味文章的语言、思想和作者的情致等。如，从《珍珠鸟》里，感受作者对动物的呵护，从而懂得“信赖，往往创造出美好的境界”。从《理想的风筝》中体会作者对生命的无限热爱和乐观向上的情怀，从而体会“心中有阳光，生活就没有残疾”。从童话故事里感受真善美和美妙的想象；从散文中享受文字的清新明丽和作者如歌的心灵；从寓言中收获乐趣和点点滴滴的智慧，从传记中感受理性的思考和知识的浩渺……在教师有效的引导下，学生通过阅读，提升了思想，丰富了情感，改变了头脑，装点了心灵。

三、阅读生活

如果说书是一本有字的教材，那么大自然和生活就是一本无字的教科书。“好鸟枝头亦朋友，落花水面皆文章”。习作教学不应受太多的约束，它是有生命力的，应该与大自然和社会同呼吸。教师应经常带领学生到郊外去走走，让他们嗅闻花的芳香，聆听鸟的鸣叫，感受四季的轮回，寓习作教学于轻松愉快的活动中。

教师要帮助学生正确认识生活（如果“生活”这个词太笼统的话，我们可将其分成：家庭生活、学校生活、社会生活）。对于生活中的人和事、景和物进行由表及里、去粗取精的分析，使情感得以升华。教师要努力使学生养成对生活敏锐的感悟能力，同时，带着文学的情怀去感受生活，让学生对身边发生的事从不同的角度去揣摩。生活中有许许多多的动情点，只要教师加以正确引导，学生就会情不自禁地掀起心底的波澜。如在平时教学中引导学生进行“生活万花筒”“心灵独语”“家庭哈哈镜”“街头一瞥”等主题的练笔，在练笔的过程中，养成认识、感悟生活的能力。

四、用好媒体

教师应当提倡学生观看一些电视节目，如：《道德观察》《焦点访谈》，优秀的动画片、电视剧等，使学生的视角得到扩展、心灵得到碰撞。教师还可以在教室里进行这方面的热点讨论、话题辩论。如得知“轮椅英雄”尹小星穿越了塔克拉玛干沙漠的事迹后，可以引导学生在班级畅谈“观后感”，学生在相互沟通与启发之下，情感、思想、价值观都受到冲击。学生如此感慨：“我觉得，判断一个人是否残疾的标准，不是躯体，而是他的心理和精神是否健康。在我的心中，心理和精神残缺的人才是真正的残疾人！”“我要不断挑战精神和体能的极限，做一个真正的强者！”“心有多高，梦就有多远！”“此时，我的心中充满了力量，我也要活出我的精彩！”“我想说，让我们热爱生活，珍惜拥有！”……学生也争着朗诵尹小星的名言：再柔弱的生命，也有权利在阳光下歌唱。我要用自己独特的方式告诉世界，人，不管他是否残疾，只要心中有梦，就一定能飞翔！……难道能说这不是一堂生动的习作课吗？

当学生内心积淀了丰富的情感，有了“厚积”，必定能在写作时“薄发”。

第四章　开放的内容

小学习作教学要解决的问题是：为什么写，写什么，怎样写。而“写什么”是最基本的问题，它是习作教学的主体，是习作教学的灵魂。一篇好的习作应表达儿童的真情实感，反映儿童的内心世界，彰显儿童的个性，生发儿童的智慧。鉴于此，关注儿童习作内容就显得尤为重要。

第一节　走出习作教学内容的困境

提及习作，学生常常是“横眉冷对习作题，俯首狠咬钢笔头”，不少教师也是一筹莫展，黯然神伤。此时，习作教学已走入困境，表现在：

没东西可写。这是学生习作的通病。这期间，虽然日记天天写，但只是为了完成老师的任务而已；书经常看，却只是浏览有趣的情节而已。事实上，学生写作的源泉很多：个人、家庭、学校、社会，万事万物都可能引起学生的关注，都可以成为写作的材料和内容，只是他们常常视而不见或根本不会去采摘。

没有新意情感和个性可言。习作本是“生命与生命之间的表达与沟通”，它重自我、重个性、重创造，是一种极富创新性的学习活动。遗憾的是，在很多学生的习作中，我们看不到灵气和个性，找不到思想的火花和智慧的色彩。呈现在我们面前的只是千篇一律的老旧题材，人云亦云，众口一词。当然，更谈不上抒写真情和展示个性。

习作教学步入这样的窘境，除了一些客观的原因之外，与我们教师死抠教材，轻视习作教学内容，忽视学生心智年龄特征，盲目拔高，重形式技巧训练、轻思维训练有很大关系。

我们清楚地知道，教师的任务就是有目的地引导学生自觉主动地将视野投向生活，主动观察生活并进行思考，从而形成一种能力和习惯；不仅同语文打交道，而且能善于捕捉生活中有意义的材料，领会和感悟其中闪光的思想道理，然后指导他们形之于文，包括观察内容的取舍、观察角度的选取和中心材料的提炼，等等。这就是解决写什么和怎么写的问题，也是让习作教学走出困境的有效途径。

新课标明确指出，“为学生的自主写作提供有利条件和广阔空间，减少对写作的束缚，鼓励自由表达和有创意的表达。提倡学生自主拟题，少写命题作文”。这一理念告诉我们，习作教学的内容应该是开放的，在教学内容的深度、广度上要做到既与学生的实际能力相衔接，又要有利于培养和发展学生的潜能。习作教学不仅要求淡化习作限制，减少习作束缚，还要求拓宽习作内容和形式，从过去的教师命题为主，变为学生自主拟题为主，从过去的“闭门造车”，变为投向大自然的怀抱寻找灵感，折射出浓郁的开放性和人文性。然而，现状往往并非如此。我们的习作教学往往局限于每学期 8 篇“积累 · 运用”中的训练，除此之外，教师很少引导学生关注周围的事物，做生活的有心人。即使有，大多也仅限于口头要求，没有亲自引领学生去观察生活、体验生活，因此，学生不能真正将习作融入到生活当中，学生的习作远离了生活。他们的习作不是来自生活，不是源于需要，他们的习作内容仅限于“高墙上四角的天空”。习作内容的狭隘也导致了习作形式的狭隘，很多以“练笔”为目的丰富多样的习作形式，诸如笑话、谜语、儿歌、绕口令、歌词、广告语、留言条、寻物启事、表扬信等，很难出现在我们习作教学的课堂上。

新课标下的习作教学，倡导学生习作个性化。因此，我们要打破传统的习作教学模式，开放课堂教学内容，让课堂充满活力，把习作的权利还给学生，把课堂还给学生。

第二节　开放式习作内容的基本特征

习作教学内容的开放，包括习作命题的开放、习作体裁的开放以及习作内容的开放。

一、习作命题个性化

我们应改革习作命题方式，让学生从生活中、阅读中产生命题，把习作的命题权放给学生，并给予较大的自由空间，习作可以有文无题，可以先有题后有文，也可先有文后有题，只要能围绕一个意思写就行。中高年级的学生其实很喜欢自由命题，学生也完全有能力拟出新颖恰当且极富个性的题目。教师与其绞尽脑汁地为学生“拟题”，不如轻轻松松“征题”。让我们看看学生拟的习作题目：《都是××惹的祸》《虚惊一场》《当个小孩不容易》《我们班中“明星”多》——让人一看就有表达的欲望；《校园“封神榜”》《没有大人的世界》《我们班的“三大妈”》——让人一看就生好奇之心；《“智斗”妈妈》《给小狗刷牙》《我是大厨师》——多有童真童趣；《魔法世家》《古屋幽灵》《四毛流浪记》——这是学生写的童话故事……事实证明，用学生喜爱的有话可说的题目习作，他们的写作热情空前高涨。

在习作命题个性化的实际操作中，我们还可以将教材的命题、教师的命题和学生的命题优化组合，即教师出宽题，学生根据自己的实际情况自由出题。比如，有位教师在组织学生一起回忆童年生活后，出了这样的一个主题——“童年趣事”，让学生根据自己的实际情况拟副标题。学生的题目丰富多样，充满个性，如“抓泥鳅”“我穿上了妈妈的高跟鞋”“酒醉麻雀”“我是‘武林高手’”“和弟弟斗嘴”“抹地板”“帮布娃娃缝衣服”……

特级教师于永正老师由“知识渊博型小学生”测试题而创生的习作指导，为我们提供了新的思路。课上，于老师先让学生进行了一次特殊的考试，即在5分钟内完成一份“知识渊博型小学生”测试题。测试前，于老师特别强调要按要求去做。5分钟后收卷，于老师迅速阅卷后宣布结果：“全班48人，符合要求的9人，得0分的39人，正确率为19%。再读读第一题和最后一题，谁能说说此时的心情与感受？”原来，试卷题目虽然有12道，但第一题是：先认真读读每道题，最后一题是：读完以上各题，请只做第2题和第3题。一时间，兴奋、喜悦、后悔、难过、抱怨……各种表情出现在学生们的脸上，他们各抒己见，内心的真实体验一一流露。此时，学生们已经产生了强烈的“一吐为快”的情绪，但于老师并没有急于让学生动笔写，而是让学生先拟一个题目，通过自拟反省的话题来梳理自己的思想与情感。几分钟后，《一个“陷阱”》《一个会“骗人”的老师》《高招》《我被“蒙”了》《一个可怕的“阴谋”》《都是粗心惹的祸》《细心与习惯》这些极具创意的题目在于老师幽默而真诚的鼓励下诞生了。所谓好题文一半，15 分钟后，学生们的初稿完成了。通过自己修改、师生共评，一篇篇内容充实丰富、情感真实动人的好文章便展现出来。

二、习作内容生活化

生活是丰富多彩的，学生的习作是社会生活的反映。初学习作的小学生，不知道习作是怎么一回事，也不明白到底写什么、怎么写、哪些该写、哪些不该写，一时间难以下笔。因此，我们应当鼓励学生树立信心，放下包袱，大胆地写，用自己的语言写自己的生活，不受条条框框的束缚，想写什么就写什么，想怎么写就怎么写。

我们还应鼓励学生自主地选择习作内容。现在学生习作的题材基本都是教材给定的，不少题材的选材空间、思维空间的确比较大。但事实上不管多好的题材，它所指向的习作对象都不可能是全部。因此，我们应当树立一种开放题材的观念，增加随时捕捉到的鲜活素材，如世界杯足球赛，“神舟号”飞船顺利返回地面，中国申奥成功，抗击雪灾，“5·12 汶川大地震”，等等；增加能体现地方特色的传统素材，如集市庙会、传统节日等。小学生习作只是一种练笔，只要达到练的效果即可。应该让学生自由选材，自由抒写，写出自己个人的独特感受，见人所见，见人所不见；闻人所闻，闻人所不闻；写人所写，写人所不写。可以是真诚高尚的情怀，也可以是平凡有趣的小事；可以写现实的景物，也可以是神奇美丽的幻想；可以给老师提意见，也可以评论名家经典；可以大江东去，也可以小桥流水……所谓“能飞到九霄云外，能潜入万丈深潭；敢猜五千年前，敢想五千年后；敢上蓝天戏白云，敢下深海弄蛟龙……”只有这样，学生习作才会符合儿童的内心需求，写作之妙、之奇、之趣、之乐自在其中。下面是一位四年级学生写的一篇生活习作《温暖》，很好地体现了习作内容的生活化。

学生习作

温　暖

“儿子！快起床，要迟到了！”不知为什么，今天妈妈叫我的声音格外急切。我迷迷糊糊地揉了揉眼睛。"啊，快六点半了！妈，你怎么搞的，又起来晚了，明天干脆给我买个闹钟算了！"

忙乱中的妈妈被我的连番轰炸弄得一下子停了下来，她低着头声音低到了极点："快吃饭吧，我明天早点儿。"

原本打算不吃早饭的我，不知被什么力量推到了餐桌旁，看着妈妈失落的样子，自己心里不禁觉得酸酸的。

"我吃完了，该走了！"我拿起书包，向门外走去。清楚地感到妈妈正小步地跟在身后，也许由于匆忙的原因，我没有回头和她说一声再见。

"铛……"一个清脆的响声传进了我的耳朵，接着，大衣的前襟被风吹开了，一阵凉风猛然吹来，这时我才注意到大衣上的一个纽扣掉在了地上。算了，什么纽扣不纽扣的，上学要紧。"等一下！"我猛地一回头，眼前的场面让我不禁一怔：妈妈早已拿了针线走到了我跟前。

"妈妈别缝了，放学再说吧！快迟到了。"我有点不耐烦地说。妈妈一声也不吭，蹲了下去，捡起地上的纽扣，用手熟练地在线上打了个结，接着便扯过我大衣的前襟，在上面飞快地缝了起来。

一阵冷风扫过，我不禁打了个喷嚏，随着我身体的抖动，妈妈把手中的针扔到了地上。"儿子，扎到没有？"妈妈立即把我拉过来，左看右看，可我分明看见妈妈的手指上有一个米粒般大小的血滴。看到这里，我几乎说不出话来，哽咽了好久，才从嗓子眼里挤出了一句："妈妈，你的手流血了。"妈妈看了看自己的手指说："没事。"接着把手指放在嘴里吮了一下，捡起了地上的针，又给我缝起了扣子。

又一阵冷风扫过，我和妈妈站在风中，但这次我丝毫没有感到寒冷，我多想将这一刻永远地延续下去，永远体验着母爱给我带来的温暖。

读罢此文，我们在内心为之感动的同时，很自然地会想到美国教育家华特说的一句话："语文的外延与生活的外延相等。"可见，在习作教学中，首先要引导学生热爱生活，对生活有敏锐的感悟力。热爱生活，笔端才会淌出源源清流，妙笔才会生花。观察生活，才会发现生活中的真善美、假恶丑；积累生活，思考生活，才能拥有自己的思想，对周围的点点滴滴形成自己的看法或独到的见解。对生活观察得越细致，描写的事物就越生动形象；对生活体验得越深刻，内心所流露的情感就会越真实感人；对生活积淀得越丰富，就会练就一双热爱生活、描绘生活、讴歌生活的慧眼。

三、习作体裁自主化

小学生的习作主要是“练笔”性质，为减轻学生的写作压力，让学生自由地倾吐自己的所见所闻所感，我们可以模糊文体的界限，也可以淡化记叙文为主的理念，可“放手”让学生试着用各种文体去习作，如诗歌、儿歌、童话、剧本、寓言、微型小说等。同样的内容可用记叙文写，也可用诗歌写，同样的主题可用寓言写，也可用童话写……

有一次上课，老师因为讲课太投入，没注意台阶，结果摔倒了。学生就这件事写了文章。结果发现，即使是同一个题材，不同个性的学生也会写出不同形式的文章。擅长记事的用记叙文的形式写出了老师摔倒的经过；有人用书信的形式提醒老师要保重自己的身体；爱抒情的写了赞美老师的小诗《老师，您小心点》；爱画画的，以给画写解说词的形式，写成了文稿。

我们不仅要让学生写一些写人、记事、状物的文章，还应拓宽写作的路子，把各种题材引入习作训练之中。以往我们总认为小学生能写好记叙文就不错了，其实我们不必拘泥于体裁，不管学生采用何种表达形式，只要是学生喜欢的、对路的都可以。可以尝试写写诗歌、小说、戏剧、童话、寓言，也可以加强交际应用的习作训练，只要学生想试试的都可以仿练。比如，有的教师在教学中，尝试让学生为自己的科技小制作写解说词；给自己的照片、图画写文字说明；为自己的家乡或生活的城市写广告词；为学校设计一句形象语等。此外，还让学生写寻物启事、招领启事、招聘启事、竞选报告、广播稿、主持词、建议书、介绍信等，多方面培养其实际应用能力。

拓宽思路，你会发现一、二年级的孩子同样能写好议论性的文章。请看一位二年级学生写的《乞丐》。

学生习作

今天，我看了一幅图画，画的是一个乞丐的下肢残废了，只能趴在一个滑板上靠上肢爬行。他衣衫破烂，浑浊的眼里露出可怜的眼神。每当路人走过，他就说："行行好吧！"但路人却对他不屑一顾，甚至还有人在旁边指指点点，骂他是残疾。看到这一幕，我有点气愤：我们怎能没有同情心呢？在社会上，有许多像这样的人孤苦无靠，我们应该帮帮他们，让他们觉得人间也有温暖。

实践证明，这样不限文体地放手去写，学生兴趣浓、思维活跃，其创造能力和创造意识会得到充分展示。同时，习作体裁的这种开放性对发展学生个性特长，培养创新意识和创新能力也很有帮助。

第三节　习作内容开放的途径

新课标指出，"语文课程应该是开放而富有创新活力的，应尽可能满足不同地区、不同学校、不同学生的需求，并能够根据社会的需要不断自我调节、更新发展"。习作教学更是如此，其内容的开放大致有以下几种形式。

一、向学生开放

教学中我们要创造性地处理教材，不应将习作内容看成固定不变的，而应结合学生的认知规律、生活经验，注意与学生的实际联系起来，吸收时代信息，收集信息资料，从而扩展、补充或更替教材内容，使教学内容更丰富生动。开放教学内容可以从以下几个方面去操作。

（一）把选材的自由还给学生

人们常说生活是个万花筒，色彩斑斓，五光十色，但其反映在学生的习作中却是单一的、纯色的。原因之一就是在传统的习作教学中我们过多地限定了习作的内容。孩子们奉命去写一些单调、乏味、过时的内容，使得他们习作中所反映的内容并非其生活的外延。孩子们每天都置身于社会之中，日月星辰、风霜雨雪、江河湖泊、花草树木、街头巷陌、超市公园加之报刊、电视、网络中各种各样的信息，还有形形色色的标语、广告、题联、题诗以及小品、相声磁带、VCD，等等，这些最生动、最形象、最有活力的生活素材，都是习作课程的资源。所有这些，我们不能熟视无睹、充耳不闻，而应敏锐地将其把握，根据需求予以筛选，为积累鲜活的习作素材打下良好基础。

（二）把想象的自由让给学生

“人是一根能思想的芦苇”。想象习作能培养学生的创新思维，小学生也特别喜爱写这类文章。如果让学生每人拟一个自己最喜爱的习作题，你会发现大多数学生拟的是想象习作题，如《二十年后再相会》《一元钱旅行记》《假如我会飞》《假如地球的寿命只剩三天》《神交李白》……所以，教师应努力在习作教学中为学生提供想象的情境，让学生多写一些来自内心想象的东西。学了《只有一个地球》之后，学生们纷纷讲述了耳闻目睹的破坏环境的现象，认识到破坏环境的危害，教师因势利导让学生假设自己是树木、垃圾桶、河水……以第一人称的口吻讲述各自的经历与愿望。同学们很快编出了童话故事《课桌哭了》《青蛙的控诉》《塑料袋流浪记》《垃圾桶的对话》……生动有趣地揭露并谴责了一些破坏环境的不良行为，表达了自己保护美好家园的愿望。

（三）把表达的自由交给学生

新课标之下的习作教学是以学生为学习主体，承认个体差异，重视个体体验的具体表现。因为即便同一件事，不同的学生也会有不同的体验与感悟，有不同的兴趣点，因此他们会选择从不同的角度、不同的侧面入手，写出来的文章自然也会各不相同。如教师在课堂上与学生一起玩了“锤子锤蛋不烂”的小游戏后，学生自主拟题，自由写作，《老师的魔术》《开心时刻》《神奇的中国字》《锤子锤蛋不烂?》《超级大赢家》……孩子们以一个个独特的视角写下了他们难忘的一刻，不仅文章内容让人忍俊不禁，就是五花八门的题目也充分体现了孩子们的创造性。

教学中，我们要结合学生的认知规律、生活经验，联系学生的生活实际，使习作教学内容更加丰富生动。如何指导学生写出新颖有趣的文章呢？我们可以做这样的尝试。

1. 写生活中的平凡事

用不凡的视角，写出生活中的平凡事，有时会产生“妙笔生花”的效果。

学生习作

“粉 丝”

马乐也是值得一说的人物。他是个“粉丝”。(什么?你不知道什么是“粉丝”?这说明你还不够网络。“粉丝”就是“fans”,追星族!)你看他今天脚蹬带有蜘蛛图的运动鞋,脑门上贴着蜘蛛侠,就连T恤衫上也有个大大的蜘蛛网。一眼就可以看出他现在正热“蜘蛛侠”呢。

有一天他不知从哪捉到一只硕大的蜘蛛,然后把蜘蛛放到手臂上对大家说:我要大变蜘蛛侠了!那一天,他不但没有变成蜘蛛侠,反而弄得皮肤过敏,屁股上还挨了一针。

这不由得使人想起在二年级时,他是个奥特曼迷,对于宇宙英雄奥特曼家族中的各个兄弟了如指掌,如艾斯、赛文、杰克、泰罗、雷欧、爱迪……这一连串古怪的名字他竟然以闪电般的速度记了下来(平常记单词他可没有这么聪明过)。

每天他都拿着大大小小的奥特曼模型和各种版本的奥特曼连环画书,如果谁愿意扮演怪兽和他进行宇宙大战,他就会把奥特曼送给谁。每到下课,他就会和几个“怪兽”展开激烈的战斗,当然最终都是他——奥特曼的扮演者取得胜利。就连上课他也完全着迷在奥特曼上,几乎每个老师都收缴过他的奥特曼,不过没关系,他买的奥特曼多着呢。有时还竟然在老师讲着课的时候,忽然摆出奥特曼的经典pose:双手交叉放在胸前摆成十字状,两脚分立,腰板挺直,嘴里还不停地哼哼哈哈,像念咒语一样。老师说他是鬼附身了。就连照相的时候,他都是摆这个姿势。

有一次他突然拉起肚子来,老师带他到校医室拿了些药,可是他死活不吃,嫌药苦呗。老师灵机一动说:“现在你肚子里面有很多病菌,而这支药里面有赛文有雷欧,他们专门帮助你来杀细菌和怪兽的,吃了这支药,肚子里的细菌和怪兽会马上死掉的,你就会好起来了……”老师的这些话果然起作用了,马乐一口就把药送到肚子里面了。看样子马乐对奥特曼真是走火入魔了。

老师看他这样,特意到他们家进行了家访。不知道是班主任教育有方,还是随后“奥特曼”的热潮过去了,他再也没有拿过奥特曼。如今他被“蜘蛛”附了身，半句不离“蜘蛛侠”。看，同学们围成一团的地方就是马乐在津津有味地给大家边讲边演蜘蛛侠呢。

“老师来了！”不知谁一声喊，大家如鸟兽散。

2. 写生活中的新鲜事

细心观察生活中的新鲜事，鼓励学生写出自己的感受和经历。

例如，《欢乐谷奇遇》写的就是身边的新鲜事，其片段如下。

学生习作

爸爸妈妈带我去深圳欢乐谷，本是为了去看魔术表演，却不料情报有误，搞错了时间。不过既来之则安之，总不能白来，况且爸爸妈妈之前也没有来过，于是我们就四处转了转，玩了一些游戏。眼看天色已晚，我们便回家去。妈妈在路过报亭时顺便买她喜欢的《凤凰周刊》去了，我和爸爸便在远处说笑着。这时一个卖花的小贩缠住我们，不住地问我爸爸：“买一枝玫瑰吧，送给小姐。”刚开始我还莫名其妙，后来见爸爸大笑，才明白过来：今天是情人节，小贩把我们父女当成了情侣。

妈妈知道了，也笑翻了。

3. 写生活中的重大事

引导学生把最近发生的新闻时事写进文章，会让文章新颖有趣。

例如，《苏丹红 1 号》写的就是最近闹得沸沸扬扬的新闻，其片段如下。

学生习作

最近，“苏丹红 1 号”闹得人心惶惶，人们简直是谈“红”色变。

这天下午，我坐在电视机前，津津有味地看着电视，我按动着手中的遥控器。突然，我停住了，一则新闻吸引了我的目光，主持人正报道有关“苏丹红 1 号”的消息。“苏丹红是什么呀？干什么用的？”从未听说过这个名字的我在心里疑惑地想。这使我对这则新闻产生了浓厚的兴趣。听主持人介绍说，“苏丹红1号”色素是一种红色的工业合成染色剂，在我国及多数国家都不属于食用色素，一般用于汽油、机油、鞋油和汽车腊等工业产品中，不能添加在食品中。2002年研究人员发现，“苏丹红1号”可能造成人类肝脏细胞的DNA突变。

4. 写生活中的时尚事

我们的生活日新月异，新事物、新产品层出不穷，教师可以鼓励学生把它们写下来。

例如，《移动改变生活》写的是手机对于我们生活的影响，其片段如下。

学生习作

奶奶这段时间可乐坏了，她整天捧着个手机，琢磨着说明书，不时按着键钮，连吃饭时都念念有词。为啥？就因为姑姑帮她买了个新手机呗。

这个新手机功能可真多！不仅能打电话，还能照相、发短信、设置彩铃、上网呢。它虽然外形小巧玲珑，可里面却能装下大千世界。自从买了手机，奶奶就学会了发短信、收短信，而且使用手机的功能也变得易如反掌了，移动的发展使她跟上了时代的步伐。

有一个教师看到逢年过节手机短信满天飞，孩子们也常在一起津津乐道地交流着父母手机中的短信，就设计了一个写短信的习作练习。

教学示例

短信传情

一、谈话导入

1. 今天王老师不能为大家上英语课了，想知道究竟是怎么回事儿吗？看看我收到的这条短信息就知道了。谁来读读这条短信？

2. 生读短信：昨晚我高烧不退，嗓子说不出话来，现在还在医院，不能赶回来上课了，麻烦你帮我上节课。同时替我向同学们说声抱歉，希望他们上课积极认真。

3. 你们觉得王老师怎么样?

4. 现在王老师在医院里，正发着高烧，此刻，她在医院会是什么感受？那我们快想想办法安慰安慰她吧。

二、走近短信

1. 我们可以想什么办法安慰安慰她?（打电话，发短信）

2. 发短信是个好办法。可是短信从哪儿来呀?（自己编）

3. 怎么编短信呢？要编好一条可不是那么容易呢！看，这里有几条短信，先读读，再互相说说短信有什么特点。

(1) 新华书店恭祝您及您全家新春佳节：吃得“书”服，过得“书”适，身体“书”坦，心情“书”畅，“书书”服服过大年!

(2) 针刺入肉里，一定很痛吧？没关系，这是为身体好。祝你早日康复，周一我期待着，你活泼快乐的身影，跟我玩耍嬉戏。

(3) 一声亲切的问候：你很忙吧？一缕淡淡的柔情：别累坏了！一个忠心的祝福：平安快乐！愿你看到这条短信时，能会心地微笑!

4. 概括：短信要求语言活、字数少、形式新、用途广，更重要的是传真情。

三、短信传情

1. 现在就拿起手中的笔，给王老师写则短信，让她感受到大家的温暖吧。

2. 学生思考，自由创作，教师巡视。然后小组交流，互相修改。

3. 投影出示学生的短信并点评。

4. 请一个同学把最好的短信发给老师。

四、拓展创编短信

1. 老师再考考你们，会不会编其他短信。

(出示：请你任选下面一个话题，自主创编精彩的短信。)

2. 指导

(1) 转眼间，一个学期即将结束。此时，你想给曾经教育过你，帮助过你的老师送上一条怎样的短信呢?

(2) 马上要过节了，你想给好朋友送上怎样的短信鼓励他（她）呢?

(3) 你又长大了一岁，这一年里爸爸妈妈可没少为你操心，你想送他们一条怎样的短信呢？

(4) 除此以外，2008 年让你感动、牵挂的人还有很多，在此就通过短信来表达你的心意吧！

3. 自主创编，教师巡视后组织交流。

五、畅谈感受

1. 学生自由讨论，畅所欲言。

2. 别看短信小，功劳可不小，联系你我他，传递真感情。让我们一起记住这节课“短信传情”！请同学们就本节课的内容、感受等写一篇日记。

整节课“真”“趣”二字贯穿始终，学生兴趣盎然地走近短信、学习短信、编写短信、发送短信、接收短信。由扶到放，既学了编短信，又给学生提供了一个很好的习作题材，真是一举多得，情意绵绵。

二、向其他学科开放

学科间是融会贯通的，其他学科中蕴涵着丰富的习作资源，如数学的解题思路，品德与社会科中有关古今中外、天涯海角、美丑是非的素材，美术的欣赏与创作，等等，都是练笔的好题材。将习作教学与其他学科有机融合，常常能起到事半功倍的功效。

如结合美术学科，低年级可以记绘画日记，中年级可以创作连环画，高年级可以编辑作文小报；结合音乐学科，可以上一堂音乐习作课，如《月光曲》中的盲姑娘和皮鞋匠能听着贝多芬的《月光曲》产生美妙的幻想，我们让学生也听着《月光曲》幻想，并把幻想的内容写下来；而习作中的写一项体育活动就更得结合体育活动学科不可了；还有常识学科中的研究实验，为学生的科学小论文提供了素材；信息学科为学生提供了广阔的虚拟天地……

有位教师在《听音乐写〈赞美母亲〉习作教学设计》中设计了一个环节——“听歌曲《母亲》，升华对母亲的情感”，这种设计是值得倡导的。

教学示例

(1) 师：大家写得真好，母爱是和煦的春风，是温暖的阳光，大家听了《母亲》这首歌，对母爱的感受会更深刻。

(2) 播放歌曲《母爱》。

(3) 师：多么感人的歌曲呀！请同学们讲讲母爱的故事，可以讲自己的母亲，也可以讲别人的母亲，只要是母爱的话题都可以讲。

(4) 学生谈有关母爱的故事。有的谈母亲看到自己生病心疼得哭了；有的谈课本中的《游子吟》；有的谈影视中母亲的感人故事……

(5) 师：谁言寸草心，报得三春晖。母亲的爱我们永远报答不完。请用手中的笔，把你最想对母亲说的话写下来。

(6) 学生写习作。

(7) 让学生在配乐声中朗读最想对母亲说的话，教师赠送有关母爱的名言。

这一环节，由听赞美母亲的歌曲，到讲母爱的故事，最后抒发对母亲的情感，学生无不被母爱所感动。学生情动而辞发，为写好这次习作打下了良好的基础。教学要取得良好的效果，取决于由师生互动而生成的教学内容。就这个设计而言，教师的言语包括诗句的恰当引用，学生谈论现实中的母亲、影视中的母亲，以及配乐朗读等，形成了充满情感的课堂。

三、向阅读开放

读写结合，相得益彰，读写分离，两败俱伤。这是语文教师的共识。它形象地说明了阅读和习作间的紧密关系。要提高学生的习作水平，必须借助课本的范文作用，把阅读教学和习作教学有机联系起来，以读促写，读写结合。新编教材的许多课文为我们提供了较好的练笔机会。因此，我们在语文教学中，一方面要加强阅读教学，另一方面要加强读写渗透，读写结合。

（一）在阅读教学中渗透习作方法

我们在阅读教学中要引导学生学习作者观察事物、分析事物、遣词造句、连句成段、连段成篇的习作方法。在习作教学时，我们要抓住课文阅读这个契机，引导学生把阅读中的习作方法和技巧运用到习作中去。

1. 仿修辞

一篇文章要写得生动形象，必须要运用一些恰当的修辞手法。所以，在理解课文时，要趁机指导学生怎样把文章写得更美。如《匆匆》这篇优美的散文中有很多打比方的句子，我们可引导学生用“仿佛”“宛如”“像”等说话，让他们明白什么是比喻句，用比喻句有什么好处和怎样比喻。

2. 仿结构

（1）并列结构段是指将事物分成几个方面来写。《索溪峪的“野”》中二、三、四、五自然段之间就是这种构段方式，它从几个不同方面写了索溪峪的美景，使学生懂得同时介绍事物几个方面的时候，可采用并列结构段。可指导学生练习写《校园一角》《我们一家人》等片段，让学生在具体的习作实践中加深对这种结构段的认识。

（2）总分结构由总述和分述两层构成。《北大荒的秋天》一文中第四自然段，作者以一句“原野热闹非凡”总起，然后从三方面来加以描写，先是“成片大豆笑得哗啦”，接着是“挺拔的高粱乐呵呵开演唱会”，最后是“榛树叶子红得似一团火”，既写出了原野的热闹，又写出了北大荒秋天丰收的景象和人们喜获丰收的心情。指导学生仿写时，教师可出示总述部分，让学生围绕总起句写分述部分。

（3）连续结构段指段中的几层意思是按照先后顺序一层接着一层写的，这也是小学生必须掌握的一种结构段，在习作中经常用到。《小狮子爱尔莎》《捞铁牛》等课文中都有典型的连续结构段，在学生理解课文的情况下，可紧扣学生的学习、生活，以《学骑自行车》《炒青菜》《擦窗户》等为题，安排仿写训练。

3. 仿详略

通过阅读教学，让学生知道写文章要有详有略，有主有次。重点的突出主题的部分要详细写，其余部分略写。《少年闰土》一文中“看瓜刺猹”“雪地捕鸟”写得比较具体，“看跳鱼儿”“拾贝壳”则一笔带过，这就叫有详有略。学了本文后，我们可以让学生围绕“春游”“学骑车”等与生活实际联系紧密的事件进行仿写。

除此之外，仿立意、仿选材、仿顺序、仿动作描写……都是阅读教学中值得学习的习作方法，后面将在“读写结合式”中具体展开论述。

（二）在学习和借鉴中以读促写

语文教材都是文质兼美的名篇，不仅蕴涵丰富的思想感情，而且有着恰当的表现方式。因此，在教学中可以让学生边读边借鉴，学习将文章的语言转化为自己的语言。

（1）借内容。即从课文的思想内容入手，引导学生联系自己的生活经验，写自己的真实感受，达到读写相结合。

（2）借形式。从课文的语言表达形式入手，引导学生进行迁移性训练，从而提高表达能力。《桂林山水》的第二段写了漓江水的美，分别从静、清、绿三个方面写出了水的特点，句式工整，结构相似。第三段中运用同样的方法写出了山的奇、秀、险。教师可指导学生模仿“长句—短句”相结合的形式进行段的训练，让他们写身边的景物。

（3）借词语。就是引导学生运用一类或一组词进行创造性的写句、写段练习。教学《鸟的天堂》一课时，让学生用“有的……有的……有的……也有的……”的句式写上一段话，并要求尽量运用课文中的词语，如“应接不暇”“不可计数”。这种练笔往往在几分钟内即可完成，即便是学习困难的学生也能写得有模有样。

（三）挖掘课文内容使学生有话可写

语文教学应是对学生听、说、读、写能力的综合训练过程，教师在课堂上应针对不同的课文，抓准训练点，对内容进行补白、扩写、续写。

下面具体介绍几种与阅读密切相关的习作形式。

改　写

【教师导航】

改写一般是在不改变原文基本内容的前提下，改变原文的表达方式，它是一个再创作过程。改写对原作的思想内容基本上不作改动，大都只侧重于形式的改变。如改变人称、改变文体、改变结构等。

1. 要忠实于原文的基本内容和中心思想

改写只是改变原文的表达方式，可以增加一些情节，但不能另外编造情节；可以作一些必要的省略，但不能使原文走样。因此要把握想象和联想的分寸，想象、联想的有关内容要以原文为依据，与原文叙述的事件、情节一脉相承。

2. 可改变体裁

小学生改写文章，主要有两种形式：把古文改写成现代文，把诗歌改写成记叙文。改写不同于对诗歌或古文进行“翻译”，可不受原文结构、句式的约束，通过合理的想象、联想，对原文进行巧妙的构思，并进行具体的叙述和描写。

3. 可改变结构，通常把倒叙改为顺叙，或把顺叙改为倒叙

这种改写，一般只要变动文章的开头部分，或删或增，当然，必须注意上下文之间的自然衔接和前后照应。

4. 可改变表达方式，如将记叙改为对话或描写等

要写好这种改写，首先要掌握与表达方式有关的知识，如什么叫叙述，什么叫描写等。其次要懂得怎样进行描写，怎样写人物的对话。

5. 改写后的人称要用得准确无误

改变人称，要明确原文中“我”“你”、“他”等词所指的对象。

【案例】

古诗改写

教学目标：

1. 联系生活实际和亲身体验，展开丰富、合理的想象，把古诗改写成内容具体、语句通顺的记叙文；

2. 经历古诗改写的过程，掌握古诗改写的一般方法；

3. 在相互交流和启发中不断完善自己的习作，在交流中感受到合作的快乐。

教学准备：

1. 教师准备：搜集有关《赠汪伦》的背景资料和诗人的生平介绍，制作关于汪伦在桃花潭边踏歌送李白、李白和汪伦两人拱手相望、汪伦目送小船渐渐远去的课件。

2. 学生准备：熟读古诗《赠汪伦》，掌握古诗的含义及其表达的思想感情，搜集有关背景资料。

教学流程：

一、看图诵诗，激起兴趣

1. 出示课件：满山的桃花开了，山中有一泓深潭。潭水清澈，倒映着青山，一叶小舟停泊在不远的江水中。诗人站在船头，与朋友依依惜别……

看了这幅画面，你会想起我们学过的哪首古诗呢？

这首诗表达了诗人怎样的思想感情？

2. 古诗最大的特点就是语言凝练，跳跃性大。它能把个性鲜明的人物、内容、情节完整的故事高度概括成十几个字或几十个字，因而给我们留下了充分的想象空间。请大家展开合理的想象，把高度浓缩了的古诗改写成一篇内容具体的记叙文。

二、师生合作，探究写法

（一）提出目标，小组探究

师：这首诗28个字，要把它改写成记叙文。请大家想一想，找一找，字里行间哪些地方诗人留给了我们可以展开想象的余地？

1. 小组讨论。

2. 班内交流。

3. 教师梳理学生的发言。如，桃花潭周围的环境；李白和汪伦的衣着、打扮；两人在桃花潭边饮酒作诗的快乐生活；两人的对话、动作、心理活动；岸边两人依依惜别的情景……

（二）提供资料，丰富素材

师生共同交流背景资料：唐天宝年间，泾县豪士汪伦听说大诗人李白旅居在南陵叔父李冰阳家，欣喜万分，遂修书一封曰："先生好游乎？此地有十里桃花；先生好酒乎？这里有万家酒店。"李白欣然而来，汪伦据实告之：桃花者，实为潭名；万家者，乃店主姓万。李白听后大笑不止，并不以为忤，反而被汪伦的盛情所感动。两人诗酒唱和，流连忘返。临别时题下这首诗。如今，诗仙、豪士逝者如斯，但桃花潭却因之流芳千古。

（三）创设意境，指导想象

师出示配乐课件：

1. 引导学生结合画面内容，想象桃花潭周围的环境。

2. 依据画面所创设的情境，激发学生想象。学生在小组中就人物的对话、动作、心理活动以及他们依依惜别的情景畅所欲言。

（四）交流互动，感悟写法

1. 班内交流，评价激励。

2. 再现目标，明确写法。

我们要把语句凝练的古诗改写成记叙文，应怎么做？

（改写的文章和原诗表达的感情一致；抓住诗句的空白点展开想象，写具体；想象诗人的语言、动作、心理以及穿着、打扮等；收集有关诗文和诗人的背景资料；适当的环境描写或景物描写；时间、地点要交代清楚……）

三、引导发散，触类旁通

师：《赠汪伦》是一首送别诗，这一类诗如《别董大》等也可以这样改写。当然，爱国诗、田园诗、山水诗同样也行。

四、展开想象，自由改写

用这节课学到的方法，选择你喜欢的一首古诗，改写成记叙文。

五、欣赏作品，评析提高

1. 学生完成初稿；

2. 组内交流，选出佳作；

3. 班内欣赏佳作，共同评议；

4. 相互借鉴，完善习作。

续　写

【教师导航】

续写又叫补写，是指从原文出发，遵循原文的思路，展开丰富而又合理的想象，想象事情的发展结果，完成一篇记叙文。这样的习作练习，既可以发展学生的想象力和思维力，又可以培养其语言表达能力。

续写的分类大致有：根据“开头”进行续写；根据“前文”进行续写；根据“原文”进行续写；根据“开头”（或“前文”）和“结尾”进行续写。续写文章，要注意以下几点。

1. 要认真阅读原文

不管是提供情节的续写，还是续编课文的故事，我们都要认真阅读原文，深刻理解作者的本来意图。续写主要是靠自己的想象写成的，但是想象必须循着原作的思想轨迹，去作延伸想象。如“意想不到的事发生了……”这“意想不到”四个字非常重要。比如小朋友背着一个漂亮的新书包去上学，到了教室里，同学们看到了很羡慕，自己心情十分愉快，这些都是意想之中的事，是顺理成章的。要写“意想不到”的事，就不能写这些内容，否则就不符合原作的思路。

2. 要确定文章中心

续写、续编的故事，已成为单独的一篇文章，必须有个中心明确地表达自己的一个观点。如新书包被弄脏了，该怎么办？续写后的文章，要有一个正确的处理办法。再如续编《凡卡》一课，凡卡的信寄出去后，爷爷会收到他的信吗？凡卡在老板家会怎样呢？今后的事情会发生多种多样的变化，会有多种多样的结局。这要先确定一个观点，选择一种结局。而且我们选择的结局必须和原作者的观点一致，要忠实于原作者。

3. 考虑问题要周全

看图习作虽然也要想象，但只要把图上提供的主要情节想得再具体一点即可。而续写习作则不同，不仅要想象事情发展的主要过程，而且要想象得具体、周到，符合情理，没有漏洞。这就要求我们先想象几个要点并列好提纲，然后再细细思考。如果命题者提供的文字已揭示出人物的年龄、职业、身份、性格，那么续接后的文章，就必须按照人物特征和性格的逻辑以及情节发展的逻辑往下续写。

续写命题习作的思维活动，除了想象外，还体现为推测，推测要比想象复杂一些，因为它融合了不少判断。续写式习作中的推测主要是从情节的开端去推测情节的发展、高潮、结局，从人物的性格去推测人或物在特定的情境中做什么、怎样做。

如《珍珠鸟飞出笼子以后》这一续写习作，即应作如下推测：珍珠鸟飞出笼子以后，它是怎么想的？是贪图眼前养尊处优的生活还是远走高飞去谋求新生？若是前者，它必在它“钟情”的笼儿旁打转，然后回到笼子里；若是后者，则又有两种情况可能发生：一种是获得新生，一种是颓然死亡——当然也有这种可能：先是享受放飞喜悦，寻求新生，在受到挫折后失去勇气和信心，重新回到主人身边……

4. 要反复推敲修改

习作写好后一定要反复推敲，仔细修改，不仅要注意事情的前因后果，首尾连贯，而且要注意段落之间的过渡，句子间的衔接，还要注意文章的感情。因为续写与写自己亲身经历的事情不太一样，习作时不容易进入情境，写出来的话会很干瘪，没有感情。

【案例】

续编《猪八戒吃西瓜》

教学目标：

1. 以课文《猪八戒吃西瓜》为基础，把握猪八戒的个性特点，学习作者的表达方法，续编故事。

2. 想象合理，符合猪八戒的形象特点；续编的故事做到语句通顺，内容具体、完整。

教学准备：

《西游记》相关画面，《敢问路在何方》乐曲等。

教学流程：

一、启发谈话，激发兴趣

课件播放《西游记》画面，并配以主题曲《敢问路在何方》，把学生带入影片情境中。你们对猪八戒这个人物有哪些了解？

二、出示课件，学习写法

1. 课件出示题目：《猪八戒吃西瓜》。请同学们回忆一下，这篇课文讲的是一个怎样的故事？故事的结尾是什么？

2. 文中的猪八戒给你留下了怎样的印象？

3. 《猪八戒吃西瓜》这篇课文，是作者包蕾根据《西游记》里的人物新编的童话故事，同学们分组讨论一下，作者是怎样把猪八戒这个人物塑造得生动、形象的？以小组为单位进行总结。

板书：

展开丰富、合理的想象；

抓住人物的动作、语言、神态及心理活动突出人物的特点。

三、明确要求，续编故事

（一）课件出示题目，明确题目要求

题目：续编《猪八戒吃西瓜》

想一想，还可能会发生什么事情？猪八戒是不是真的改了自私、懒惰、贪吃的缺点？请你根据课文的内容，展开想象，续编一个大家都爱听的故事。

读一读习作要求。你读懂了什么？不明白的地方请提出来。

（二）学生展开想象，续编故事

（三）小组交流并推选出代表

学生以四人为一个小组讲故事。讲完故事，小组同学讨论，注意提醒同学之间要相互肯定、补充、修改，使学生在帮助别人的同时，自己也受到启发。教师巡回指导，使小组活动有序、有效地开展。

（四）全班交流，共同评议

小组代表讲故事，教师引导评议。

四、学生习作，编写故事

五、课堂小结

串　写

【教师导航】

1. 什么是串写

所谓串写，就是将看似无联系的几个词语、句子有机地通过一段话或一篇文章展现出来。串写对培养思维能力、想象能力、联想能力及运用语言的能力等都有很高的价值，是我们提高学生词语运用水平的一种行之有效的方法。

2. 串写的基本要求

串写的基本方法是：动手串写之前，一定要认真理解所给词语、句子的意思。因为只有完全理解它们，才能让我们展开想象的翅膀，进行构思。

串写时要通篇考虑，词语、句子的运用要合情合理，用恰当的表达方法将它们充实到文章中去，不要生搬硬套，要使完成的段落或文章顺理成章，不使段落或文章有生涩感或产生歧义。

【案例】

联词编故事

教学目标：

1. 能够在理解一组词语意思并弄清楚它们内在联系的基础上，展开丰富的想象，编有意义的故事。

2. 经历“从想到说，由说到写”的过程，体味完成一篇习作的成功乐趣。

3. 通过习作，增强生活的情趣。

教学准备：

准备纸条若干；幻灯片

教学流程：

一、引入游戏，巧悟习作要求

（一）学生准备

一组学生在纸条上写表示时间的词语（从古至今都可以）；二组学生写地点；三组学生写人物；四组学生写做什么，即干什么事。

（二）游戏开始

各组派一名学生。这四名学生按顺序说出自己所写的词语，使四个词语连成一句话，其他感受其中的乐趣（各组以此程序循环进行）。

（三）弄清“联词编故事”的意思

“联词编故事”就是弄清几个词语之间的联系后，编写一个发生在它们之间的小故事。

（四）明确习作要求

（出示四年级“积累运用·五”的“习作要求”：从下面几组事物中选择一组，以他们为主人公，想象一下，它们之间可能会发生什么事情，编一个故事，先说说，再写下来。故事要有意义，叙述要清楚，语句要通顺，另选其他一组词编故事也可以。①笔、橡皮、转笔刀；②小溪 、河流、大海；③眼睛、耳朵、鼻子、嘴）

1. 教师：结合我们刚才编的小故事，谁能说说，若要编出好故事需要注意些什么？你有什么好建议吗？

2. 教师小结：以“习作建议”的形式出示“联词编故事”的要求：

注意词语之间的联系；讲清楚故事发生的经过；故事情节的想象要合理；要编有意义的小故事。

二、小组合作，编写故事

（一）教师过渡：下面就看看谁编的故事最生动、最精彩。可以从这三组词语中选择你最感兴趣的一组，也可以自选。

（二）学生小组合作编故事，教师巡视。

三、以评促改，指导习作

（一）听同学讲故事

学生选择最感兴趣的一组词，并请创意者讲故事。

（二）以评促改，领悟写法

师生对照“习作建议”评议故事，重在感悟如何才能做到在弄清楚词语之间有联系的基础上，构思一个有意思的小故事，在习作中如何借助内容将丰富、合理的想象表达具体。

（三）讨论

四、展开想象，妙笔生花

1. 学生选择自己最感兴趣的一组词，认真写作。

2. 学生习作，教师指导。

五、习作展评

（一）感受生动优美的语言

1. 出示片段，师生交流感受。

2. 四人小组交流，推荐好词佳句。

（二）感受新颖的选材、巧妙的构思

1. 出示学生习作。

2. 小组讨论习作的选材和构思好在哪里。

第五章　开放的表达

表达就是用语言（口语或书面语）来表达、陈述自己的思想、感情、意见和观点。而“开放的表达”就是指鼓励和引导学生自主真实地描绘真人真事，无所顾忌地抒发真情实感。

第一节　开放习作表达的分类

新课标关于习作总目标的表述是：“能具体明确、文从字顺地表述自己的意思。能根据日常生活需要，运用常见的表达方式写作。”我们认为，“自己的”尤为重要，其内涵就是引导学生说真话、实话、心里话，呈现真实的个性。所以，开放的习作表达就是教师不给学生强加高于生活的具有“深刻立意”的价值取向，而是引导他们去除“假、大、空”，真实地再现自身的体验，成为自己思想感情的主人，从而既讴歌生活中的真、善、美，又批评现实中的假、恶、丑。

按划分标准的不同，开放的习作表达亦有不同分类，以下为两种常见的划分。

一、按照内容和方式分为记叙、说明、议论、描写、说明和抒情

我们耳熟能详的表达方式大致有五种 ：记叙、描写、议论、抒情、说明。

记叙是习作中最基本、最常见的一种表达方式，它是作者对人物的经历、事件的发展变化过程，以及场景、空间的转换所作的叙说和交代。叙述有多种功能，如介绍事件发生、发展的过程，给读者以整体感；介绍人物的经历和事迹，使读者有概述性的了解；介绍人物生活的环境和事件发生的背景，交代时间、场面的变化和转移。

描写是用生动形象的语言把人物或景物具体描绘出来的一种表达方式。它是记叙文的主要表达方式之一。在一般的抒情、议论、说明文中，有时也把它作为一种辅助手段。描写的手法运用得好，能逼真传神、生动形象，使读者如见其人、如闻其声、如临其境，从中受到强烈的艺术感染。

议论就是作者对某个议论对象发表见解，以表明自己的观点和态度。它的作用在于使文章立意鲜明、深刻，具有较强的哲理性和理论深度。在议论文中，它是主要表达方式；在一般记叙文、说明文或文学作品中，也常被当作辅助表达手段。

抒情就是抒发和表现作者的感情。它是抒情文体中的主要表达方式，在一般的文学作品和记叙文中，也常常把它作为重要的辅助表达手段。抒情的作用很多，如以情动人，感染读者；创设情境，深化主题；显示基调，贯通文脉等。

说明是用简明扼要的文字，把事物的形状、性质、特征、成因、关系、功用等解说清楚的表达方式。这种被解说的对象，有的是实体的事物，如山川、江河、花草、树木、建筑、器物等；有的是抽象的道理，如思想、意识、修养、观点、概念、原理、技术等。

语言是一种机智，一种才华，一种素养。一篇文章里常常同时用几种不同的语言表达方式，教师应该引导学生运用不同的语言和表达方式描述同一事物，让学生感悟语言文字的无穷奥妙，从而爱上语言，促使学生语言丰富多彩，思维活跃通达。

二、按照形式分为口语表达和书面表达

（一）书面训练——变学生为记者、编辑

习作的目的在于展示自我，再现生活，实现作者与读者的思想、情感的交流。而对于学生的习作来说，我们一般以习作本为载体，交流多局限于习作者本身与教师之间。偶有课堂交流，也往往是全班的佼佼者才有此“殊荣”，很难实现大面积的交流与鉴赏。久而久之，学生得不到大多数人的认可和评价，那份习作的热情与期待，将逐步消退；同时，相当一部分可学习可借鉴之作、可采摘可欣赏之长处也因无从发挥其优势，被束之高阁，随着时间的流逝而沉寂。

手抄报作业是学生喜闻乐见的一种作业形式。受其启示，我们创造性地将常规作文的作业上交形式改为习作手抄报，让每个学生主办一份习作手抄报，主要发表自己的作品，辅之以同学的评价。整个创作过程中，每个学生既是记者又是编辑，既是读者又是评委、鉴赏家；定主题，写佳作，配插图，说创意，论优劣，虽然长短不一，形式多样，内容也参差不齐，但是，每个小作者的作文意识、参与意识、竞争意识、审美意识，在潜移默化之中，得到悄然培养，由点滴逐渐到浓烈。这期间，我们按课程标准和教学计划规定每期小报习作的方向和重点，同时也提供一些参考命题，进行宏观指导，包括引导学生观察生活、重视积累，等等。

新的开放式的书面习作训练形式，带给学生的收益远远超过教师的想象。

（二）口头训练——人人争当辩论家

“开放型”习作教学的口头表达训练，就是有针对性地对学生进行语言和多种习作技巧的专项训练，以口带笔，走“日积月累、潜移默化”之路。每节语文课都可安排一个楔子——用 3 ~ 5 分钟时间，选取学生感兴趣、新鲜、敏感、有挑战性、有争议性的内容，如电视广播节目、报刊新闻、寓言故事、幽默笑话、中外文学作品、生活趣闻、社会热点等进行口语训练。或事先提供场景或当场设置情境，通过抢答、指名、讨论、采访等形式，融科学性与知识性、趣味性与针对性于一体，或审题，或立意，或谋篇，或拟提纲，以练习修辞，推敲字句，训练思维，训练语言表述速度……

此外，广告词、导游词、儿童诗等时代发展的产物，儿童喜闻乐见，如果有效地加以利用，发挥其功用，也能很好地激发学生说和辩的欲望。

人人争当辩论家，训练的是口语，但同时，与习作紧密相关的思维能力、遣词造句能力、布局谋篇能力也在随之提升。习作的百花齐放时代即将来临。

第二节　开放习作表达的原则

学生的习作过程是学生进行个性学习和创造活动的过程，是极具个性和创造性的实践活动。因此，新课标提倡自由表达个人的独特感受。我们教师应该努力创设一种有助于学生主动参与的学习环境，以达成教学目标。为此，开放的习作表达必须遵循以下指导原则。

一、真实性原则

真实性原则就是要求学生在习作过程中讲真话、实话、心里话，去除假话、空话和套话。

如何引导学生在写作时说真话、实话、心里话，写出富有个性的文章？针对作文辞藻华丽、内容空洞的现象，首先要端正学生的写作态度，明确地告诉学生：习作与做人紧密相关，文贵真实，文贵内涵和本质。只有写自己最熟悉、最动情的东西，只有写自己的真实经历、真实情感、真实感受和体会，习作里面才会有一个真实的我——富有个性，富有灵气，富有情趣。其次，教师要让学生明白，外表华丽而缺乏内涵、缺乏内容和情感的东西，不会打动读者。文字是表意工具，是承载情感的符号，最平实的语言一样可以开出动人的花朵。

要遵循真实性原则，就要解放心灵。解放心灵应该包括两个方面：首要是要解放孩子的心灵，在孩子乐于表达的过程中培养个性习作的思想。再者是解放教师的心灵，指导方法及评价方法都要解放。成人对习作的高要求严审美，导致学生学会编造、学会矫揉造作地议论、无病呻吟，若长此以往，他们将不愿也不习惯坦诚地把自己的内心想法表露出来。习作是学生内心世界的外显，教师正可透过这扇窗户来了解学生的心灵世界。当学生关闭了这扇窗，我们离学生就越来越远，离真情也就越来越远了。所以，解放教师的心灵尤为重要且迫切。遵循真实性原则，具体应做到以下几点。

1. 消除顾忌，让学生说真心话

学生习作普遍是应付式的，教师要求写什么，他们就写什么，也只得写什么。这种封闭的习作造成了学生习作时的种种顾忌：担心离题，老师不高兴；害怕材料不新，老师不给高分；苦恼字数不够，挨老师批评……总之，学生是在绞尽脑汁地完成习作任务，成了习作的奴隶，几乎没有了主见，没有了个性。要让学生的习作富有个性，必须做到让学生能够"我手写我心"，怎么想就怎么写。在一次习作课上，教师要求学生以自己的理想或者愿望来写一篇习作。大多数学生写自己将来想当科学家、医生、教师。但是一个学生写的是想当一只小鸟，尽管他知道这个愿望不可能实现。这个学生是用儿童诗的形式来写的。

学生习作

我多想
是一只展翅高飞的小鸟
自由自在地在蓝天白云间飞翔
不像现在
背着沉甸甸的书包走进不愿走进的课堂……

这样的习作，如果按照以往的标准评价，绝对是不合格的。但是，这是孩子的真实想法，是他的个性追求和梦想，不容我们去否定去歧视。如果我们积极引导和鼓励学生说“自己的话”，让其无拘无束地表达出来，那么，习作就不再是教师个人意识、个人权威的体现，也不再是学生的鹦鹉学舌、闭门造车，而是真正做到个性化的真实表达。

2. 敞开心扉，让学生说真感受

小学生的天性就是活泼好动，敢想敢说，但一遇到习作，就是“横眉冷对方格纸，俯首咬碎铅笔头”，思路狭窄，无从下笔。即使写出来，往往也是千人一面，如出一辙，——文中没有一个真实的“我”。面对这种情况，教师自己首先要有一颗包容之心，能容纳学生的奇思怪想，哪怕是异想天开。对于某些超出常情、有违现实的前卫想法要细细斟酌，不可断然一概否定、一棍子打死或视为异端。此时，我们教师最需要的是积极引导、接纳或肯定。有这样一个故事：作家三毛当学生的时候，老师让每个学生写出自己将来想干什么，也就是我们所说的理想。三毛当时的真实想法就是想当一名捡垃圾的人。谁知写出来以后，竟遭到老师的严厉指责和歧视，最后不得不违心地写自己想当一名救死扶伤的医生。老师对后一理想大加赞赏——其实他不知，自己的武断正在扼杀一个孩子的真实想法！事实上，后来的三毛，无论是在撒哈拉沙漠，还是在芳草绿洲，辗转反侧之间，她一直都在实践着自己的真实想法——捡垃圾，捡一些别人认为完全失去价值而丢掉的东西！她在撒哈拉捡石头，捡别人丢掉的棺材板，甚至于骆驼骨，将自己临时的家布置得舒适美观。回头再看三毛的那篇习作，不能不让人感叹“假作真时真亦假”，悲哉！所以，我们要引导学生放开手脚，走出人为的误区，摒弃那些陈词滥调，这样才会思路开阔，才会构思新颖，才会自由表达。让学生想自己所想，说自己所说，写自己所写，习作才会彰显个性。

3. 利用谈话，表达真实情感

个性的习作，就是个性化的生活经历、个性化的认识感悟、个性化的审美情感的真实再现。叶圣陶先生说，小学生练习作文之要求，唯在理真情切而达意。课余时间的闲聊，毫无顾忌的说笑，都是日常生活中最敏感、最有兴趣的事。但是，学生一见到老师，往往打住——担心所聊的内容被老师否定。作为教师，要有一份宽容的心，平常的心，积极地以孩童的身份参与其中——和孩子们一道，说出自己的真实想法，发表真实的见解。当然，也要适时地加以引导和点拨。在这种平等、宽松的氛围中，学生的“真我”就展示出来——喜怒哀乐，酸甜苦辣，乃至鸡毛蒜皮的小事，都会一一呈现，一览无余。所以，教师若能利用好平时与学生的每一次沟通与交流，将促进学生真实地表达情感。

4. 去除束缚，表达一气呵成

小学生总感觉习作难，除了缺乏生活积累以外，还有一个更重要的原因，那就是不知怎么去表达——表达，是横在他们面前的一道壁垒，需要绞尽脑汁去考虑。要考虑怎样开头结尾，怎样前后照应，怎样布局谋篇……虽然这些都没错，但我们却过于追求完美——要有一个好的开头，是什么模式；要有一个好的结尾，要注重点题；还要前后照应……一系列的特别强调，给学生带上了一个又一个“束缚”和限制。最终，学生将会将绝大部分的精力投入到怎样表达上。缺少了一气呵成，缺少了自我表达、直抒胸臆、真情实感、个性创造，乃至真实自我都将逐步迷失。如果摒弃了这些强加给他们的限制，去除了这些条条框框的束缚，学生心情舒畅了，信心十足了，习作不就一气呵成，游刃有余了吗？

学生习作

两行泪

皓月当空，繁星闪烁，不时从远处传来阵阵蛙鸣。这就是我去异地求学的前一天晚上。月光无私地泼洒在我的脸上，我的眼前十分明亮，我想起每一个亲人的模样，不禁对家乡有不舍之情。

又听得窗外一声蛙鸣，才意识到我刚才已经入睡。妈妈走到我的床前，把我唤醒，“快起来吧，儿子，吃点早餐省得晕车。”虽然知道妈妈说的话没有道理，但我知道那是妈妈对我的一份关怀。我起来了，洗漱之后，走到桌前，大口大口地吃了起来，那顿早餐是我长这么大吃得最香、吃得最饱的一顿。吃完饭，看了看表，车马上到站了，我背上书包向家门口走去，当我回头说：“妈，我走了。”我却没有听到应答，我走进屋，惊异地发现，妈妈的脸上两行泪在不停地淌着，手已湿漉漉的了，还不停地在揉眼睛。妈妈见我回来，便放下了手说：“怎么回来了。”我天真地问了一句：“妈，你怎么了？”妈妈说：“没事，刚才风迷了眼睛，现在已经好了。”然后，面带笑容地对我说：“快走吧，一会车过去了。在外好好学习吧。”我爽快地答应着：“放心吧，我会的。”

妈妈在我的印象中一直都是坚强的，从不落泪。记得两年前的一天，中午放学我走在回家的小路上，猛一抬头，远处的天空浓烟滚滚，这时听到一声：“洪超，还不快走，你们家的磨米坊失火了。”我立即跑了起来，飞奔向家而去，心中十五个吊桶——七上八下。到了家，手忙脚乱，不知做什么，急得我不由自主地哭了起来。妈妈看见了说：“哭什么哭，大不了重新再开。”妈妈的一句话，使我感到绝望的心一下子平静下来。我下定决心，我不哭，而且盼望我们家的磨米坊越办越兴旺。妈妈在我心中一直保持着一个坚强而伟大的形象。

现在想想，也许正是因为妈妈在我心中是坚强的，我才会相信妈妈那美丽的谎言——那天早上是那么晴朗，又怎么会有风，妈妈的眼睛又怎么会吹进风沙呢？一切都源于一句话：儿行千里母担忧。

如今，我已读懂了妈妈的两行泪，那里面淌的是妈妈对我深深的爱呀！

教师评价：

真实源于生活。《两行泪》是关于妈妈的泪水的真实故事，字里行间饱含深情。这种情，可以穿透读者的心，与读者引起情感的共鸣，体现了较强的真实性。

二、自主性原则

每个学生的天赋、能力、行为、阅历都有所不同，因此，每一篇文章理应是作者对社会观察与思考的反映，是作者思想与情感的升华，应该体现鲜明、独特的个性特征。我们只有尊重学生的个性，减少束缚，鼓励自由表达和有创意的表达，才能激发学生表达的愿望，习作也才会个性盎然。针对学生情感丰富、个性色彩浓郁的特点，我们提倡学生写“放胆文”，鼓励不拘形式地表达见闻和感受，开放习作的“情”。比如，学完《跳水》之后，学生对课文的内容议论纷纷。教师认真听取了同学们的争论。在征求大多数同学的意见后，教师便让他们根据自己的想象重新写个结尾。孩子们一下子来了兴趣：有的说孩子掉到海里之后，被水手们救起来住进了医院；有的说孩子被救后非常后悔，认为自己不该因为一顶帽子而差一点送了自己的性命；还有的说老船长真的开了枪，但枪不是对准孩子开的，而是故意偏离了一点儿。孩子上来以后不明白父亲为什么这么做，老船长告诉了他原因，孩子很后悔。这种自主性的表达，真实地展示了孩子们的内心世界，合情合理。

三、目标分层原则

目标分层是确立开放式习作质量观的保证。传统的习作教学不顾学生的客观实际，人为地拔高要求，甚至以成人化的标准来要求小学生习作。不仅要求语句通顺，内容具体，有中心，有条理，还要讲究表达的技巧，结构的安排等。面面俱到的要求，使学生无所适从，望而生畏。这样的整齐划一，这样的节节拔高，学生的习作能力差距日益悬殊。因此，在执行新课标习作要求——“内容具体，感情真实，语句通顺，有一定条理，书写工整，注意不写错别字，正确使用常用的标点符号”的基础上，我们应当既面向全体学生，又从学生实际出发，承认学生的差异，设立分层目标。既要让学优生“吃饱”，又要让学困生“吃好”。

习作能力强的学生，已经不满足于写好课本中要求的几篇习作，而是把视野投向了更广阔的天地。我们应该采取“门户开放”政策，引导他们尝试着编童话剧，写小说、科技小论文、调查报告等，不管他们写的这些文章的格式、结构、行文是否完全符合要求，只要他们思考了、动笔了，就应该肯定和欣赏其创新的火花，为他们喝彩，为他们创设交流发表的机会，让他们体验成功的乐趣。

对于基础较差的学生，就不能等同而论，而应视其基础，逐次提升要求，既保护其体面、尊严，又能使其不失进取之心。

四、循序渐进原则

学习本身就是一个循序渐进的过程。

学生的习作能力参差不齐，相当一部分学困生距离教师的要求甚远，让他们达到要求，几乎不可能。因为学习是不可能一蹴而就的。教师要对学生习作的实际水平做到心中有数，然后设置一个个“阶段目标”，引导他们逐次跨过一道道坎，实现一个个近期目标。某同学有看到习作题无从下手的困难，我们就不妨先帮助他把生活中的事记录下来，先完成积累素材的阶段目标；过一段时间再帮助他把句子写通顺，标点符号用正确，完成字句通顺、表述清楚的目标；最后帮助他把内容写具体。在这一漫长而又分阶段的过程中，如果他达到了某一个要求，就给他评“优秀”，而不急于去考虑其他几个方面怎么样。在这样的欣赏过程和成长历程中，学生慢慢地消除了“我不会写文章”的顾虑，坚定了“我也能写好文章”的信心。当然，这需要一个比较漫长的过程，需要我们教师有足够的耐心。事实上，不光是学困生，所有孩子的习作训练都应该坚持循序渐进的原则。

学生习作

课本上的单元习作，同样都是写景，写校园的景物，其要求是不同的。

习作1 我们的校园很美。操场上有两棵高大的榕树，一年四季都是绿绿的。足球场上的草地也是一年四季绿绿的，很柔软。我最喜欢足球场旁边的小花园，那里有好多树，有榕树、大王椰，还有我叫不上名字的树。

有一种树的叶子是一条条的，就像毛毛虫一样，很奇怪。我爱我们的校园。

习作2　我来说说学校的喷水池吧。这个水池的形状是8字形的，就像一个大葫芦。水池的边上和底部都是蓝色的，映衬着清清的水，很干净，很明亮。水池中有一座假山，就像是刀劈斧砍似的。上面有一座小巧玲珑的宝塔，旁边还有一座草房子，还有两位小人。我想那肯定是诗人吧，他们一定在吟诗作对。

习作3　走进文化一条街，首先映入眼帘的就是一个大大的红红的中国结。它高高地挂在古色古香的墙壁上，引人注目。中国结的旁边就是京剧中各种各样的脸谱，有的黑脸，有的红脸，还有的黑、红、白、黄都有，老师告诉我这就是京剧中的花脸。仔细看这些花脸，有的眉宇间透着英勇之气，应该是驰骋战场的英雄；有的眯着眼睛，似乎在奸笑，令人想起古代的奸臣。脸谱的对面是十二生肖的雕刻像。我最喜欢的是那只老鼠。瞧！它昂首挺胸，两只耳朵竖得高高的，一只白，一只黑，似乎在屏息凝视。今年刚好是鼠年，我也希望自己有“鼠”不完的开心……

教师评价：

这三个例子分别是低、中、高年级学生描写校园景物的习作。第一篇习作语句通顺，描写了学校的树和草，能表达自己的真情实感。从低年级的写作要求来看，是合格的。习作2能选择一处景物，抓住景物的特点进行描写，写出了水池的形状，水的清亮以及假山的样子。在中年级应该是不错的。习作3能选择比较复杂的内容（文化一条街）来进行描写，抓住特点写出了自己的所见、所闻、所想。如果将三篇习作放在同一尺度来评价，就会失去评价的意义。如果我们遵循循序渐进原则，将会发现，孩子们在进步，其习作水平在逐步提升。

第三节　开放习作表达的方法

八股文讲求各种套路，起笔时讲究“启”，中间要“承”，然后表明观点要“转”，这些套路严重地束缚了人们的思维。八股文虽然随着封建制度的消亡而消失，但是，这种束缚，这种影响，发展到今天，演变为精细指导。去除了八股的外衣，却迎来了八股的模式：怎样开头，怎样结尾；怎样点题，怎样过渡……一环又一环，环环扣住了学生。针对这样的状况，笔者认为应该对习作指导进行全面开放。

一、由重形式指导改为重内容指导

学生习作为什么“假、大、空”？这与教师的教学方法有关。传统的习作教学经常是“出题——讲解——习作”，甚至有些教师在习作教学中采用“体操”式的方法，把人物描写、环境描写以及特定的事件叙述搞成范本，然后让学生抄下来，背下来，这就无怪乎孩子的习作千篇一律了。开放的习作教学尽可能地淡化了审题、立意、结构等方面的指导，把习作指导的着重点放在内容上，即指导学生观察社会生活，关注喜怒哀乐，撷取真情实感……真正让学生从繁杂的、受束缚的条条框框中解脱出来，写亲眼之所见，写亲耳之所闻，写真心之所感，品味生活中的真、善、美。

二、由重课堂指导改为重课前指导

习作教学时，我们特别重视在课堂上滔滔不绝，精心指导。殊不知，学生仅仅是听得天花乱坠，收获的也仅仅只是一些纯技巧性的东西。事实上，巧妇难为无米之炊，没有“米”，怎么能做出可口的饭菜？如果将这份辛劳放在课前，组织学生参与各种各样的活动，或爬山，或赏花，或猜灯谜，或讲故事……有了生活积累，有了真实体验，谁说学生表达无物，抒发无情？

三、由重套路指导改为重思路开拓

习作应当不再要求有明确的中心，有完整的结构；不再要求怎样开头、结尾、过渡；不再要求先写什么，后写什么。只要求学生写真话，写实话，把真情实感写具体。学生游览了公园后，可以让学生说说所见所闻及感受。有的学生直接描写公园美丽的春色，抒发了热爱大自然的感情；有的再现了愉快的活动场面，展示了童心童趣；有的追忆了美丽动人的传说，赞扬美的创造者；还有的刻画了游人的言行，倾注了对公园内一草一木的关怀之情。这一篇篇习作，不能不说是孩子们心底流淌的泉水、涌动的激情。思路的开拓，将激发学生思维，拓宽写作思路，展示学生们极富个性的一面。其次，习作形式也不宜作限制，同一次习作，可以是纪实也可以是想象，可以抒情也可以状物，可以写日记体也可写书信体……学生有选择文体、选择表达方式和写作内容的自由，想怎么写就可以怎么写。

四、采用多种表达方式，提高语言表达能力，掌握语言表达技巧

习作是语言的艺术，它直接来自于生活，又反映生活。正如苏联著名作家高尔基所说，文学的第一要素是语言。教师们一定有这样的感觉：同样一件令人感动的事，有的学生写得干巴巴的，既不具体也不生动，而有的学生却写得让人如见其人，如闻其声，如睹其物，如临其境，给人留下鲜明深刻的印象。其原因就在于语言表达能力的差异。如何在习作指导中提高学生遣词造句的能力，使学生习作文辞生动，笔下生辉呢？我认为在习作教学中，应着重从表达方法的运用和习作技巧的培养上进行指导。

（一）表达方法的运用

新课程中关于习作表达的要求是文从字顺地表述自己的意思；能根据日常生活需要，运用常见的表达方式习作。可见记叙、议论、描写、抒情和说明这些表达方式的灵活应用是至关重要的。我们在指导学生习作时，既要要求学生根据内容选择相应的表达方式，又要提醒学生注意表达方式的交互使用，使学生能够把自己的观点、意见或抒发的思想、情感，准确、简明、有条理、有层次地表达出来。如在《话说西乡河》的习作课上，我们让学生自由选择记叙、议论、抒情等综合表达方法和广告词、导游词、儿童诗、记叙文等体裁，自由展现个性。在题为《减负》的习作中，一位学生首先叙述浙江徐力杀母的事件，接着描述深圳的小学生书包平均重达 5.5 公斤，再对“减负”的概念进行说明，全文使用了记叙、议论、说明等多种表达方式，在平实的语言中显示出思想认识的深刻性。

下面是学生在描写西乡河时，运用不同表达方式的几则案例。

学生习作

习作 1　我看到了乌黑的河水正在肆意横流，河面上的饮料瓶、塑料制品挨挨挤挤，连同河水一起散发出阵阵令人作呕的臭味。河的两岸，稀疏的树木无力地摆动着自己的身躯，似乎在诉说自己的忧伤。（描写）

习作 2　据统计：每年流入西乡河的污水约有近十万立方米。有毒的

废品约近百吨抛进了河里，这条西乡人民曾引以为荣的母亲河，如今只是一条废河，它再也起不到任何作用。（说明）

习作3　人们啊，请行动起来吧，工厂滚滚的污水，不要排放到母亲河里；家里的果皮纸屑，不要丢到母亲河里；刚喝完的饮料瓶，不要随手抛到母亲河里。为了西乡河能重现昔日风采，请您保护环境，保护我们的母亲河！（抒情）

下面是学生写的关于《五彩池》的广告词：

天堂美景何足羡，五彩瑶池在人间！

赤橙黄绿青蓝紫，五彩池水无与比。

大似水塘小似碟，如同宝石嵌山间。

石粉凝成彩带边，大小池水分隔开。

任何深刻的思想、精巧的构思，最终要借助语言工具，才能表现出来。要使学生的习作语言新颖活泼，还可以从以下几个方面进行训练提升。

1. 综合运用多种表达方式

曲折有致的叙事、具体逼真的描写，是文章抒情的依托，议论、抒情若不与叙事、写景相结合，情感表达就会成为无源之水、无本之木。适当的议论，能使所抒发的感情得以升华。恰当的抒情，或直抒胸臆，或间接抒怀，对表达感情无疑也有直接功效。

【例文1】　……搭乘过神舟一号无人飞船的茄子种子，栽培后结出的果实有的比篮球还大，有的却比鸡蛋还小。科学家们从中筛选培育出优良品种，加以推广，从而推进农林牧业的发展。经过多年努力，专家们已经培育出“太空水稻”“太空番茄”“太空黄瓜”“太空辣椒”等新品种。它们普遍具有产量高、品质好、生命力强等优点。（表达方法：叙述、说明）

【例文2】　小小的植物种子经过一番太空旅行，好像获得了“魔力”，可以有这么多美妙的变化和神奇的用途。其实真正的魔法师是聪明勤劳的科学家们，是他们的知识和工作创造出一个个奇迹！（表达方法：抒情）（出自人教课标版四年级上册32课《飞船上的特殊乘客》）

2. 运用多种灵活多变的句式

排比句、设问句、反问句、感叹句等的综合运用，能够改变单一的陈述方式。此外，适当运用某些语气词，如“呀”“啊”“啦”“吗”等，也能增强表达的效果。

【例文1】 难道友谊不是你心灵的一张创可贴吗？难道友谊不是你劳累时的一杯清茶吗？难道友谊不是你摔倒时伸出的一只温暖的手吗？难道友谊不是雨天为你撑起的一把伞吗？（排比与反问的有机整合，突出了友谊的作用）

【例文2】 友谊如同创可贴一样可以疗伤，如同清茶一样可以消除疲劳，如同手一样可以给人以温暖，如同伞一样可以遮雨。（排比与比喻的有机结合增强了表达效果）

3. 多用贴近生活的鲜活语言

口语来自于生活，极富生命力和感染力。适当将其引入作文，将增强文章的生活情趣，读起来就如同品味生活一样有滋有味。当然，也可引用成语、典故、诗词歌赋、文言词句等，增强文章的表达效果。

【例文】 弟弟长得虎头虎脑，双眼炯炯有神。唯一不足就是爱流鼻涕。爸爸常常称这是两条永不干枯的瀑布。我呢，常常说上一句“飞流直下三千尺，疑是银河落九天”，气得弟弟总是鼓着眼睛追着我打。（成语、诗词增添了习作的幽默）

4. 灵活变换人称，增强表达效果

语言表达中对故事内容进行观察和讲述的角度不同，即使是同样的事件看上去也会呈现出不同的面貌，在不同的人看来也会有不同的意义。表达的魅力不仅在于讲述了什么事件，还在于是什么人、从什么角度观察和讲述这些事件的，因而灵活变换人称，可以增强表达张力。第一人称：亲切自然，能自由地表达思想感情，给读者以真实生动之感。第二人称：直接对话，拉近与读者的距离，显得亲切；便于抒情，加强感染力，有拟人化的效果。第三人称：能比较直接地展现丰富的生活，不受时间和空间的限制，反映现实比较灵活自由。通过人称的交替变换，能准确把握故事叙述的远近粗细，因而能增强表达的生动性和感染力。

比如，人教版七年级上册《谁是最可爱的人》的结束段落就非常奇特，作者采用变换人称的方法，增强了表达效果。

【例文】 亲爱的朋友们，当你坐上早晨第一列电车走向工厂的时候，当你扛上犁耙走向田野的时候，当你喝完一杯豆浆，提着书包走向学校的时候，当你安安静静坐到办公桌前计划这一天工作的时候，当你向孩子嘴里塞着苹果的时候，当你和爱人悠闲散步的时候，朋友，你是否意识到你是在幸福之中呢？你也许很惊讶地看我："这是很平常的呀！"可是，从朝鲜归来的人，会知道你正生活在幸福中。请你们意识到这是一种幸福吧，因为只有你意识到这一点，你才能更深刻了解我们的战士在朝鲜奋不顾身的原因。朋友！你已经知道了爱我们的祖国，爱我们的领袖，请再深深地爱我们的战士吧，他们确实是我们最可爱的人！

采用第二人称形式，如聊天一般流畅自然，亲切而又不失劝慰。热爱战士，珍惜幸福的意愿淋漓尽致地表现了出来。

（二）表达技巧的培养

古人云，能言利齿安天下，说退群雄百万兵。语言的功用由此可见。语言不只是一种表达技巧，还是一种思维的艺术，是智慧与情趣的闪光。其谐趣无比，奥妙无穷。对于学生而言，重点在于学习语言在习作和交际上的表达功用。俗话说，三分姿质，七分打扮。习作也是如此，只要经过"事事四五通"的装扮，何愁它不"精妙世无双"。装扮的手段通常很多，能让学生自信地用饱含深情的笔，飞扬文字，流淌真情，使感人肺腑的亮丽语言跃然纸上。

1. 准确生动的词语

客观事物是丰富多彩和千变万化的，用于描述客观事物的语言也应该如此。写文章首先要选用最能反映事物本质特征的那一个词语。用词准确精当，鲜明生动，富于变化，才能增添文章的文采。

2. 灵活善变的句式

习作时，教师要善于引导学生根据抒发感情、体现思想或表达内容的不同需要，恰当选用不同的句式，以变换节奏，使语言抑扬有致，波澜起伏。要善于指导学生把握有关句式的特点和作用。如文言语句含蓄典雅，口头用语简练泼辣，长句周详严密，短句简洁明快，独词句鲜明突出，感叹句便于抒情，对偶句铿锵凝练，反复句余韵悠长，排比句气势磅礴，反问句加重强调，引人深思，等等。文章中若能综合运用多种句式，语言就会大放异彩。

【例文】 鱼儿喜欢清澈的河水，那是它们的家园。花儿喜欢肥沃的土壤，那是它们的家园。鸟儿喜欢澄澈的天空，那是它们的家园。人类需要没有硝烟的世界，需要一个和谐美好的家园。（短句、排比句）

有时特意安排一些重要的句式，可以形成文章的特色。如前后句式的照应，可使文章结构完整、思路严密；排比句式可增强文章的论证力度，或使情感的表达更充分；设问句式可提出重要的问题，以引起读者的注意；比喻句式可使内容的表达更形象、更有文采、更有意蕴；对偶句式可使语言凝练，形式整齐……当然，句式的运用，一定要注意习作的实际需要，切不可单纯去追求句式的变化，那样是没有什么益处的。

3. 巧妙贴切的修辞

常用的修辞手法有比喻、拟人、夸张、反复、设问、反问、排比、对偶、反语、借代等。引导学生巧妙运用修辞手法，能勾勒出事物的立体特征，状难言之物如在眼前，增强语言的形象性，这样就把事物写活了。修辞手法的运用，更能增强语言的文学性，增强语言的表现力和感染力。

【例文1】 这是什么？原来是调皮的橡皮。（设问＋拟人）

【例文2】 北京申奥成功的消息，没等播音员说完，就传到长城内外，传到天山南北，传到白山黑水之间，传到大河长江之南。（排比＋夸张）

【例文3】 看，那青松的边沿，闪动着白桦的银裙，不像海边的浪花吗？（反问＋比喻＋拟人）（出自老舍《林海》）

三个句子，运用不同的修辞，突出了橡皮的调皮、申奥成功时的喜悦、林海的美丽。

【例文4】 我是一颗不知名的种子，妈妈把我抛向空中的那一刻，便注定了我一生的艰难。

我最后一次回头望了望地上的妈妈，她只是轻轻地摇了摇墨绿色的右臂，说："孩子，坚强一点，去寻找自己的幸福吧！"随着风姐姐，我向着陌生的远方飞去。（拟人）

【例文5】 开始，我读的是带拼音的童话书，年龄稍长，我"野心膨胀"，开始了我的"殖民扩张"，获奖作文、古典名著都成了我涉猎的对象，我省下零食同班里的同学换书看。为了一本借不到的好书，我常常"悠哉悠哉，辗转反侧"……（夸张）

【例文6】 人生苦闷吗？不，我们有激情，我们会欢笑。在人生旅途中，我们要学习、要奋斗、要追求，我们会有自己的事业，会为了成功去努力打拼。人生是如此丰富多彩，何谈苦闷？

人生如戏吗？不，我们在用自己的生活一天天、一月月、一年年地填补岁月的空白，我们会和父母、老师、同学、朋友用真情去演绎人生。人生不是戏，我们更不能游戏人生。

人生如梦吗？不，它并非梦幻，而是真实的存在。经过我们的奋斗与追求，我们的梦一定会实现！（设问 + 排比）（出自2003年吉林省中考满分作文《美丽人生》）

【例文7】 感动好像暖暖的春风，“二月春风似剪刀”，给大地带来春的消息，让世界充满生机和活力。

感动仿佛隐隐的春雷，驱散了人们心中的阴霾，使沉睡者苏醒，使懒散者振奋。

感动犹如纤纤的春雨，滋润了干涸的心田，“好雨知时节”“润物细无声”。

四个语段，分别运用不同的修辞，或清新，或庄重，或大气，或灵性，增强了表达效果。

4. 细腻生动的描写

文章用语要含蓄，描写要有情境，才能激发读者的联想与想象，才能促使读者去思考。特别是关键地方的用语，要做到含蓄、有意蕴，就会使内容更丰富，更耐人寻味，更有深度。要做到细腻生动的描写，我们可以从以下几个方面对学生进行指导：

（1）关于人物的描写

①生动贴切的语言描写

【例文】

“老爸，你快点呀！”

“女儿——我来也！”老爸拉起了京腔。

“嘿哧嘿哧，左三扫，桌子下面，椅子下面，快扫快扫，我们得赶时间。”我边扫地边唱着歌。

“快点干，快点干，老婆马上就要回来，给她一个惊喜，让她高兴高兴！”爸爸接过了我的声腔，唱着说着，但我不知道是何方曲调。

我扫地，爸拖地；爸买菜，我洗菜；我切菜，爸烧菜，忙得不亦乐乎，合作得得心应手。（出自2002年江苏南通市中考满分作文《合作》）

语言描写要注意符合生活实际，要符合人物性格、身份。这段文字描写两人干家务的情景，其中，女儿的话，女儿的歌，父亲的话，父亲的歌，均体现出浓郁的个性，写出了人物间和谐亲密的关系。生动活泼地再现了生活画面，拉近了文章与读者的距离。

②细致准确的动作描写

【例文】 两人脸憋得通红，两只眼睛瞪得溜圆，边使劲边鼓气！

“压过来了，压……过……来了！”旁边的几位拉拉队员卷起袖子，吴刚蹲下身子，起劲地鼓掌为王小明助威：“小明，好样的，给我顶住，给我顶——住！”而人称“书呆子”的胖子李华则在华阳的身后打出V形手势，不停地挥舞着手中的尺子，高兴地有节奏地直喊“华——阳，华——阳！”

写人叙事，一要准确，二要细致。上面这段文字很好地把握了这两点。文中描写了两位同学“较量”的全过程，对阵双方的动作，旁观者的动作一一展现。读之，比赛的场景如在面前。

③精细入微的心理描写

【例文】 荻握着落叶的手攥得更紧了，她不知道老师为什么给了她希望，却又让她失望。荻想，或许我根本就是这片叶子，飘落地上，还要受风吹雨淋，被脚踩，直碾成碎片。一阵风拂过，又哗哗地落下一大片残叶，荻站起来，小心翼翼地避开那些枯黄的树叶，她不愿再去踩踏它们残破的身躯。（出自2002年山西太原中考满分作文《被遗忘的角落》）

作者通过心理描写展现了文中人物“荻”孤立无助的感受，表现了“荻”对“公平”的渴望。心理描写可用细腻的心理刻画，也可用内心独白，并可用景物描写映衬，多种手法结合使用，会使文章富于感染力。

④惟妙惟肖的神态描写

【例文】 “这不是你的钱！”我不禁脱口而出。车子里顿时静下来，众人的眼光都转向这里。那位先生脸“刷”的一下红了。那位妇女像从噩梦中醒来一样，惊慌地摸了摸自己的口袋。“是我的，我丢了钱。”她看着大家的眼神，急得掉下眼泪。“我看见这钱是从你口袋里掉下来的。”她看着我，眼神里有求助，也有感激。“大家别这样，我准备把钱捡起来还给她。”那男人把钱送妇女面前，她低着头迅速接过。我瞟了那男人一眼，看起来还像个君子，其实……

神态是一个人性格与精神面貌的体现。上面几段文字中，小作者仔细描绘了众多人物的神态变化，“我”的神态、“众人”的神态、“男人”的神态、“妇女”的神态都写出了特点，突出了细节。人物情感的微妙变化通过神态描写生动地展现在读者面前。

（2）关于环境的描写

①如临其境的景物描写

②渲染烘托的情境描写

【例文】 天下着蒙蒙细雨，一切都是那么缥缈，那么模糊不清。芹躺在床上，望着白色的墙壁、白色的床单、白色的被子……这儿所有的一切都是白色的，可是这白色让芹心里也淅淅沥沥地下着小雨。（出自2003年福建省中考满分作文《雨停了，太阳就出来了》）

人的活动离不开环境。一般来说，环境描写既可提供人物活动场所，还可以烘托人物心情，表现人物性格，渲染气氛，推动情节发展。王国维在《人间词话》中说：“一切景语皆情语。”景物的特点往往同人物的心情融合在一起。

（3）关于细节的描写

小说《麦琪的礼物》一开始就反复讲述德拉数“一块八角七分钱”；然后用“房租”“信箱”“电铃”“名片”等细节描写，突出德拉夫妇的穷困。接着写德拉为无钱给丈夫买礼物而悲痛，“突然她从窗口转过身来，站在镜子前面。她的两眼晶莹明亮，但是在20秒钟内她的脸失色了。她很快地把头发解开，叫它完全披散下来”，她想到了自己的头发，“她又神经质地很快地把头发梳起来。她踌躇了一会儿，静静地站在那里，有一两滴泪水溅落在破旧的红地毯上。”一系列的细节描写把她内心的斗争表现得淋漓尽致。

“细微之处见精神”，因此，抓住生活中细微而又具体的典型情节，或形象勾勒，或动态造型，或神态描摹，或心理刻画，惜墨如金而生动传神。

5. 充满意蕴的表达

“读书破万卷，下笔如有神”，在综合运用以上多种语言表达方式的基础上，如果再让学生充分调动自己的文学积累，并指导学生在立意上做深刻思考，更好地驾驭语言，使其达到妙笔生花，文章就会深刻而充满意蕴。

【例文1】 我的心开始与鲁滨逊在一起流浪，在孤魂野岛上经历凄风苦雨；我开始寻找一位吉卜赛姑娘优美的身影，体味她对加西莫多的震撼；我开始接触苔丝的温柔，柯察金的坚韧，罗密欧与朱丽叶的情韵……（引用名著）

【例文2】 我在"落花流水春去也"中感受了李煜人生浮沉的无奈；我在"人生如梦，一樽还酹江月"中体味苏轼壮志难酬的压抑；我在"征鸿过尽，万千心事难寄"中聆听李清照国破家亡的心语。（引用诗词）

【习作案例】

阅读下面一首诗，根据要求习作。

一个海员说，/他最喜欢的是起锚所激起的/那一片洁白的浪花……一个海员说，/最使他高兴的是抛锚所发出的/那一阵铁链的喧哗……

一个盼望出发，/一个盼望到达。

"一个盼望出发/一个盼望到达"，诗中的"出发""到达"引起你想些什么呢？请以此为话题，写一篇文章。注意：（1）立意自定。（2）除诗歌外，文体自选。（3）题目自拟。（4）不少于600字。

从诗歌来说，诗中选取了海轮起航和返航抛锚这两个瞬间，以两个海员不同的"盼望"，表达了一个同样的心情和愿望，那就是对航海事业的无限热爱——出发是海员的愿望，而到达既是一个征程的胜利，又是另一次出发的起点。了解诗歌的基本内容，有助于学生写作时确立立意及写作角度。

从以上分析可以看出，此话题可能更适合于写成记叙、抒情类文章。写作时，可结合"发展等级"中"有文采"一项的有关要求，尽可能在词语生动、句式灵活、善于运用修辞手法、文句有意蕴等方面出彩。

第六章　开放的文体

文体，是指独立成篇的文本体裁（或样式、体制），是文本构成的规格和模式，是一种独特的文化现象，是某种历史内容长期积淀的产物。

文体是内容和形式的统一。文本内容决定体裁形式，选择、运用哪种文体，取决于表现对象的特点以及作者反映内容的具体方式。任何文体都同其一定的表达内容相适应。

第一节　开放习作文体的意义

写人、记事、写景、状物这四种文体，一直以来被众多的教师作为惯用的习作文体。也不知从何时起，传统的习作教学演变成了老师的一言堂，习作总是以写人记事、写景状物为主，总是让学生跟着老师规定的"先写什么，再写什么，最后写什么"的写作模式走。这样做的结果，是学生习作的自由度小了，想象的空间窄了，他们受到各种条条框框的限制，文章变得呆板、虚伪、乏味。

新课标指出，教师要"为学生的自主写作提供有利条件和广阔空间，减少对学生写作的束缚，鼓励自由表达和有创意的表达"。如果把各种鲜活的思想和内容套在千人一面的形式里，必然带来思想的僵化、天性的压抑、个性的湮没，这实在是不应有的悲哀。

开放的习作文体就是指引导学生根据同一题材，写出不同文体的习作。如以"荔枝"为题材的习作，可以写成说明文，介绍其种类、特点、生长过程；也可写成一般记叙文，描绘荔枝的色、形、味，赞美荔枝的美；可以写成观察日记，记录其生长过程中的变化，还可写成游记，甚至可以写成以物喻人的小散文，抒发对美好事物的赞美之情。

开放式的习作文体呈现的是多元化的特点，除了写人记事、写景状物外，还增加了想象习作，如编童话小故事、续写寓言、写科幻习作等，还有实用性习作，如写自我介绍、自我推荐，写导游词、解说词等。一位教师曾设计了这样一堂习作课，任意提供给学生两个材料，如鲜花与花瓶；猫与布娃娃；纸箱与小老鼠……让学生根据这两个材料展开联想。所选材料丰富多彩、多种多样，有时是两个词，有时是两张实物卡片，有时是两个实物等。学生不受体裁所限，任意发挥，短短的20分钟，一篇篇有趣有味的习作就诞生了，就连学困生也从中品尝到了成功的喜悦，增强了写好习作的信心。又如学完《鸟的天堂》一课后，教师让学生思考：如果让你来写，你会怎样描写这美丽的天堂？让学生根据自己的想象去写一个片段，或者画画，或者写诗，还可以编歌吟唱或编写童谣，等等。看似简单的一次小练笔，却能有意识地让学生不拘形式，自由表达，使之能够写出与众不同的习作，写出自己的特色。在这样的习作中，学生表现出的创造性十分令人惊讶。

可见，开放习作文体有以下作用。

一、彰显学生的主体地位

英国教育家洛克说过，每个人的心灵都像他们的脸一样各不相同。正是他们无时无刻不在表现自己的个性，才能使今天这个世界如此丰富多彩。我们在习作指导中，要注重开拓学生的思路，让学生把蕴藏在自己心灵深处的、与众不同的素材“倾吐”出来，文章的个性色彩就能得以鲜明的体现。

记得有这样一个很好的习作例子：“最近，你有没有特别想写的内容？这次习作，就请你把最想写的内容写下来……总之，写景、记事、写物、写人、展开想象编故事都可以。要注意把内容写具体，把句子写通顺。”此次习作的内容没有作任何规定，而是充分尊重学生写作的愿望，学生获得了宽松的写作空间，有机会在习作中反映自己生活与情感的积累。至于怎样表达，以何种方式表达，则可以根据自己的喜好和习惯选择。这样，学生“胸中之块垒”流入笔端，习作本身从内容到形式都是个性的释放。这种充分尊重学生主体意愿、经验积累、个性体验的习作设计，在如今的课改教材中频频出现。我们经常看到诸如“可以……可以……可以……也可以……”“或者……或者……”等句式，提供了习作内容、形式的多元选择，给学生以充分的写作自由度，学生的表达不会因为过多的附加要求而被束缚了手脚。少了羁绊与约束，学生的主体体验才能充分彰显。

二、提高学生的习作兴趣

每个学生的个性都是有差异的，自由表达正是他们个性驰骋的天地。在一个班级中，往往是有的学生擅长写记叙文，有的喜欢写散文，有的热衷于简短的小诗歌，有的喜欢写日记、游记、周记，还有的喜欢写侦探故事和童话故事……总而言之，各种文体都是学生学习的模板。如果教师能放开手，让学生选择自己喜欢的文体，学生对习作就会有兴趣，内容也会富有新意。

例如，在进行习作训练——《一次旅游》时，有的教师就打破了习作指导“学什么就写什么”的僵化模式，大胆放开，让学生自由表达，进行开放式的习作教学，内容上，不再限定为“写景”，形式上不再限定为“游记”。“写什么和怎样写”的主动权完全掌握在学生的手中，只强调把在游玩中感受最深、印象最深、自己最想说的话，用自己最喜欢的形式写下来。此时，学生的习作热情得到激发，内部语言被激活，创作的个性得到充分发挥，一个个语言生动的句子就像山间的溪水从学生的笔端潺潺流淌下来，一篇篇充满灵性的文章犹如一副副生动的面孔展现在教师面前。

第二节　开放习作文体的方法

一、淡化记叙文为主的理念

文体训练是初学写作的人必不可少的训练项目。长期以来，习作教学片面重视记叙文体的训练，忽视应用文、说明文等实用文体的练习，导致很多学生连最起码的请假条都写不好。记叙文是基础，是写作的核心，但不是写作的全部。课程改革强调学以致用，学习与生活相联系。单一的记叙文体已不能满足社会的需要。过于封闭的文体训练，不仅使学生文体写作畸形发展，也束缚了他们的创造力。提倡文体的开放性训练，可以活跃学生的思维，增强他们的能力，开阔他们的视野。

记叙文写作的核心地位受到冲击，有人担心会引起文体的混乱。其实这种担心大可不必。无论怎样，记叙文是人们叙事抒情的最佳选择。只要教师引导得当，文体教学一定会健康发展，学生的思维也会在文体的自由转换中更加开放灵活。

教师不必一味拘泥于记叙文与教材规定的几种应用文的写作，可以结合班队活动，结合兴趣小组活动，多进行随机习作训练，同时还可以将学生较为熟悉的广告词、儿童诗、童话、故事、寓言、笑话等引入学生的习作训练，教师适当地介绍一些简单的创作技法，如有意识地让学生搜集一些媒体中的广告词，再引导学生概括出写广告词的基本要求：幽默风趣、简洁易懂、语言生动、特点鲜明等，然后让学生试着为家乡的一些特产甚至自己的学校设计广告词，学生在这种习作中表现出的创造性是十分令人惊异的。

【习作案例】

（1）根据下面的材料习作。

任意两种事物，只要经过三四步联想，就可以使之发生联系。请你将下面事物联系起来写一段话。

① 钢笔——（　　　　）——（　　　　）——月亮

② 白纸——（　　　　）——（　　　　）——大楼

（2）阅读下面一段文字材料，先拟一个小标题，然后把这段材料扩写为400字左右的短文。

有父子二人，居山村，营果园。父病后，子不勤耕作，园渐荒芜。一日父病危，谓子曰："园中有金。"言讫而逝。子翻地寻金，无所得，甚怅然。而是年秋，园中葡萄、苹果之属皆大丰收。子始悟父之理。

（3）请续写下面的文章，并自定题目。

那天清晨，阳光明媚，我哼着小曲往同学家走去。刚出小区门口，发现前面围了一大堆人……

（4）学了《草船借箭》一文，你对诸葛亮肯定有很多话要说，请你给他写一封信。

（5）如果你是一位广告商，准备拍摄以"爱护草坪"为主要内容的电视广告，你将拍摄哪些画面，配合哪些语句？请予以叙述。（根据你的

需要取舍画面的数量）

画面一：

画面二：

画面三：

（6）编连环画，请自画卡通画，并为每幅画配文。

（7）学校要举行一次环城长跑活动，请你先为比赛写一个公告，告诉相关的人；由于本次比赛可能会影响人们休息，请你写一封致歉信，向大家表示歉意，求得谅解；写一封“求援信”为本次活动募捐或要求相关单位支持，维持活动秩序；写一篇报道，争取广播电视能播发这次比赛的消息；最后写一篇关于本次活动的记叙文。

（8）你即将进入中学，进入新的班级，会有许多同学，你怎样向他们介绍自己，使同学们不仅了解认识你，而且能喜欢你？以《我》为题，写一篇自我介绍的文章。

（9）读下面短文的开头，展开想象，续写下文，300 字左右。

唐僧一行四人取真经，在长安城引起了极大的轰动。大伙儿十分羡慕，也想从他们那里获得去西天取经的经验，提议办一所取经学校。当时，唐僧、孙悟空、沙僧已调往其他部门任要职，于是推荐了最佳人选猪八戒担任校长，请他主讲师徒四人历经磨难、取得真经的经验和体会。开学典礼那一天，猪校长满怀激情、充满自信地走上讲台……

（10）同学们都喜欢读童话故事，看卡通片。你是否注意到：在童话故事和卡通片中，仿佛一切东西都有生命，都会说话。不信，你回想一下你读过的童话，猫、狗、鸡、鸭会说话，山、水、田、林、路会说话，就连文具盒、铅笔也会说话。请你以第一人称的口吻——“我”，把人类污染环境的事写一则出来。要求仅写一个方面的，写一个小片段。

（11）现在短信息在日常生活中的运用很频繁，在毕业离校之际，由你编一则短信，向班主任老师或你的同学表示感恩或祝福。

（12）开学第一周，你准备竞选班长，但竞选者要做五分钟的竞选演讲，请你写一份演讲稿。

（13）你班举行文艺演出，准备邀请其他班同学参加，大家推荐你代表全班致欢迎词，请你把这份欢迎词写下来（200 字左右）。

（14）关于班级布置的说明。

如果学生写记叙文写得多了，我们可以从生活中提取素材，稍微改变一下习作的文体，让形式多样一些，学生岂有不喜欢之理？文体的改变有时会影响学生的习作爱好，我们应该深刻领会习作教学的新理念，灵活运用教材，遵循习作心理规律，不断探索习作训练的新形式、新载体，让我们的学生喜欢习作，写好文章。

二、淡化文体意识

新课标中提到，“写作是运用语言文字进行表达和交流的重要方式”。写文章必然会用到记叙、说明、议论之类的方法，但是文体是为内容服务的，绝不是为写什么文体而用什么文体的。所以习作教学淡化文体意识很有必要。

（一）营造宽松氛围，突破文体界限

1. 为文体营造宽松氛围

小学生的习作主要是“练笔”性质，如果我们让文体的界限模糊一些，便可以减轻写作压力，学生就能自由地倾吐自己的所见、所闻、所感了。如六年级学生学了《草船借箭》之后，我们可以布置学生根据自己的兴趣写感受，可让学生改写剧本，也可让学生以书信形式写，还可让学生以随感的笔触表达。总之，习作指导应顺应学生习作的心理过程，把握心理特点，从文体上营造较为宽松的氛围，让学生觉得习作如此有趣，进而消除畏难情绪。当学生在精神上处于一种自由放松的状态时，便能任想象驰骋，任感情激荡，任思路纵横，多种想法涌动，自然会激发出写作的欲望。

新课标要求学生“能不拘形式地写下见闻、感受与想象，注意表现自己觉得新奇有趣的或印象最深、最受感动的内容”。“不拘形式”指的是对习作文体的淡化，只要学生能够顺畅地表达自己的思想情感，至于采取什么样的文体形式，记叙文也好，说明文也好，或者书信等，都不必作机械刻板的规定，这样有利于学生主体思想的表达，而“新奇有趣”“印象最深”“最受感动”则充分强调了学生的写作是学生的自我体验，写的是有话可说的内容，提倡“我手写我心”。习作的内容与形式和谐统一，习作就会成为学生心灵感受的自然流淌。

学生习作

给诸葛亮的一封信

诸葛先生：

你好！

最近生活状况如何？病情好转了吗？你托我买的《孙子兵法》《三十六计》以及明代出版的《三国演义》，我都买好了。我还给你买了点药如三九胃泰、救心丸等，希望你健康长寿。知道吗？我是你的粉丝，对您崇拜得不得了。

现在的经济飞速发展，作战都是高科技的，所谓"制敌于千里之外，杀人于无形之中"。要是您能用上这些高科技的作战手段，一定会让蜀军百战百胜的。改天我会把送你的一些当代军事杂志寄过来，让你开开眼界。

您现在闲来无事，还会写写《后后出师表》这类的文章吗？用毛笔写吧？对了，忘了告诉你，现在的笔可多了，有钢笔、鹅毛笔、铅笔、蜡笔、水笔、水彩笔、荧光笔……相信你一定会感兴趣吧？不过，现在还有人练毛笔字，画国画之类，但毛笔一般已经不用在通信上了。

哎呀，看我急的，忘了自我介绍了。我，是个聪明伶俐的女生，个子不高，今年9岁，爱吃巧克力，善于和人相处。我对古代文化还是挺有研究的呢！我比较喜欢玩电脑，听音乐，英语是我的长项。我的网名叫"阳光女孩"，因为妈妈说我整天快快乐乐的，就像一束阳光照在人身上一样。你也开通博客吧，希望下次能在电脑上同你联系。

祝你

身体健康！

你的新朋友　××

2008年5月23日

改写《草船借箭》（剧本）

时间：东汉末年（距今约1700年）

地点：周瑜的军营中

人物：周瑜、诸葛亮、三个卫士

道具：帐篷、一把扇子、两把椅子、一张桌子、一个酒壶和两个杯子

（开幕）话说1700年前，曹操打败刘备，准备攻打孙权。孙权联合刘备抗曹。此时在吴国……军营外两个卫士在守卫，帐篷内周瑜和诸葛亮正在面对面交谈。

周瑜：（抚了抚胡子，明知故问）今日有请先生到营中，是为了和先生商议军事。我们就要跟曹军交战，敢问先生水上交战，用什么兵器最好？

诸葛亮：（不假思索）吾认为用弓箭最好。

周瑜：（心中窃喜，伸出大拇指）对，先生之言，正合我意，真是英雄所见略同。但今军中缺箭，敢烦先生负责赶造十万支。这是公事，希望先生不要推却。（说完，双手作揖）

诸葛亮：（好你个公瑾，又想陷害于我，不如我顺水推舟，将计就计）都督委托，当然照办。不知这十万支箭何时用？

周瑜：（哼，亏你机智过人，上当了吧！假惺惺）十天造得好吗？

诸葛亮：（假装皱了皱眉头，挥挥手中的羽扇）既然就要交战，十天造好，必然误了大事。

周瑜：（看了诸葛亮一眼，嘴角微微上扬，喜上眉梢）先生预计几天可以造好？

诸葛亮：（信心十足，毫不犹豫地伸出三个手指头）只要三天。

周瑜：（心中窃笑，却故作严肃）军情紧急，可不能开玩笑。

诸葛亮：（哈哈，以为我诸葛孔明上当了吧！咱们骑驴看唱本——走着瞧。胸有成竹）怎么敢跟都督开玩笑？我愿意立下军令状，三天造不好，甘受处罚。

周瑜：（迫不及待地）来人，笔墨侍候。

（一个卫士端着笔墨走了进来，诸葛亮大笔一挥，立下军令状）

周瑜：（看了看军令状，满意地点点头，收好军令状。抑制不住内心的喜悦）来人，上上好的酒菜。

（卫士退下，后端着一个放有一把酒壶和两个酒杯的盘子走进来）

诸葛亮：（手执一酒杯，一饮而尽，故意掐掐手指）今天来不及了。从明天起，到第三天，请派五百个军士到江边搬箭。我先告辞。（双手作

揖，退下）

周瑜：（满脸笑意，双手作揖）恕不远送。

——落幕

我看周瑜

谈到《三国演义》，人们都会对诸葛亮赞不绝口。那么周瑜呢？一提起他，无不说他气量狭小，嫉贤妒才。

他真的是一个心胸狭窄的人吗？

周瑜尽忠于东吴，是吴国的一名大将，更是顶梁之柱，一生在战场上驰骋，立下不少功绩；他也爱惜人才，对下属器重有加，又是一位大家公认的都督，谁不敬重他呢？

周瑜确实曾经设计要害死诸葛亮。因为他不希望有人比他强，他被妒忌蒙蔽了双眼，以至于差点误了国家大事。你想想，根据当时的天下大势，倘若真除掉诸葛亮，东吴和蜀国必定反目成仇，两国不联合，又怎能与强曹抗衡？刘备一败，吴国还能逍遥自在吗？

但平心而论，周瑜更多的是想为吴国除掉心腹大患，并不完全为个人。他其实还是很有智慧的。在赤壁之战中，朝中大臣们都认为吴国不能以卵击石，应该投降曹操。周瑜力排众议，分析敌我利弊，劝孙权与蜀国联合起来抵抗曹操；又和诸葛亮不约而同地想出用火攻之计，充分体现了他的计智无穷；他步步为营，随机应变，利用黄盖的苦肉计和假投降一事令曹操中计，借东风火烧赤壁。苏轼的《念奴娇·赤壁怀古》一诗中曾评价他“羽扇纶巾，谈笑间，樯橹灰飞烟灭”，颂扬了周瑜的计谋高超。

人非圣贤，孰能无过？就像一尊雕塑，不可能每个细节都完美。周瑜除了气量狭小，他更是一位文武双全，有超群见识和胆略的奇才；他才华横溢，幽默风趣，是一个真正的英雄。

自古英雄气短，周瑜英年早逝，他错就错在，机关算尽，反送了自己的性命——被诸葛亮活活气死，死时仰天长叹：“既生瑜，何生亮？”但是他的缺点并没有掩盖住他的优点。

周瑜，儒雅中透出刚勇之气，沉毅里暗藏机警之心，不可否认，他是历史上一个了不起的英雄人物！

2. 让文体激发学生创意

创造发明令人兴奋，童年天真的想法，没有束缚，往往非常具有创意。如果我们的文体能充分利用这种心理优势，让学生写一写自己的创意，可以一举两得。因此，我们要淡化文体，摒弃写法（表现手法）的指导，让学生的个性自由驰骋。如让学生写“我的一周生活”，有些教师重在激发学生的写作兴趣，开拓学生的习作思路，而文体、写法让学生自己定。习作交上来后，文章果然是各具特色：文体方面：学生有的写成了诗歌，有的以日记形式来写，有的用对话的形式来写，有的写成调查报告……写法方面：有的以“酸、甜、苦、辣”四段成文；有的竟用了“A盘”“B盘”“C盘”的碟片形式来写；有的以“第一乐章1. duo”“第二乐章2. lei”来写……如此形形色色的表现手法，突破了文体僵化、写法单调的牢笼，展现了生命个性各异的风采。

教学示例

话题习作“地球”指导设计

教学目标：

1. 引导学生发散思维，感悟生活，培养创新能力。

2. 开放形式，让学生写自己的所想、所感、所悟，我手写我心，提高写作兴趣。

3. 使学生懂得保护生态环境，爱护人类资源的重要性。

课前准备：

1. 学生课前搜集有关环保的资料或调查了解家乡环境现状。

2. 教师制作课件。

教学流程：

一、创设情境，激趣、揭题

（课件演示：在茫茫宇宙中，出现一个裹着水蓝色纱衣的晶莹透亮的球体。接着展示地球受到污染破坏的图片。）

二、感受地球受污染的惨状，激发学生写作的欲望

1. 孩子们，你们愿不愿意为拯救地球尽一份力？请拿起你手中的笔，用你的心去呼吁，呼吁人们要保护环境。

2. 出示习作要求：题目自拟，文体不限，有真情实感。

学生可以独立思考或找人合作，选择诗歌、童话、剧本、记叙文、书信、倡议书等文体，确定题目和文体。

3. 集体交流：看谁的题目最新颖。

倡议书：《行动起来，保护环境》《保护家园，人人有责》

演讲稿：《我是环保小卫士》《保护环境，从点滴做起》

剧本：《破坏者的末日》《森林王国审判记》

童话：《青蛙的控诉》《哭泣的小河》《鸟儿的自述》《地球的控诉》《大树的遭遇》《沙尘暴的自述》《“四害”家族的吵闹声》

书信：《鸟儿给人类的一封信》《小蝌蚪给人类的一封信》《动物们的抗议信》《未出生的婴儿给母亲的一封信》《人类给地球的一封忏悔信》

诗歌：《地球妈妈怎么了》《渴望》《假想我有一支神笔》

想象作文：《假如生物都消失了》《假如地球毁灭了》

三、学生选择自己喜欢的文体开始写作，教师巡回指导

四、交流评价

1. 四人小组互赏，推荐一篇佳作。

2. 佳作评赏：推荐好的文章，师生共同赏析探讨。

3. 把自己的稿件装订成册。

五、课外延伸，试写广告词

结语：同学们，只有一个地球。只有全人类行动起来，爱护地球、保护地球，那么在不久的将来，地球才能恢复健康、美丽的容颜。今天就让我们以1999年世界环境日的主题作为本次习作课的结束语吧：“拯救地球，就是拯救未来!”

课外延伸：尝试写环保公益广告词。

①出示环保公益广告：“别碰我，我很脆弱!”“我是生命，请脚下留情!”“我的盛开需要你的关怀。”“大地需要绿色，人类心灵需要绿色。”

②尝试写“环保公益广告”并张贴，让环保公益广告“走”进校园，“走”向社会。

3. 让文体引导学生探究

综合性是当今课程发展的一大特征，而综合实践活动赋予习作全新的

视角。小学生对大千世界充满着好奇，探究是孩子内心一种强烈的思想倾向，如果让他们在探究的同时，记录其过程体验，他们会觉得很容易，很自然。如在写一件与父母间的感人事情之前，要求学生观察父母的言行，并为父母做一件有意义的事，向父母表达尊敬与爱意。这样的习作训练是以综合实践学习活动为载体，经过一段时间的持续实践，学生往往能在最大时间跨度内捕获最多的鲜活素材和感人瞬间，写下来的文章自然是声情并茂，具体生动。又如与“留心周围的环境”主题单元关联的习作，要求学生在充分调查的基础之上，写一份关于环境的考察报告或者对考察活动的感受。这是学生调查后写下的文章：《河水变臭的研究》《放风筝与鸟类保护》《汽车尾气的危害》《立交桥下种爬山虎的利与弊》《记一次××实验》《蓝天不蓝了》《我的发现》《我们家水电费的统计》《电子垃圾的处理问题》等。在这样的开放、自主、合作与探究的学习活动中，学生的认识水平与实践能力有了很大的发展，也巩固与强化了对课文的理解，使学习向生活实践拓展延伸，而习作则紧紧围绕综合性学习活动，促成了感受与表达的转化。

总之，习作指导课必须关注学生习作的心理过程，教师应该千方百计地创设情境，提供机会，帮助学生打开感觉器官，通过他们的耳朵、眼睛、皮肤、心灵来感受世界，经历一个活动过程，萌发一份真实的情感。

教学示例

“绿色消费”实践活动实施方案

深圳市宝安区西乡中心小学五（5）班

一、活动主题的提出

在一次秋游活动中，我们发现学生浪费的现象很严重。我们把学生在秋游活动后的浪费现象拍摄下来让学生看，严重的浪费现象让人触目惊心。吃了一口就丢掉的面包、没有剥壳的鸡蛋、还剩下一大半的汽水……学生对此议论纷纷。从学生的谈论中我们了解到，学生对浪费的了解很粗浅，只是懂得要节约，不能浪费。至于生活中存在哪些浪费现象，哪些不良消费行为，以及浪费对我们有什么影响，他们并不十分了解。怎样解决这些浪费现象，培养正确的绿色消费行为等问题引起了学生极大的兴趣。

为此我们班承担了学校“绿色家园”主题活动下的“绿色消费”综合实践活动。

二、活动具体目标

态度目标：通过小组研究性学习活动，寻找生活中的各种浪费现象，了解浪费资源带来的严重后果，从而培养学生的绿色生活意识，增强社会责任感。在小组合作学习中，学会互相帮助、团结合作、共同进步。

知识目标：了解科学探究的一般过程，获得亲身探究的体验。通过各种方式的研究性学习实践活动，使学生了解浪费资源现象对生活的影响和危害，并用自己的作品、文字、图片表达出来。

能力目标：学会分析问题、探索研究的方法，树立自主探索的意识，培养学生的观察、表达、调查研究的能力。

三、调查方式

实地调查；在指定区域内进行调查；问卷调查。

四、活动实施的具体过程

第一阶段：活动准备阶段

1. 问卷调查，了解学生对生活中浪费现象的认识，初步确定调查项目。

2. 分组进行活动实施方案的设计、策划、参与活动的准备，等等，并广泛征求同学们的意见，及时反馈给活动总负责人。根据反馈情况，统一认识，确定主题内容，对方案进行进一步修改。

3. 根据学生选择的研究主题组成研究性学习小组。

4. 动员学生、家长、老师积极参与活动，在班上作宣传动员并发布活动方案。

5. 建立“绿色消费”活动网页。

第二阶段：进入问题情境

1. 指导老师根据自己的特长及学科特点，有针对性地指导各研究主题的活动。

2. 指导老师和学生积极探索，搜寻与“绿色消费”相关的资料，归纳准备研究的具体题目，形成基本的目标和思路。

3. 学生根据自己的兴趣选择研究主题活动，根据研究主题组成研究性的学习小组。各组根据本组的特点自定研究的计划、内容、方法、成果展示。

4. 老师和学生代表组成网页维护小队，把有关“绿色消费”的资料上传至网上，并且对网页进行维护。

第三阶段：资料收集阶段

1. 多渠道收集资料：对学校、家庭及社会各有关部门进行调查，通过网络、书籍、报刊等渠道多方面收集资料。

2. 广泛收集资料：文字、图片、录像多形式的资料。

第四阶段：分类整理资料

让学生学会整理资料、利用资料。汇报调查资料情况，对于统计调查结果进行分析，大家资源共享。

1. 资料分类：按一定的形式对资料进行分类。

2. 分组讨论汇报方式：论文式、图表式、图片式、小品相声式、综合式等。

3. 学生自由整理资料。

第五阶段：分析研究调查结果

1. 通过调查对我们周围的生活和环境进行分析，提出一些可行性的建议并用文字或图片的形式表现出来；

2. 开展“我是绿色小天使”活动；

3. 学生互相欣赏图片、资料，全员参与评价；

4. 这次活动中你感受最深的是什么？教师引导学生谈收获，并进行小结；

5. 通过这次活动充分启发思维，进行一些小发明小创造；

6. 写一份关于绿色消费的倡议书，讨论怎样做个“绿色小卫士”。

五、活动要求

1. 小组集体活动为主，每组分工细致，每个学生都要有任务，并按照小组要求，按时、按质完成任务。

2. 学生对调查的参考资料、书籍、网址等进行记录。

3. 指导学生对研究的情况进行随笔记录，写出研究的感想、活动反思等，对研究活动进行过程性、总结性的小结。

4. 开展以畅谈收获、体验、发现、思考、感悟等为主题的活动。学生对活动进行反思，学生分别写出每次活动的收获和活动反思。

5. 教师与学生一起评价研究活动，对好的作品与创新方案给予鼓励和奖励，并举办“节约小明星”评比活动，每个年级分别进行专题展览。

六、活动延续

注重活动的生成性，小组根据活动主题进行延伸，扩大到环境保护，增强环保意识，设计各种环保产品，制订环保计划，实施行动，以自己的行动去带动周围的人。

七、活动主题的参考

1. 吃的方面

①吃饭时挑食；②买各种零食；③常常受电视广告影响，向父母提出购买要求。凡是多余的、不必要的、过高的需求均会带来浪费。

2. 穿的方面

①旧的衣裤不穿，总爱买新的衣服；②互相攀比，追求新异穿名牌。过分的攀比、打扮、追求时髦，是穿的浪费。

3. 用的方面

①随意丢弃物品、破坏物品，买不适合小学生的高档文具和图书，也是一种浪费；②铅笔、橡皮、书本、衣服、雨伞等经常丢失；③坐不端正，乱摇桌椅，用小刀刻桌椅，乱撕作业本；④乱买一些与学习无关的书籍、杂志，花钱大手大脚。

4. 玩的方面

①买很多玩具，又不爱惜，几天就弄坏了；②过生日大手大脚请客；③在公园里不加选择地贪玩，不爱惜物品等也是一种浪费。

5. 资源方面

①随便浪费水电；②时间的浪费，做事磨磨蹭蹭，一边学习一边玩，有些应该做的事情，今日拖明日，明日拖后日等；③浪费纸张，不会节约用纸，环保用纸。资源是有限的，不能合理利用各种资源也是一种浪费。

学生习作

大蒜的生长过程（科学研究报告）

<table>
<tr><td>项目名称</td><td colspan="3">大蒜的生长过程</td><td>申报者</td><td>郑涵赟</td></tr>
<tr><td>班级</td><td>深圳西乡中心小学三（1）班</td><td>性别</td><td>女</td><td>辅导教师</td><td>李　蕊</td></tr>
<tr><td>一、研究的问题</td><td colspan="5">种大蒜。知道一种植物的生长需要什么，比如：阳光，水分等。还有，室内和室外植物生长有什么不同。</td></tr>
<tr><td>二、假设</td><td colspan="5">植物生长需要光照、水分，如果温度不同，那么生长会有不同，如植物放在室外，可能它开始生长的时候慢些，但在生长中期，它会很茁壮。放在温室里，开始生长的时候快些，但在生长中期，经太阳一晒，很快就会倒。</td></tr>
<tr><td>三、研究计划</td><td colspan="5">我用四个空瓶，分别做成花盆，两个装上泥土，两个就装水，分别标上记号（1、2、3、4，其中，1号2号是装泥土）把1、3号放在室内，2、4号放在窗外，每天或隔天照一次相。</td></tr>
<tr><td>四、实验材料准备</td><td colspan="5">1. 四个空的塑料瓶，用剪刀在瓶颈那里剪开。
2. 胶纸、泥土、水。
3. 准备相机，可以全程拍下它的生长。</td></tr>
<tr><td>五、实验结果分析</td><td colspan="5">这个观察与我之前的设想基本符合，我的实验结果是，植物的生长需要阳光、水分、泥土，那样，植物才会生长得更茂盛。</td></tr>
</table>

续表

六、观察数据和实验记录	我的研究观察是种大蒜，首先用四个空瓶做成花盆，接着标上标签，分别是1、2、3、4号，1、2号装上泥土，2、4号装上水，最后分别在四个盆里种上饱满的蒜种，我把1、3号放在室内，2、4号放在窗外的阳台。实际生长过程以后面的图片为准，以便观察它们的生长有何不同。 通过半个多月的观察，我深深地体会到人一生成长的过程跟植物是有所相同的。因为植物生长需要阳光、水分、泥土、温度，如果没有阳光，它的叶子就没有那么绿，也经不起风雨的考验。我们也一样，如果老是生活在家长的溺爱之下，就会变得不独立。 俗话说：不经历风雨怎么见彩虹，我们要向那野花、小草学习，虽然没有室内那么温暖，但经得起风雨的考验。
七、实验结论	通过多天的观察，我最大的收获就是看到了植物的生长过程，从长根须，发芽，吐叶，再长成一棵绿绿的大蒜，我的心情真是高兴得不得了，我的感受就是我不要做温室里的鲜花，要做那经得起风雨的小草，它那坚忍不拔的精神值得我学习。

（二）淡化文体意识，诱发“思绪飞扬”

新课标提出习作教学“应贴近学生实际，让学生易与动笔，乐于表达”。我们习作指导的一个重要的出发点就是要架设好与学生心灵对话沟通的桥梁，再现生活情境，触动学生的情感之弦，点燃学生思维的火花，打开记忆仓库的大门，把原始的生活片段激活为有用的习作素材，拓宽写作的思路，让他们看了题目，便能在自己的生活中找到许多素材和信息，进而“我手写我心，我手抒我情”，即所谓“此中有真意，欲辩已忘言”，但此处的“言”不再是言说，而是言说而成的文体。

1. 用不同文体记录成长

成长是美好的过程，我们可以用不同文体记录下这一过程。如一般记叙文：《老爸教跳绳》《春游怪事》《偷看卡通片》《兴趣班的苦恼》等；日记式：《第一次炒菜》《第一次独睡》《今天我当家》《换牙》等；想象式：《假如我有后悔药》《我想飞》《二十年后的聚会》《一元钱历险记》《和诸葛亮对话》；散文式：《幸福的颜色》《时间》《温暖》；应用文：《自我推荐》《给鸟的天堂写解说词》《给××的一封信》；说明文：《我家的书柜》《我的相集》《文竹》；调查报告：《牙齿为什么掉了》《不吃早餐的危害》《小学生书包过重的调查》《我发现了大气压强》《绿豆是怎样发芽的?》《有趣的网络语言》等。

2. 借多种文体诱发想象

想象是儿童的天性，让学生的习作插上想象的翅膀，具有很好的效果，这样能够解放儿童思维，丰富习作题材，消除畏难情绪。我们在进行习作训练时，可以从诱发学生想象出发，把年段习作要求有机地融入其中。如《2050 年的地球》《猪八戒上学》《小狗做客》《如果我有钱》《小蚂蚁走亲戚》《未来的教室》《明天的筷子》《细菌的旅行》《我到月球去探秘》《凡卡来到我们中间》《我梦见……》，等等，适用多种文体。

总之，习作必须贴近生活，描绘生活。窗外的事，身边的人，眼中的景，人间的情，都可以成为而且应该成为学生习作的内容。只有写自己鲜活的生活，写自己的真情实感，学生才会愿意写，才会写好。

（三）丰富形式，让文体充满选择

我们应允许学生以不同的文体去写同一题材。诗歌、读后感、书信、小散文，每种文体自由选择，尝试改变文体去习作，令学生情趣盎然。例如，同是写“母亲”的文章，有的同学喜欢用诗歌的形式去颂扬母亲；有的同学则以书信的形式表达自己的真情实感；有的喜欢以记叙文的形式回忆母亲的点点滴滴；有的以小散文的形式流露母子之间的深情。这样的习作方式，大大激发了学生的自主意识和创新精神，促使学生无拘无束地表达，毫无顾忌地写作。

教学示例

公鸡觅食

教学目标：

1. 根据一幅“公鸡觅食”的漫画，自由选择文体创作，认识记叙文、说明文、议论文的区别。

2. 从“看看、说说、导导、议议”入手，培养学生写作兴趣，培养学生创造性思维，学习开拓素材，写多种文体习作，提高习作水平和文化素质。

教学准备：多媒体、挂图

教学流程：

穷时

富时

一、观察漫画，明确要求

（出示挂图）看“公鸡觅食”漫画，进行看图习作训练。（1999 年山西中考小作文题目）

出示题目：（屏幕映出，明确任务）

以漫画“公鸡觅食”为内容进行习作，文体不限，题目自拟。

二、读懂漫画，理清头绪

1. 这是一组什么漫画？（“公鸡觅食”漫画）

2. 想象故事的梗概。

情节：一天，一只公鸡到野外觅食，一无所获，后来在晒谷场找到食物，糟蹋食物，被农人打得落荒而逃。

时间：一天　地点：野外、晒谷场　　　人物：公鸡、农人

起因：觅食　经过：觅食——浪费粮食　　结果：落荒而逃

3. 这两幅漫画主要的区别在什么地方？（脖子、嘴、稻草和谷子）

4. 这些区别突出说明什么？（“饿鸡”与“饱鸡”）

5. “饿鸡”与“饱鸡”分别在干什么呢？（觅食、扒食）

6. “穷时”“富时”在图上是什么意思？它们是一对什么词？（饿时和饱时；反义词）

7. 作者用什么手法来构思这两幅漫画？（对比）

8. 请一位同学用一句话来概括一下这两幅漫画的讽刺意味。(饱鸡不知饿鸡慌)

9. 如果把鸡当做人来看，应该怎么说?(饱汉不知饿汉饥)

10. 漫画告诉我们什么道理呢? (要珍惜粮食，养成勤俭节约的好习惯。)

饱鸡不知饿鸡慌——饱汉不知饿汉饥——要珍惜粮食，勤俭节约

三、选择文体，进行创作

1. 选择文体：你可以选择童话、剧本、记叙文、说明文、议论文等文体来写。

2. 自由拟题目。(注意文体特征)

《介绍“公鸡觅食”漫画》《公鸡觅食》《节俭是一种美德》

3. 学生创作，教师巡回指导

四、推荐佳作，赏析探讨

1. 小组互赏，推荐一篇佳作。

2. 佳作评赏：推荐好的文章，师生共同赏析探讨。

3. 把自己的稿件装订成册。

学生习作

介绍“公鸡觅食”漫画(说明文)

这是一组由两幅关于公鸡觅食的画组成的漫画。它不但有很强的讽刺意味，还有很现实的教育意义。

左图写着“穷时”，图上画着一只饿得穷困潦倒的大红公鸡，微倾的大红鸡冠，绿色的尾巴，油亮的细细的脖子，金黄色的腿。它正在一堆稻草上，挥动着两条黄色腿，奋力地扒着，身后是一阵阵尘烟。

右图写着“富时”，画的还是那只鸡，不同之处是这只鸡的脖子很粗，粗得几乎和身子一样大。它神气十足地站在一筐谷子上，挥动着两条黄色腿，奋力地往筐外扒着谷子，筐外的谷子堆得像小山一样。显然它是一只泼金洒银的“富”鸡。

这组漫画运用对比手法，讽刺了“饱鸡不知饿鸡慌”，告诉我们“饱

汉要知饿汉饥”的道理，教育我们不要浪费，要注意节约。

公鸡觅食（记叙文）

有一天，一只大红公鸡，顶着大红鸡冠，拖着绿色的尾巴，晃着油亮的细细的脖子，迈着金黄色的腿，慌里慌张地四处觅食。

这只公鸡忽然发现远处有堆稻草，奋不顾身地飞奔而上，抡起两条黄色腿，一阵狂扒，扒得尘烟滚滚，可是一点食物也找不到。这只公鸡还是不甘心，又是一通狂扒，结果还是一无所得，只好垂头丧气地离开，到别处觅食去了。

走啊，走啊……这只公鸡拖着疲倦的双腿，饿得两眼发黑，仿佛感到世界末日即将来临。

夕阳西下时，这只公鸡来到一块晒谷场，发现了农人遗忘在晒谷场的一筐谷子。意外地发现让这只公鸡顿时精神倍增、喜形于色。它飞身而上，一阵猛啄，只见它的脖子像充气的气球似的膨胀起来。饱餐一顿后的公鸡仍不肯放弃，面对满筐的谷子，挥起两条黄色腿，一阵狂扒，扒得谷子滚滚，谷子落在筐外，堆得像小山一样。

农夫来了，看到这情景，气得挥起扫帚一阵痛打，公鸡落荒而逃。农夫叹气地说：“真是饱鸡不知饿鸡慌啊！”

节俭是一种美德（议论文）

“公鸡觅食”漫画运用对比手法，画了公鸡在“饱时”和“饿时”不同的表现，告诉我们“饱汉要知饿汉饥”的道理，教育我们不要浪费，要注意节俭。

随着社会的进步，人民生活水平的提高，铺张浪费、比吃比穿的现象越来越严重了。对于这种情况，我想说：节俭是每一个人都要努力具备的美德。

节俭是一种美德，因为节俭体现了一个人对他人劳动成果和人格的尊重。想必每个人小时候都念过这样一首诗吧：“锄禾日当午，汗滴禾下土，谁知盘中餐，粒粒皆辛苦。”不只是“盘中餐”凝结着农民们的辛勤汗水，我们大家的“身上衣”“手中物”，又有哪一样没有饱含千万人的辛勤和汗水呢？所以，对这些东西的浪费，就是对他人劳动果实的不尊重，也就是对他人人格的不尊重。

节俭是一种美德，还因为节俭体现了一个人对国家对人类的责任感。一个国家乃至全世界的能源是有限的，绝不是取之不尽、用之不竭的，所以，节约能源是每一个人的职责。爱惜每一滴水，节约每一度电，这是连小学生都懂得的道理。然而有些人却不以为然：房间里空无一人却灯火通明，空调照开；用起水来不管不顾，让水哗哗地浪费。朋友，你可知道？你浪费的不仅仅是你个人的钱财，更是国家的资源，整个人类的资源呀！随着世界人口的增长，耕地面积的减少，粮食问题日趋严重。当你若无其事地把吃剩的饭菜倒掉时，你有没有想到还有不少人连饭都吃不饱呢？这些浪费资源的人真是“身在福中不知福”啊！

古人教诲我们要“俭以养德”。在当前改革开放的形势下，提倡节俭这种美德已成为当务之急。让我们都成为具有勤俭美德的人。

第三节　开放习作文体的类型

单纯只强调形式上的创新没有多少意义，甚至是有害的，倘若因此而形成一种华而不实的文风，必将误人子弟。

其实我们所谓的“淡化文体”，不是说审题、行文可以不顾文体，阅卷可以不问文体，训练可以不循文体。淡化文体只是为了纠正命题习作或给材料习作限制过严的倾向，让学生能充分发挥自己所长，写出有创见有新意的文章。显然，这是为了降低习作的难度，给学生在文体选择上以较大的自由空间，从而激发学生的习作兴趣。

“文体不限”绝不是不要文体，“淡化文体”也绝不是不讲文体。我们的日常应用写作，绝大部分还是受某种因素限制的，不可能不讲文体，即使“淡化”，也一定是有“度”的。哪怕有“自主”“自由”“自定”“自选”“自拟”的开放，也仍需在一定的范围之内，“淡化”也必须保留一道底线。

因此，在“文体自选”的要求下，至少要做到选择什么文体就要像什么文体。在平时的教学中也应当明确：学生的习作一定要写出文体的特点，写记叙文要像记叙文，写议论文要像议论文，写说明文要像说明文，不能写成“四不像”，导致概念模糊，文体不清。

一、一般习作文体的类型

一般的习作，文体可分记叙、抒情、议论、说明等几类。

记叙文是我们练习习作的必须要“征服”的一种文体，因为它是一切写作的基础。记叙文是以叙述为主要表达方式，以写人物的经历和事物发展变化为主要内容的一种文体。它要求把自己的亲身感受和经历，通过生动、形象的语言描述给读者。它写的是生活中的见闻，要表达出作者对于生活的真切感受。

抒情文，顾名思义是抒写情感的文体。人类生来就有许多情感，喜悦、愤怒、悲哀、惊惧、爱慕、憎恶，等等，在一定的生活情境之中，受到激发便会充塞心胸，不吐不快。把它们以文字的形式记录下来，便是抒情文。一个人怎么表达感情，跟他的性格与气质有很大的关系，无所谓哪种方式最好，只要是真挚而自然的，就足以打动读者的心。我们把这些感情用文字表达出来，便是抒情文。

议论文就是讲道理、论是非，或阐发自己的主张，或批评别人的意见，要求别人接受自己的主观见解的文体。它通过事实材料和逻辑推理来阐明作者的观点，表明赞成什么或反对什么。

说明文是以说明为主要表达方式来解说事物、阐明事理而给人知识的文章体裁。它通过揭示概念来说明事物特征、本质及其规律性。说明文实用性很强，包括说明书、提要、提示、规则、章程、解说词、科学小品等。

平时的习作教学，我们一般引导学生立足和关注以上几种文体，其他文体很少涉及甚至会加以限止。而事实上，学生往往具有一种创新的天赋，如果我们武断，我们保守，习作文体的类型将是封闭和狭隘的。

二、开放习作文体的类型

“文体不限”，是出于写作“个性化”发展的目标考虑，与“淡化文体”根本扯不到一块。“不限”的意思是可以“任选”，所选的还是一种文体，不存在不受文体规范的“超文体”。“文体不限”所要求的恰恰是“强化文体”。由于可以自选文体，对文体的要求不是放低了，而是要求更高了，学生自选的必定是自己感兴趣、最擅长的文体，应当能够体现出较强的文体意识，否则就不存在选择文体。基于这样的认识，我们认为，开放的习作文体并不是超脱于记叙、抒情、议论、说明之外的新型文体，而是在此基础之上，应该海纳百川，包容多种文体，诸如日记、书信、故事新编、戏剧、童话、寓言、小说、诗歌等类型。

（一）日记、书信体

日记是广大学生非常熟悉的一种写作体裁。它是一种用书面语言记述自己比较有意义的所见、所感、所思、所闻的一种短小灵活的文体。日记是心灵的记录，是真情实感的流露，是自我鞭策的警钟，是人生长跑的轨迹。其可写对象十分丰富，如社会生活、自然现象、科学世界、人生体验等，凡是觉得有意义的人、事、物、情、理都可入文。

日记体习作既可以是单篇日记，也可以由几则日记组合来表达一个主题；结构形式比较灵活，每篇日记之间不要求有严格的逻辑衔接；表达也比较自由，叙述、描写、议论都可以随意穿插，便于作者表情达意或者阐述自己的观点、主张。

书信是一种日常生活中常用的实用文体。书信体习作除了要符合书信格式外，正文部分谋篇布局相对灵活；表达方式可以采用叙事、描写、抒情、议论，也可以采用讨论的形式；内容方面可以写一件事，也可以写多件事，甚至可以讨论问题。因为书信体习作一般用来与别人交流沟通，所以便于抒发感情。书信体习作跟日记体习作类似，既可以是一封信构成一篇文章，也可以是几封短信组成一篇文章，表达一个主题。在书信体话题习作的写作实践中，已出现了“两地书”形式的书信体话题习作，这些信不再是一方写给另一方的单向交流，而是双方交叉着相互写，以进行思想感情的沟通与交流。

（二）故事新编

故事新编就是以历史和神话传说等为题材点染成篇的小说。近几年，越来越多的学生选择故事新编这一构思方法进行写作。在具体的写作实践中，我们要明确新编的真正内涵：新编不能等同于胡编乱造，又和戏说、调侃之流相去甚远。在运用故事新编的方法进行构思创作时，我们大可借鉴郭沫若先生在历史剧创作中所遵循的原则——“失是求似”，即既来源于史实，又不拘泥于史实，甚至可以高于史实。写这类习作应注意以下两点。

把握原著，通晓故事。故事新编中的人物是从古典名著或其他作品中借来的，人物的言行、性格应与原著中的相一致。要进行故事新编，就必须熟悉和把握原著，对原著所述故事、所写人物了解得越透彻、越仔细越好。只有这样，新编出来的故事才能与“故事”中人物的言行、性格以及语言风格相吻合，才能与“故事”的基本情节连续得上。写武松让人一看就是武松，写周瑜让人一看就是周瑜，而不能创造一个与原来的形象完全无关的形象。如果编出来的孙悟空贪小便宜，好吃喜睡，时常弄巧成拙地耍小聪明，那就离谱了，所以故事新编绝不是胡编乱造、瞎编一气，而要合情合理地去编。

联系现实，暗扣主旨。故事新编是借古人说今人，表面上写的是古事，实际上是影射现实社会。如有人借《西游记》中“真假悟空”的故事写成了《悟空新传》，描述了一个连火眼金睛的悟空也发现不了假冒伪劣商品，导致上当受骗的故事，针砭时弊，寓意深刻，很有现实意义。

（三）戏剧

写戏剧，首先应了解剧本的特点。戏剧演出因为受时间、场地的限制，所以人物、场景、情节应高度集中，人物和故事的头绪都不能过多，矛盾冲突必须在短时间内、在不多的场合中反映出来。同时，还要有尖锐的矛盾冲突，并在矛盾冲突中表现人物的性格，吸引观众。其次要精心设计戏剧语言。戏剧语言包括人物语言和舞台说明。人物语言要有高度的个性化和充分的表现力，不仅要准确、生动地表达人物的思想感情和意图，而且要符合人物的身份、性格、年龄和所处的特定环境。同时还要求悦耳动听，有潜台词。舞台说明，是一种说明性文字，写在每一幕的开端、结尾和对话中间，内容包括人物表、时间、地点、服装、道具、布景以及人物的表情、动作、上下场等，它具有渲染舞台气氛、展示人物心情、推动情节展开等多种辅助作用。再次要设计尖锐的戏剧冲突。在现实生活中，人们由于阶级立场、政治观点、社会地位、文化教养、生活环境等不同而产生的矛盾冲突，反映在戏剧中就是戏剧冲突。戏剧冲突主要表现为剧中人物的性格冲突，而性格冲突又具体表现为一系列的动作，所以要精心地为人物设计能够看见的外部形体动作和看不见的内心动作。

学过《半截蜡烛》之后，学生不仅感受了扣人心弦的故事情节，还领略了人物语言的独特魅力，终将被通过人物对话和提示语来推进情节、刻画人物的戏剧形式所吸引。至此，学生幼小的心灵萌发了创作的情愫，一旦遇上适宜的环境，这颗种子将迅速地生根、发芽和成长。

（四）寓言、童话

寓言和童话，都是儿童文学中比较特殊的形式。

寓言是带有劝喻或讽刺的故事。其结构简单，主人公可以是人，也可以是其他生物或非生物。它总是通过比喻使简单的故事蕴涵着深刻的哲理和宝贵的生活经验，给人们以智慧和启发，给丑恶事物以无情的嘲讽。它篇幅短小，内容往往是虚构的、荒诞的，而主题往往是深刻的、富有哲理的。习作时如果要表现较深刻、带有劝诫性的主题，我们就可以采用寓言这种体裁。

童话是儿童文学的一种。它通过丰富的想象、幻想和夸张来塑造形象，反映生活，对儿童进行思想教育。一般故事情节神奇曲折，生动浅显，对自然物往往作拟人化的描写，适合儿童的接受能力。

《巨人的花园》是人教版教材第七册的一篇童话故事。作家运用对比的方法展开故事情节，揭示了能和大家一起分享的快乐才是真正的快乐的道理。通过学习，既开启了学生愉快地读童话、说童话、感受童话魅力的智慧之门，又为学生将来写童话奠定了基础。加之学生富于想象，所以，习作当中不少孩子会选择童话的形式来编写一些奇特的故事，展现自己的个性。

（五）小说

要学会写小说，首先要弄懂什么是小说。简单地说，小说即运用形象思维，通过情节、细节，越过时间、空间，调动环境、场景，塑造性格化的人物形象，反映丰富的社会生活，以及隐蔽地显示代表作者世界观的主题思想。小说是一种最自由的叙事性的文学形式，它既不受真人真事的限制，也不受时间、空间的约束；既能在文中直叙作者的感情和见解，又能在文中根据情节的发展描述大段的景物和人物的心态。总之，它是可以调动各种艺术表现手段，多角度、多层次、充分反映五彩缤纷生活的全方位的创作“摄影机”。

学生接触了《桥》，感受了老汉舍己为人、尽职尽责的高大形象；学习了《“凤辣子”初见林黛玉》，不得不佩服曹雪芹入木三分的写人技法……潜移默化之中，对小说已有了一种依恋，一种向往。所以，习作之中出现小说文体是正常且是非常令人兴奋的事情。

（六）诗歌

中国是一个诗的国度，而我们作为诗性民族中的一员，和诗有着不解之缘。特别是学生，对诗充满着向往却又常常被拒之门外。作为教师，我们很有必要鼓励和引导学生走近诗歌。

我们不要求学生去钻研古体诗，但了解和写现代诗却有必要。现代诗在内容上，具有美丽的想象，平凡中看到不平凡；在思想上，具有动人的情意，融入了个人的情感和体会；在格式上，讲究分行，可以依句分行，也可以依内容分行。所以，在引导学生学习和写现代诗的时候，笔者主张：

一是通过想象，采用诗歌的形式，让平凡的事物焕发出美的光彩。想象是美的源泉，也是诗意的仓库。一个好的想象，本身就是一首诗。只有发挥想象才能创造出鲜明的形象，诗歌的生命力是想象赋予的，没有想象，写出来的诗歌是干涩的。想象能使一件细小的事物显现出惊人的魅力。

二是通过真实的情感表现诗的形象、意境。情感是诗歌的生命。我们在鉴赏一首好诗时，总是被其吸引和感染，引起感情上的共鸣。诗歌一般表现出来的情感有：忧国忧民、建功报国、怀古伤今、蔑视权贵、愤世嫉俗、怀才不遇、寄情山水、归隐田园、登高览胜、惜春悲秋、思乡怀人、长亭送别、思乡念亲、相知相思、别恨离愁，等等。学生写诗，不一定有这些要求，只要将自己的情感（喜怒哀乐）真实地寓于文字之中即可，让其一吐为快。

三是在“锤字炼句”上下工夫，反复推敲。杜甫一生追求“语不惊人死不休”，李白则被人称为“才大语终奇”，诗人们大多都是锤字炼句的能手。我们鼓励学生写诗，更要激励他们在驾驭语言、推敲字词上下工夫，寻找最能体现情绪的字句，营造和谐的、诗意的氛围。

综上所述，可以看出要写诗必须具备三个元素：想象、情感、语言。可以这么说，想象是蓝图，情感是方向，语言是方法。

学习了人教课标版五年级下册《儿童诗两首》，学生知道了《我想》是采用比较跳跃的语言，围绕“梦想”这一主题，描写了儿童的一些美好的愿望；《童年的水墨画》则是通过捕捉镜头来记录童年生活学习场景，有一种动态的美，还有一定的故事情节性。诵读品味之余，不仅仅是对童年，对诗歌都有了一种探究，一种神往。因此，习作之中出现诗歌文体是学生学以致用的表现，是值得我们欣赏的事情。

当然，要真正把诗歌写好，仍需通过大量的阅读，并要在日常生活中留意新鲜事物，不断积累经验，寻找灵感，方能写出至情至美的诗歌来。作为指导教师，我们要用欣赏的眼光来看待和鼓励学生，给“诗”以一席之地，细心呵护那份童心。

以上仅仅只是罗列了开放习作文体的一些类型，我们的目的是让小学生不局限于常用文体——记叙文，让他们挣脱束缚，使用和创造出更多的新文体！

第七章　适合低年级的开放习作范式

开放式习作教学关注习作主体的能动性，尊重个性差异，遵循习作教学的客观规律。因此，开放式习作教学要求开放的习作范式。

开放的习作范式是指具有开放性的习作教学模式，如剪贴画式、情境式、网络式，等等。不同年龄段的学生，由于生活经历，知识背景，兴趣爱好等存在一定的差距，习作范式必然要根据儿童规律“量体裁衣”。

低年级段的学生具有童话般的想象，但是生活积累相对缺乏，思维具有模仿、简单再现的特点。开放的习作范式中的剪贴画式、情景式和活动式正是顺应了低年级学生的这一特点。本章节将就这三种习作范式作逐一论述。

第一节　剪贴画式

一 、剪贴画习作教学模式的提出

低年级习作教学是引导学生迈入习作大门的关键一步，它直接影响着学生升入中高年级以后的写作水平，其重要性不容忽视。走好了这一步，有利于激发学生对习作产生兴趣，激发灵感；反之，学生则会对习作产生畏难情绪，进而影响学生习作能力和水平的提高。

儿童语言发展和智力发展的规律告诉我们，低年级的小学生正处在语言、智力、思维逐步发展的关键时期。这一时期的孩子，有强烈的表达欲望，渴望将自己的所见、所闻、所想与别人分享，他们的语言表达灵活多样，并力求与别人不同。同时，他们很乐意去学习任何一种能够为他所用的表达方式，并对文字表达开始产生浓厚的兴趣，还常常在自己的绘画作品中写上歪歪扭扭的汉字。美国教育学家唐纳德就曾说过，对于儿童来说，文章是一种富有魅力的密码，他们很想学会这种密码。语言的丰富、智力的发展、思维的拓展，为低年级学生的写话训练创设了有利的条件。近年来，美、日、俄等国家中越来越多的学校在一年级就开始开设写作课，越来越多的人开始相信，写作是一个人语言水平的杠杆，有利于学生把学来的语言知识转化成运用语言的能力。

在我们以往的教学过程中，一、二年级过于注重基础知识教学，写作都被定格在从三年级开始。学生们在转入写作训练的过程中往往很难适应，形成了三年级“要写习作”这道难关。因此也造成不少学生的畏难情绪，表现出较明显的语文学习兴趣减弱、不爱看课外书、不爱上语文课特别是习作课等现象。要想解决这一问题，习作训练必须提早起步。

让学生写习作，首先要解决写什么的问题。叶圣陶先生曾说过，写真经历，真体会，真感受，是解决写什么的最好办法。但是小学生整天生活在学校，学校生活又相对简单，这样就束缚了他们的思维；另一方面，小学生又缺少生活经验，缺乏切身体会，写到最后，自然就无话可写，写起来也是千人一面。此外，写话、习作都需要一定的语言文字基础，低年级的学生识字量不多，在训练过程中经常会遇到“拦路虎”，这样就很容易让学生产生畏难、恐惧心理。再加上低年级学生观察能力、思维能力、语言组织能力不强等原因，写话、习作教学便很容易成为低年级教学的一大难点，稍有不慎就会让我们事与愿违，使我们成为让学生对习作产生恐惧和厌倦的始作俑者。

低年级的习作教学有着自身的特点和规律。新课标及解读本中指出，低年级写话要培养学生的写话兴趣和自信心。让孩子愿意写作，热爱写作。新课标还指出，作文教学在发展语言能力的同时，发展思维能力，激发想象力和创造潜能。要鼓励学生写想象中的事物，写出自己对周围事物的认识和感想。这就告诉我们，在低年级进行习作教学指导，关键应关注学生的兴趣爱好，关注学生的联想与想象，鼓励有创意的表达，让他们日渐乐于书面表达，并且在原有基础上都能有所提高。

在长时间与小学生接触的过程中，我们发现，低年级的小学生对图文并茂类的内容特别感兴趣，捧起小人书、漫画书就爱不释手；对涂涂画画、剪剪贴贴也表现出浓厚的兴趣，书本上、课桌上到处是他们的涂鸦作品。我们还发现，低年级的小学生情感丰富、天真烂漫，这个时期是他们最爱想象、最富于幻想的年龄段。随手拿起一个小圆球，他们就能边说边笑，边说边演，口述的故事情节更是曲折有趣，逗人发笑。我们何不把学生这种喜欢涂涂画画、剪剪贴贴的兴趣与富于想象的特性迁移到他们的习作中去呢？

于是，我们把“激发习作的兴趣、丰富习作的内容、体验习作的快乐”作为低年级习作教学指导的突破口，在低年级创造了一种全新的习作教学模式——剪贴画习作教学模式，把学生的“习作”与“图画”结合起来，鼓励、引导、启发学生的想象力，解脱学生思维定式的束缚，为他们的想象插上腾飞的翅膀，让学生在自由的空间里任意驰骋。

二、“剪贴画习作”的定义

所谓“剪贴画习作”就是把图片按自己的构思剪剪贴贴，或经过重新组合、加工粘贴、勾画补充，形成一幅图画，然后根据自己创作的图画进行习作练笔。

“图片”可以是自己平时收集的各式纸制图片，如漫画、插图、贴纸、邮票、广告图案、门票、照片、糖果纸……也可以是采集的小草、树叶、花瓣等标本，还可以是自己凭空想象自创的各种图案。

“剪、贴、画”是一个学生与图画沟通、对话、交流的过程，是调动自己的知识经验创作图画故事，并从中获取信息、丰富自己体验的过程。“贴故事”其实就是在“编故事”，就是把故事这个眼睛看不见的世界变成在自己心中看得见的图画。“剪、贴、画”是一条解决学生作文“原料”问题的途径，是提供素材、丰富内容，帮助学生走出“巧妇难为无米之炊”的困境的一个途径。解决了无话可说、言之无物的问题，学生习作就会突破制约的“瓶颈”，从而获得更广阔的发展空间。

叶圣陶先生曾说过，图画不单是文字说明，且可以开拓儿童的想象。心理学家认为，想象是对已有表象进行加工改造而建立新形象的心理过程，是创造的源泉和翅膀。没有想象，就没有创造，有了创造的想象，才可能有创造的行为。新课标也明确指出，要鼓励学生写想象中的事物，能够激发学生创造欲望和发展想象的创造契机，营造多姿多彩的想象空间，激活创造思维，使儿童生命灵活性的拓展更加深远。因此，剪贴画习作教学重在激发学生的习作兴趣，培养学生的创造思维，鼓励学生展开想象的翅膀，心里想什么就写什么，为学生今后能无拘束地把所见所闻真实地流露于笔端打好扎实的基础。

“剪贴画”展示的是一个“瞬间”情景，学生根据图中的形象，通过想象和思维加工，然后经过内部语言到外部语言的转化，最终把图画内容和思想感情表达出来。“一剪一贴一画一写”之间，学生从静态引出动态，从“瞬间”写出过程，让画面活动起来，让画中的人活动起来，让画中的物也活动起来。学生借助完成贴画的过程，联系自己的生活实际进行合理想象，画中的形象越丰富，事物发展的过程越清楚、越具体，写起文章来就越容易做到言之有物、言之有序。

实践证明，每一幅生动有趣的剪贴作品都给学生提供了一定的故事背景，成为学生说话、写作的源泉之一，为学生提供了广阔的想象空间，向他们展现了一个个充满奇异色彩的幻想世界，为他们打开了一扇扇通向幻想王国的大门。孩子们情不自禁地赋予画面人物、动物、景物以神态、语言和心理活动，这就使他们富有个性化和富于创意的习作表达放射出夺目的光彩。通过实践，我们深深地体会到，在低年级进行“剪贴画”习作练习，不但容易取得明显的成绩，有助于培养学生易于动笔、乐于表达的愿望，更能引导学生关注现实、热爱生活，表达真情实感，从而激发并保持他们对语文的学习兴趣，提高他们的语文综合素养。

三、“剪贴画习作”的操作

“剪贴画习作”一般分四步进行：剪一剪、贴一贴、说一说、写一写。

（一）剪一剪

有人说，现代社会已经进入“读图时代”，各种各样的图片铺天盖地一般地呈现在人们眼前。孩子自呱呱坠地那一刻起，就接触了大量的图画：精美的画报、无处不在的各式图案……“图”早已成为儿童生活中不可或缺的一部分。儿童喜爱、痴迷图，我们常常可以看见图书馆、文具店的“图书”柜台总是被小孩子们围得严严实实，孩子们的书本上也被他们贴满了各式贴纸，甚至作业本、课桌、墙壁都被他们“打扮”得“花枝招展”。

因此，布置学生在读书读报过程中搜集、剪下自己感兴趣的图片，对儿童来说并非难事。教师要做的只是指导学生找来平时看过或用过的画报、图书等，剪下喜欢的图片：漫画、插图、配画，抑或剪下一只小兔、一只小鸡，剪下一棵小树、一朵小花……然后把这些图片放在自己的图片夹内，精心收集起来。还可以让他们经常把这些图片拿出来摆一摆、比一比，看谁搜集的图片漂亮、谁剪得整齐。

教师还可以指导学生收集一些别样的“图片”，如：小草、花瓣、树叶、蝴蝶、蜻蜓的标本，还有自己兴趣所至自创的“得意之作”。这些都是孩子们十分喜欢采集的“素材”。

这样一来，剪图、搜集的过程本身就充满了很多乐趣。谁又能说在“一搜一剪”之间，孩子不会浮想联翩、异想天开呢？值得注意的是，在学生搜图、剪图的过程中，教师不应过分强调剪图的技巧，因为这毕竟不是图画课，“图”在这里只是辅助工具，是配角，它的作用是“激趣”，千万不能让它成为学生的负担。

（二）贴一贴

这一环节主要是指导学生把搜集到的图片粘贴到纸上。或重新组合，或加上适当的勾画、补充，形成一幅完整的、具有一定情节的图画。

在剪贴画习作刚开始的阶段，学生可能会束手无策，不知该从何处下手。教师可以适当地“扶”学生一把，指导他们如何贴图，如何把自己搜集到的图片按一定的顺序，组合成有一定故事情节的画面。指导的基本原则是由易到难、由“扶”到“放”。可以先从贴单幅图开始，然后再慢慢地练习将小猫、小狗、花草树木、人等组合成一幅画面，如果有需要，再勾画、补充。组合画面可用以下方式：①根据教师提示的内容组合画面（教师可有目的地为学生创设一定的情境）；②模仿课文内容，组合画面；③联系生活经验组合画面（如课外活动场面，公园一角等场面）；④运用课外阅读内容拼合画面，如学生喜欢看童话故事、动画片，看完后，让学生根据故事内容或重编故事等手段组合拼图。

当学生逐步掌握了剪贴图片的方法后，教师就应该放手让学生大胆创作。学生可以只贴一张幽默诙谐的漫画、一张触动心灵的新闻图片、一张记录下难忘瞬间的照片，也可以将收集的一张张小图片根据自己的想象重新组合；还可以将收集的树叶、花瓣、小草等拼装粘贴，创作出一幅美丽的图画。他想贴什么画就贴什么画，想怎么贴就怎么贴，或者干脆随手涂鸦出一幅作品也未尝不可。鼓励学生把心中的秘密用画贴出来，把童年的欢乐、趣事用画表现出来。学生在粘贴图画的过程中，已经对画的内容进行了组合与构思，这实际上也是习作的第一步构思过程。

通过自己动手拼合画面，形成故事完整的画卷，学生就有了写作内容，也就为写作打下了基础。任何一个孩子都有童话创作的天赋，每到课上创作“剪贴画”的时候，学生就会显得特别活跃，特别兴奋。贴一只小熊，再贴一只小鹿，旁边贴一所小房子，放一只蜻蜓风筝，再贴一张太阳公公的笑脸，最后拿起彩笔画几朵白云，勾几簇小花……一幅充满童趣、色彩鲜艳的图画就创作完成了。

除了让学生自由地贴自己喜欢的剪贴画外，我们还可以指导学生围绕一个主题来创作剪贴画，这样可以让学生就一个主题分享几十个创意，让他们从彼此的身上受到启发。如以“星期天”为主题，让学生创作剪贴画。有的学生剪贴的内容是一家人如何快乐地度过星期天，有的学生剪贴的是小动物在星期天开狂欢派对，有的学生贴的满是试卷和书本，借剪贴画来抒发自己对作业多的不满……同样的主题，完全不一样的创意，绝对会让你惊喜连连。

一名教师曾执教过一节以“春天”为主题的剪贴画习作课，有的学生贴了一张春天去公园植树的照片；有的学生贴的是郊外春光秀丽的风景；有的学生在贴的花、草、树、太阳的图片上画满了各种各样的表情符号，不用问也知道，在他的心中，美丽的春天肯定发生了很多有趣的动人故事。

（三）说一说

这一环节教师要做的主要工作是引导学生根据自己粘贴成的图画，或编一个小故事，或描述成一段话，把自己在创作时的构思进一步用口头语言表达出来。

教育家赞科夫曾说，只有在学生情绪高涨、不断要求向上，想把自己独有的想法表达出来的氛围下，才能产生出使儿童的作文丰富多彩的那些思想、感情和词语。这就启示我们，在一切教学活动中要善于激发学生的情趣，让他们在情绪高涨时去感受生活，激发美的想象。

学生经过“贴一贴”这一环节后，那些丰富有趣的图画早已让他们有了澎湃的表达激情，他们会迫不及待地想把图画中的故事说给每一个人听。这个时候就应该为学生提供一个“放心说、大胆说”的舞台，鼓励学生想怎么说就怎么说，不适宜加上生硬古板的条条框框，千万不要有僵化繁杂、死板恼人的长篇说教。这一环节就是要让学生有这样的意识：我是表述的主角！有什么事情比可以在属于自己的天地里随心所欲地说东道西、畅所欲言来得开心欢快呢？在如此放松的状态下，学生情绪愉悦，无意注意得到充分运用，思维积极，浮想联翩，就连平时最胆小的孩子，在欢乐的氛围中，眼睛里也放出异彩。

学生的童真在轻松自由的氛围中会无拘无束地自然表露，他们口述的故事也会五彩缤纷。其大胆的想象，丰富多彩的形式，富有个性的语言往往会让人耳目一新。在他们的描述中既会有优美的风景，又会有对话、动作等细节，更会有生动具体的故事情节。哪怕“剪贴画”上只是简单地贴上一只小鸭、一只小鸡，或再画上几朵小花点缀一下，他们都能就此编出一个内容生动、具体的故事。儿童的想象世界，是美好童年生活的一部分，是真实生活的倒影，是现实世界的反映。在他们的表达中，你会看到想象让他们的思想穿越了时空，让他们的思维自由地驰骋。我们要做的只是静静地聆听，让孩子们把童心和真情保持到底。

值得注意的是，“放心说、大胆说”并不等同于“乱说、胡说”，这一环节的“说”意义重大，它是学生“写”的基础，“说”不好就“写”不好。教师一定要牢牢地树立以下思想：看是骨头，想是血肉，说是轮廓，写才能成形。

由于小学生的思维具有跳跃和不够连贯的特点，因此在“说”这一环节，教师应充分发挥其主导作用，适时适当地注意加强学生的口述训练，引导学生仔细观察，启发学生认真地想，教给学生正确恰当的表达方法。

1. 看要仔细

观察是一个知觉、思维、语言相结合的智力活动过程，也是人们增长知识、认识世界的重要途径。孩子在“说”之前，首先要看图，对自己剪贴的图看仔细，看清楚，在大脑里形成清晰的印象。如果贴的是一张照片、一幅插图或一组漫画，就应该对画面所表达的主要内容先有一个整体性的认识。如果是组合图，则要理清图与图之间的联系和变化，在心中要对自己想要创作的故事有一个大致的框架。

2. 想要大胆

画面是一个个静止的人或物，而且比较单调，可以指导学生通过适当的提问，进行合理想象，使静止的画面尽量动起来、活起来，使单调的画面充实丰富起来。儿童的世界是一个奇妙而梦幻的世界，一个充满灵性的天地。他们按照自己的价值观念和游戏规则生活着，有着与成人完全不同的快乐、哀愁、憧憬、期盼与体验方式。在他们眼里，社会百态、世间万物都是那么趣味盎然、诗意浪漫：绿叶肥了，红花瘦了，大树会唱歌，小鱼会说话，桌椅会交谈，晚霞就是太阳公公刚刚脱下的衣裳，小雨就是一块块透明亮丽的橡皮，乌云就是做了错事的小顽皮，萤火虫就是月亮姐姐的好伙伴，种子就是一个春天的故事……我们理应尊重并保护好儿童想象的这一独特视角，让孩子自由想象，让童心自由绽放。

3. 说要到位

叶圣陶先生曾说，物体本身完整而有式样，拍成照片当然完整而有式样；语言周妥而没有毛病，按语言写下来的文章当然周妥而没有毛病了。可见“说”的重要性。在孩子写话的过程中，我们常发现孩子“咬笔头”，那都是因为“说”没到位。由于低年级孩子日常使用的是对白语言，表达起来缺乏条理性和连贯性，说起话来前言不搭后语，跳跃性很强，有时重复，有时带语病。在训练时不能操之过急，要耐心地指导孩子有条理地说，连贯地说，用普通话大声地说，及时纠正语病。在说的基础上再动笔写，自然是瓜熟蒂落、水到渠成了。

在指导说的过程中，要注意几点：①要求说得有头有尾，遵循一定的顺序。②要求说得具体，有重点，不能东拉西扯。③鼓励在语言表达上有独到之处。

指导学生看好、想好、说好，才能让学生的思维连贯，不发生紊乱，这样把观察、思维、语言有机结合起来，写出的文章才有条理，写出的习作内容才丰富。当学生面向全班说的时候，说得不清楚、不具体的地方，其他同学做补充，教师加以点拨，这样既可以互相交流对图的理解，相互补充彼此头脑中想象的空白，又可以锻炼学生的口头表达能力。实践证明，这样做充分调动了学生“说”的积极性，使得学生“说”的愿望强烈，能够开动脑筋，积极思考，自觉地投入“说”的训练。

(四) 写一写

英国教育家洛克曾说过，儿童学习任何事情，最好的时机是当他们兴趣高，心里想做的时候。学生有了兴趣，就能够集中注意力，积极思维。习作也不例外。说完即写，趁热打铁。由于“剪贴”的故事是自己的创作，思维空间大，图文并茂，童趣四溢，学生易于驾驭，加上“说一说”说得扎实，说得具体，写起来自然就得心应手，也能让学生很容易地品尝到成功的喜悦。

记得俄国文学大师列夫·托尔斯泰曾经说过，凡是好的作品都是从作者心灵中飞出来的歌。因此，在“写”这一环节，我们要秉着“激兴趣、降要求、放手写”的原则，不要在习作之前给学生太多的束缚，只需调动起学生写的欲望，他想怎么写就怎么写，让学生尽情发挥，过把表达的瘾。不要怕学生写不好，允许“记流水账”，有话写就行，只要让文思“流”起来，写成后，句子通顺，读后别人能听懂就行。也许学生写成的文章，与那种精心指导后而成的佳作有一定的差距，但精心指导的佳作往往是千篇一律的，学生只不过做了一次“复制”工作，而这种“放手做”却让学生真正地在“做”。结构乱一点、错字多一些、病句多一点，这些都是成长过程必然要经历的，就像学步的孩童必然经过摔跤一样。教师的教学目标应放在培养习作兴趣、欲望和敢于表达上。

在放手练习中，儿童的心灵完全处于自由、快乐的状态，学生无拘无束、文思如泉、滔滔不尽。写话的思路一旦被打开，一句句童言稚语就会从孩子心底流淌出来。有学生贴上一群可爱的小鸡和一只猫，创作了《谁来做国王》的故事。

学生习作

谁来做国王

从前，在一个鸡王国，鸡国王和鸡王后都去世了。鸡国民们要推选新的国王和王后，可是它们没发现一对勇敢的鸡夫妇能让大家满意。直到有一天，一只老猫闯过了鸡王国，老猫把锋利的爪子伸向一只小黑鸡。正当它要把小黑鸡咬死的危险时刻，小鸡的父母赶来了。八面威风的大公鸡爸爸老远就高叫着：“我是这里的国王，你敢吃掉我的儿子，我就命令我的军队把你给杀了！”勇敢的黑鸡妈妈也不顾一切地冲上去保护自己的小女儿。老猫被吓坏了，急忙转身就逃。小黑鸡扑到妈妈怀里，惭愧地流下眼泪。鸡民们知道了这件事，都一致推举这对勇敢的鸡夫妇当国王和王后。

在这个故事中，学生的语言是美的，但更打动人的是孩子美丽、纯真的心灵。

还有一位喜欢《猫和老鼠》这部动画片的二年级学生剪贴了一幅画，构图简单，但他写的故事却是趣味横生，让人忍俊不禁。

学生习作

猫又上当了

老鼠与猫是一对邻居。老鼠住在洞里，而猫呢？住在豪华的别墅里，过着优越的生活，天天大鱼大肉，无忧无虑。于是，老鼠经常要去猫的家里偷东西。

老鼠又去猫家里偷东西了，猫见了十分生气，心想：这老鼠真可恶！前天，他刚偷了一瓶我最爱喝的可口可乐，今天又来了。我非得让他知道我的厉害不可。于是，他懒洋洋地从沙发上爬起来，伸伸懒腰，打起精神，一点一点地向老鼠逼近。

这时，老鼠正要偷茶几上的苹果，突然，他闻到一股浓浓的猫味，立刻转过身来。只见那只猫已经离他只有几步远了，他大吃一惊，本能地拔腿就跑。猫紧追不舍。老鼠跑进厨房，猫也跟着进了厨房，老鼠窜进厕所，猫也窜进厕所。老鼠逃进卧室，猫很快就追进了卧室。就这样，老鼠躲到哪儿，猫就追到哪儿。

此时，老鼠已经累得上气不接下气了，它一不小心掉进了摆放在地上的大垃圾桶里。垃圾桶的四壁光溜溜的，要想爬出去可不是件容易的事啊！猫看见了，大笑起来：“哈哈！看你还往哪里跑？”正当老鼠急得在桶底团团转时，突然，他想出了一个绝妙的主意。他仰起头对趴在桶口的猫大声喊："有本事你也进来啊，笨猫！"猫一听，火了。他咬着牙一边往垃圾桶里钻一边说："看我怎么收拾你！"

可是，当猫好不容易爬进垃圾桶后，却怎么也找不到那只老鼠了。原来，老鼠趁猫往桶里钻的时候，把猫的身体当梯子爬出了垃圾桶。猫在桶里找不到老鼠便想转身出来，可这时老鼠早已把桶盖盖上，任凭他怎么转都无济于事了。

这篇习作内容充实，构思精巧，用拟人的手法来写，语言活泼，字里行间又充满了童趣，把猫与老鼠刻画得栩栩如生，读来令人仿佛在看《猫和老鼠》的动画片，美哉！我们可以想象这个孩子在拟题目时，当他写下那个"又"字时，嘴角肯定是情不自禁地露出笑意。试问，如此惬意的写作过程，哪个孩子会不愿写、不想写呢？

因为素材丰富、氛围轻松，在整个剪贴画的写作过程中，很少看到哪个学生抓耳挠腮、冥思苦想。大家都在忙着把喷发的灵感记录下来，他们始终处于一种积极主动的创作激情之中。一幅幅各具特色的图画，一篇篇个性突出的习作，向我们展示了孩子们心中蕴藏的源源不断的创作灵感与丰富的想象力。学生的视野开阔了，自然就可以快乐而自由地习作了。

当然，在写作初期，肯定会有一部分学生感到相当吃力。此时，教师更应该顺应学生，让学生自由地写，千万不要限制孩子必须写几句话。能写几句写几句，写一句也表扬，写两句更要表扬。过一段时间后，教师可以找个机会对孩子提出要求，特别要讲求方式方法。另外，在孩子自己实在不会写的情况下，还要允许模仿，并一定要进行表扬："你仿写得很好，相信你一定能自己写一句话。"在得到教师的肯定后，孩子的自尊心受到了保护，积极向上的情绪会促使他逐步走向独立。在此基础上，教师可以再试着要求这类学生做到以下几点。

（1）写完整。低年级习作是为高年级习作打基础的，因此，在低年级的训练中，就要教学生把握住时间、地点以及事情的起因、经过和结果，把话写完整。

（2）写具体。一般学生到了二年级，已经具备了写完整话的能力，其观察、想象能力都有了发展和提高。这时，就要在"写具体"上下工夫了。指导学生重点写事物的主要情节，写与主要情节有关的动态、语言、神态、心理活动等，要抓住细节，想象人物可能说什么，有什么心理活动，人、物之间有怎样的联系，使画面上的人、物活起来，而这一时候，想象就能帮上大忙了。

四、“剪贴画习作”教学应遵循的原则

1. 淡化要求

“贴图”，有图即可，习文为主，贴图为辅，不要本末倒置。

“写文”，文从字顺就行。张田若先生认为，学生写作文，爱什么就写什么，爱怎么写就怎么写，不要精雕细刻。新课标的要求就是“能具体明确、文从字顺地表述自己的意思”。其实习作也就是写话，把要反映的事或物、想说的话稍加整理润色，诉诸笔端就是一篇习作。教师不能人为地拔高要求，抬高门槛，以成人化的标准要求和评价小学生的习作。应减少对学生写作的束缚，鼓励自由表达和有创意的表达，淡化习作方法的指导，淡化文体要求，少限制，多引导，努力创设一种自由、宽松的习作氛围，让学生自由表达，放胆作文。

2. 尊重个性

注重发展个性，培养创新精神，这是新课标对习作教学的一个基本要求。个性和创新从来就不是分离的，没有个性就没有创新。教师要充分尊重学生的个性体验，鼓励他们自由表达，不能用固定模式来束缚他们，同时也要防止学生自己套用模式束缚自己。

习作过程中，学生的想象一旦调动起来，就如同脱缰的野马，尽情驰骋；如同翱翔的雄鹰，自由翱翔。这种释放的思想一旦放飞，就会给学生带来巨大的创造力。但由于学生家庭背景的区别，生活环境的差异，加上各自阅历的差别，其表述必然会千差万别，这就更加说明习作本身就应该是多样性的。教师应肯定学生的一切成果，保持和激发学生的一切创造欲望，保护并珍视学生所有的思考及情感体验。让学生把写作当做是一种需要，把写作当成是自己情感宣泄、真情流露、价值体现、理想放飞的窗口，是表述真善美、鞭笞假恶丑的舞台，让习作真正成为学生表现自己喜怒哀乐、张扬个性的一面镜子。

3. 开放评价

对于习作评改，叶圣陶先生曾说，要责令探索，彼必将用心而得之矣。意思是说，学生自己写了习作，还要引导学生自己用心评改才会有所得。传统的习作讲评是“先生讲，学生听”，口耳授受，把学生视为教师灌输知识的容器。这对培养学生的写作能力实际并无多大裨益。应当通过各种交互评价方法，利用师生合作，生生合作等方式，让学生参与评价，真正成为评价的主体。

如教师可以挑选一些能代表这次习作优点或不足的典型文章或片段，读给全班听，放手让学生评。学生你一言，我一句，说优点，评不足，提出修改意见。凡评得不准确、不恰当的地方，教师再点拨、补充。也可以选择三四位学生当小老师评，这些小老师可以是写作能力较强，口头表达能力较好的，也可以是习作进步较大，或对语文兴趣浓厚的学生。此外，还可让学生挑选出自己最喜欢或最得意的文章，在课堂上朗读，同时介绍写作时的想法、体会等，之后再让大家作补充发言，或对文中有异议处提出疑问，或对文中的优点及不足进行交流讨论。还可以在有一定习作积累后，让学生找出自己习作中一好一差两篇文章进行比较，发现自己的成绩和进步，找到并分析其原因。

这些不同形式的评价方式，目的是相同的，即活跃课堂气氛，提高学生积极性，培养其对习作的兴趣。当学生站在同学面前朗读自己的成功之作、陈述自己的独到见解时，其喜悦的心情是可以想象的。师生合作讲评使学生成为讲评的主人，会令学生深受鼓舞，而且学生评议的过程，是互相启发、互相学习的过程，有利于提高他们的认识能力和表达能力。同时，也有利于学生学会实事求是地评价自我与他人，学会正确地对待自己与他人的优缺点。

4. 鼓励交流

心理学认为，一个人如果体验到一次成功的欢乐和胜利的快慰，就会激起追求无休止成功的动力。学生是写作的主体，习作是他们的劳动成果和智慧结晶，他们都渴望习作能够得到教师的赞赏和同学的夸奖。因此，教师有责任为学生构建一个能够尽情交流沟通、学习借鉴、体验成功、分享喜悦的和谐平台，让每个学生都有展示习作、展现自我的机会。

教学示例

春　节

教学内容：

引导学生围绕“春节”这个主题，按自己的构思剪剪贴贴，创作一幅剪贴画，然后根据自己创作的图画，写出图意，或展开合理的想象编写一个故事。

教学目标：

1. 创作一幅以“春节”为主题的剪贴画。

2. 能根据剪贴画的内容写出图意或发挥想象创作故事。

课前准备：

布置学生围绕“春节”这个主题搜集图片。

教学流程：

一、创设情境，激发情感

师：同学们！竖起耳朵，听一听（播放《春节快乐》乐曲），这是春节里大街小巷都在播放的乐曲。我们不妨来想象一下：在乐曲声中，你都看到了什么？想到了什么？

生：我好像看到了大家在商场里抢着买年货。

生：我想起了春节放烟花的事。

生：我想起了大年夜吃团圆饭的场景。

生：一提到春节我就想起我第一次贴春联的事。

师：今天，我们来做一幅跟“春节”有关的剪贴画，你想贴什么就贴什么，你想怎么贴就怎么贴，让我们把春节里的故事用画贴出来，好不好？

生：好！（个个兴趣盎然，跃跃欲试）

【教师要积极地创设情境，让课堂充满活力。通过听音乐想象，创设情境，触发了学生的灵感，打开了学生的思维，更引发了他们的浓厚兴趣和创作欲望。】

二、指导剪贴，丰富内容

师：同学们，大家先别急着动手。在贴之前，先思考一下：你准备贴一幅什么样的画？给你的画起一个什么标题？请大家先在小组里交流一下，互相启发启发。

（学生在小组里热烈地讨论着。）

师：现在，谁愿意给大家讲讲，你是怎么想的？

生1：我要贴一幅春节放烟火的画，两个小男孩分别代表我和哥哥，我还要贴上漂亮的炮仗，再画上美丽的烟花。我给它起的标题是《放烟花》。

生2：我先要画上一片绿草地，再贴上几只可爱的小狗，再贴上美丽的风筝，最后画上我和爸爸妈妈。我这幅画的标题叫《大年初一放风筝》。

师：他们的画反映的是自己在春节里的趣事，有同学跟他们的不一样吗？

生3：我要贴的是《动物王国闹元宵》。

师：哦，听起来很有趣哟！

生4：我贴的故事是《老虎家的年货》，讲的是几个好吃懒做的动物在过年前拿自家的年货作赌注，通宵达旦地赌钱，后来为钱打得几败俱伤，最后被老虎捡了个大便宜，他们赌的东西都成了老虎家现成的年货。

……

师：同学们的想法都很好，赶快动手贴起来吧！

（学生一边思考，一边展开丰富的想象。教师播放《欢度春节》的音乐，再一次营造欢乐的氛围，帮助学生进行想象。每个学生都调用自己记忆仓库里的相关素材，用心灵去构筑各种画面，拼贴了一个个新颖别致的图案。就连画的标题也溢满浓浓的喜庆，比如《花市真热闹》《烟花映红了天》《欢欢喜喜过大年》……）

【“贴”是这次作文成功的基础，教师应适时进行指导，帮助学生拓展思维，使学生通过想象和描述，将画面的内容完成得更加清晰和丰满。】

三、大胆想象，激情表达

师：大家的画真是异彩纷呈、充满童趣呀！先用心地看看你贴的画，看看你都贴了些什么，再想一想：你的故事大概是什么意思？

（学生看图、想象。）

师：现在，跟你的小伙伴说说你贴的故事吧。说的时候，要注意以下几点：①要按一定的顺序说；②重点内容说具体；③最好用上我们学过的好词好句。

（学生四人一组讲故事。）

师：哪个小组愿意推选一名代表来跟大家讲讲贴的故事？

（学生代表上台讲故事，教师相机指导如何说得连贯、有条理。）

【学生在经过“贴一贴”环节后，丰富有趣的图画早已让他们有了澎湃的表达激情，他们会迫不及待地想把图画中的故事说给每一个人听。这时候就要为学生提供一个“放心说、大胆说”的舞台，要让每一个孩子都敢于表达。】

四、指导写法，自由写作

师：同学们，下面大家就可以动笔写了。

生：我可以写《春节的习俗》吗？

师：当然可以！只要是和你的剪贴画有关的都行，要把你最想表达的内容写具体。可以跟同学讨论，翻阅课外书，借鉴书中的写法和优美词句。

（学生自由习作。）

【为了便于学生表达，对习作的体裁教师没有限制，可以是记叙文，也可以是寓言、童话、诗歌，只要学生能想到愿意写，就让他大胆写，放心写。至于习作的详略、修改等问题，教师只是稍做提醒，没有作过细指导，以防束缚学生思维。习作过程中，教师允许学生找自己的朋友讨论，允许他们翻阅课外书，借鉴优美词句。巡视时，教师以朋友的身份，不断表扬、鼓励学生，营造了宽松、愉悦的写作环境，努力做到让学生放飞想象，张扬个性，自由写作。】

课后反思：

这篇以“春节”为主题的剪贴画习作课，通过听音乐想象，触发了学生灵感，激发了他们的想象力和创造力。自由剪贴给了学生一个思维可以自由驰骋的广阔的想象空间。自始至终，学生思维活跃，乐于表达。同学间的启发让他们萌生出创作的欲望，迸射出创造的火花，一个个出人意料的想法迸发出来，一个个奇特的故事诞生在这群孩子的脑海中。他们多姿多彩的剪贴画、异彩纷呈的对话都说明学生突破了传统的思维定式，打破了常规思路，体现了发散思维，这就为学生富有个性化和创意的习作表达奠定了良好的基础。

第二节 情 境 式

一、情境式习作教学的定义

情境式习作教学是以情境创设为手段，有意创设一个具体的场景或情境，如让学生观察实物、欣赏表演、观看视频、收听广播等，在丰富多彩的形象观察中认识客观世界；在观察情境的基础上，再让学生思考、联想、想象，以加深学生的情感体验，激发学生的情趣，从而产生写作的欲望。

这种习作训练模式要求教师事先想好情境，并有针对性地对情境加以组合或筛选。

情境教育专家李吉林认为，情境是人为优化了的环境，是促使儿童能动地活动于其中的环境。当情境在课堂上以再现的方式呈现在学生面前时，教师要放下教师的架子，真真正正做好学生学习活动的参与者、引导者和合作者，可以和学生一起分析讨论，发表自己的意见，同时，对学生从不同角度发表的观点和意见要给予肯定，不能为了满足这一堂课的习作要求而压抑学生的闪光点，要善于珍视学生独特的见解，让每一个学生都感受到阳光的灿烂，在自由民主的教学氛围中，在轻松愉悦的教学环境中品尝到成功的快乐。

这种习作训练模式的目的在于给学生提供写作的素材，解决学生“无米下锅”的问题，让学生有人可写，有话可说，有事可记，有感可发，从根本上克服习作内容空洞、单一、雷同、贫乏的通病，使学生习作“言之有物”“言之有情”。

二、情境式习作教学的必要性

情境的特点和功能不仅在于激发和促进学生的情感活动，还在于激发和促进学生的认知活动和实践活动，能够提供丰富的学习素材，有效地改善教与学。创设有效适宜的情境不但可以提供生动、丰富的学习材料，还可以提供在实践中应用知识的机会，促进知识、技能与体验的连接，促进课内向课外的迁移，让学生在生动的应用活动中理解所学的知识，了解问题的前因后果和来龙去脉，进一步认识知识的本质，灵活运用所学的知识去解决实际问题，发展应用能力，增长才干。此外，适宜的情境在激发学习兴趣和愿望，促进学生情感发展的同时，还可以不断地维持、强化和调整学习动机，促使学生主动地学习，更好地认知，对教学过程起到引导、定向、支持、调节和控制作用。

情境式习作教学正是以提高学生素质为核心，是建立在“易、趣、活、实”的基础上，允许学生从自己的真实感受中提炼文章主题，鼓励学生写出个性鲜明的文章。因而，它发展了学生的观察能力、感受能力、想象能力、辨析能力、探究能力、审美能力和表达能力等。

三、情境式习作教学的操作方法

1. 创设情境

创设情境可以激发学生写作的兴趣，把学生带入与习作内容相应的氛围中，从而达到良好的教学效果。人的情感总是在一定情境，一定场合中产生的。创设习作情境，就要酝酿一个让学生可知可感的氛围，有效地产生情感共鸣，进入最佳的习作状态。当然，在教学过程中，教师要根据不同类型的习作对症下药，创设出合情合理的情境，让学生在活动中通过自身体验，细致观察，在动口、动手、动脑、动笔中写出感情丰富的文章。创设情境的方法很多，具体可以通过以下几种途径来实现。

（1）联系生活再现情境

即把习作训练的内容与学生的实际生活通过创设情境沟通起来，进而打开学生的生活库存，强化其对生活的体验，产生对情境的联想，加深对情境的感悟，达到借助眼前再现的情境来表达的目的。无论是人物形象、还是生活起居、日常琐事、人际交往等都可以拿来在课堂上再现。当习作训练的内容与学生的生活实际有距离时，教师还可以充分调动学生已有的生活感受和经验，让他们发表自己的看法。

在指导人教社课标版教材三年级上册第八组习作“我的烦恼”时，教师可让学生先回忆，说说自己在生活中有哪些烦恼，并引导他们从生活、学习等方面来说。结果学生大多说成绩不好被父母骂，想要买的东西家长不给买，这些小事也的确是他们的烦恼，但是如果把这作为写作的素材，很明显缺少新意，视野狭窄。因此，在进行指导时，教师可以先给学生播放这样一个视频片段：上海一名学生陈某，父母都是下岗职工，家庭环境差，但他的父母仍然咬紧牙关培养陈某。从他二年级起，就送他上各种辅导班、特长班：语文、数学、外语、武术、美术、音乐……总共有十来个班。就是希望他长大后能有份像样的工作，不会面临下岗。陈某的父母把家当成了教室的延伸，把孩子当成了实验室中的学习机器。面对父母的一番心血，陈某只能无奈地奔波于学校与辅导班之间。有一天，陈某在日记中这样写道："我爱妈妈，但同时我也恨妈妈，天天都是上辅导班，我脑袋都要炸了。苍天呀，大地呀，哪位天使姐姐能赐给我一点点时间呀！我都要烦死了……"

这个情境一出现，学生们深有同感的神态就已告诉教师，此时此刻，他们心中有话要说，接下来让学生动笔就容易多了。

（2）借助实物展示情境

实物是一种比较直观的教具，俗话说"百闻不如一见"。这是人们认识客观事物的一条规律。运用实物展示情境，能吸引学生的注意力，尤其适合低年级学生的写话训练。低年级学生的思维方式以具体形象思维为主，这就需要教师在教学时注意利用一切可利用的材料演示情境。

如在指导人教社课标版教材三年级上册第五组习作"展示中国传统文化"时，教师先让学生进行课前准备，并在上一节口语交际课的基础上展开习作教学。上课时，教师把全班学生分成四组，并根据他们边展示边演说的情况来打分，最后评选出综合得分，学生的兴趣非常浓厚，纷纷抢着发言，但是说出来的内容大多为介绍传统的特点与发展，并没有谈出自己的感受与理解。于是，教师自告奋勇地对学生们说："老师也来说说，等会儿你们也来给老师打打分，怎么样?"之后，教师出示中国结，并向学生解说中国结的传统意义和象征意义，同时还围绕中国结讲了一个美丽的传说，学生听得津津有味。最后，又讲了自己与中国结的故事。通过教师的参与，不仅活跃了课堂教学的氛围，拉近了与学生的距离，同时也给了学生习作内容的提示——可以从多个方面来展开讨论中国文化。学生的话匣子一打开，习作的内容就变得丰富多了，这样，又何愁内容不充实呢?

（3）选用音乐渲染情境

音乐是诉诸人的听觉、启动人的联想和想象的一门艺术。它激荡心灵，抚慰情绪，对渲染情境而言，确实不可多得。音乐也是一种反映社会生活，表情达意的途径。把音乐与习作教学沟通起来，就能调动学生的听觉、视觉等感官，为习作教学的展开推波助澜。教师可以根据习作内容要表达的情感，选择相应的音乐来烘托气氛，从而使学生沉浸在音乐的美感中，体味其中蕴涵的情感，加深理解。如在指导“写一种植物”的习作时，先播放歌曲《红梅赞》，让学生一边听一边回想梅花的特点，通过由表及里的方式展现梅花蕴涵的精神与喻义，进而使学生能联系到其他植物，启发学生在写作时，不仅要写出植物的特点，还要写出其内在之美。

（4）扮演角色体会情境

小学生都有活泼、好动、喜欢玩的天性，如果能利用这一特点，在习作课上将习作教学与有趣的表演结合起来，那么学生的兴趣自然很高。通过角色扮演，学生可以更深入地体会每个角色的动作、神态、心理活动等；同时通过扮演角色体会情境，可淡化教师的说教、讲授，突出学生的主动积极参与，也可减轻学生知识技能训练的负担。

教师在平时的训练中可以让学生进行各种角色体验，让他们体验人与人之间的真情与关怀，体验劳动的艰辛与快乐，体验合作和交往的重要性，体验成功后的幸福、失败后的悔恨沮丧，等等。比如在家里给妈妈洗脚，给爸爸捶背，当奶奶的“眼镜”，当爷爷的“拐杖”，等等；在社会上，可以让学生当一次小记者，当一回小交警，做一回小调查员；在学校里，让他们做一天值日生，当一回主持人。由于小学生好奇心强，喜欢新奇的事物，又善于模仿，让他们进行多种角色体验，既满足了他们的好奇心理，又解放了他们的手、脚、嘴、脑，符合学生爱说爱动的年龄特点。同时，这种体验还是一项没有压力的作业，学生乐于参与。在角色体验中，学生不知不觉地积累了丰富的写作素材。

人教社课标版教材四年级下册第四组的习作是请学生观察一幅“日本侵略者轰炸上海火车南站”的照片，并记录自己的感受。1937 年所发生的事情距离学生现在的生活比较远，仅仅通过照片，学生是无法体会照片上那个孤独孩子的悲惨境遇的。怎样更有效地指导这节习作课呢？有一位教师是这样做的：首先搜索一些当时的背景资料，并制作成幻灯片，配上音乐。在播放课件时，老师问学生："谁愿意把自己当做照片中的小孩?"同学们争先恐后地想要上台表演。老师选了一个表情丰富的学生，并要求他边看幻灯片边把自己内心的感受说出来。刚开始，学生的情绪还比较高涨，可是，慢慢地随着一幅幅悲惨的镜头的出现，他的声音变得低沉了。说到最后，他竟然哭了。因为老师也在一旁不断地提示"他"的不幸遭遇：父母在战争中双亡，他成了孤儿，他的家园被摧毁，天黑了，他无家可归……这堂课下来，对比全班的作品，这个参与角色体验的学生写出来的感情最深，表达得最充分，这正是进行了角色体验的效果。

2. 有效指导

（1）引导观察，研究"情境"

提高写作能力的一个重要因素是提高观察能力，因为细致的观察能让学生从中获得感知，积累经验，掌握规律。而提高观察能力的前提是培养学生观察的兴趣。教师在创设情境时应尽量选取一些新颖的、能够激发学生兴趣的素材，引导他们进行细致的观察。时间、地点、人物及事情的起因、过程、结果都是要考虑的因素，都要加以分析，因为它们往往是叙述故事、描写场景、刻画人物必然涉及的重点。同时，当多个场面汇集在一起的时候，教师要引导学生学会筛选，以选取最能体现人物内心情感，最能引起读者共鸣的情境来写。

比如，在指导学生观察学习用具书包时，教师可以先引导学生按照形状、大小、色彩、结构、用途的观察顺序进行细致的观察和合理的想象，引导学生从不同的角度，用不同的语言文字进行具体的描述，鼓励学生运用生动的修辞手法，优美的词语，描写书包的特点，并可展开充分的想象，写一写书包的故事，夸一夸书包的作用，等等。此外，还可运用迁移法，让学生观察不同的事物，如：工艺品、文具盒、书桌、储钱罐等。

（2）教给方法，举一反三

学生经过亲身的体验，细致的观察，掌握了第一手材料。这时，教师必须善于教给学生写作方法，让学生学会选材，学会安排写作顺序，学会运用准确的语言文字，把所观察到的情境表达出来。除了写清情境中的内容外，还要引导学生进一步拓宽情境，把学生的思维引向深层次，尽可能最大限度地开掘学生的思想深度，调和情感浓度，使学生的习作"染情"。这就要求学生由现有情境展开联想与想象，想象是对情境的延伸、补充和丰富。它可以丰富故事内容，虚拟场面情节，又可以充实人物思想，达到虚实结合的目的。通过合理的联想与想象，文章内容自然就充实了。

除了在内容上指导外，在表达上也要注重培养学生的个性，注重培养学生思想观念的开放性和思维方式的多样性，以表达自己的真情实感。只有鼓励学生在选材、立意、构思等方面不断创新，鼓励学生写“放胆文”，鼓励学生敢于打破思维定式，言别人之未言，在习作中写出自己独出心裁的见解，文章才会有鲜活的生命。

在对人教社课标版教材四年级上册第六组习作“胜似亲人”进行教学时，教师除了要求学生一定要写出画面内容之外，还可让学生进行角色体验，从不同的角度对文中老奶奶的身世展开想象，构想小女孩在平时的生活中是如何帮助老奶奶的。通过这一训练，实际上也暗示了学生可以按照“客观存在——展开联想——发表感想”的顺序进行习作。

(3) 灵活评价，收获自信

在评价学生的习作思路时勿套圈子，不要禁锢学生的想象空间。习作评改时也要突破常规，用“多杆秤”来评定每个学生习作的优劣，促进学生的发展，让学生收获习作的自信与喜悦。

教学示例

小鸟的倾诉

六（2）班全体同学收到了内蒙古自治区森林里的一只小鸟的来信，小鸟在信中倾诉了自己美好的家园遭到人类破坏的慌乱与悲伤，并向同学们发出了请求帮助的信号……要求根据信件和录像内容中所反映的问题，针对小鸟提出的请求，以回信的形式表达对小鸟的关爱，呼唤人类要保护大自然，爱护大自然。

设计理念：

新课标明确指出，培养学生的写作兴趣和自信心，是写作教学的重点，要让学生愿意写作，热爱写作，易于动笔，乐于表达自己的真情实感。让写作贴近生活实际，一方面是让学生写生活实际，写作内容是对周围事物的认识和感想，另一方面是让学生写适应现代社会生活实际的文章体裁。一封小鸟倾诉自己生存家园遭到人类破坏的来信，正是对现实生活中人类破坏环境的反映，而小鸟如泣的歌声，更有利于引发学生对小鸟的同情，从而使学生产生乐于给小鸟回信的欲望。因此，让学生读小鸟的来信，听小鸟的歌声，不仅可激发学生关注社会现实，热爱地球环境的思想感情，而且可培养学生的观察能力、思维能力和语言表达能力。

教学目标：

1. 培养学生观察、思考、想象和通过具体内容、画面体会一定思想感情的能力；
2. 抓住来信和课件内容中所反映的现象，通过回信来表达自己的真情实感；
3. 正确使用书信格式；
4. 培养学生爱护鸟类，保护环境的思想意识。

教具准备：

1. 小鸟的来信（附后）；
2. 小鸟生活的录像片（伴歌声）；
3. 写作的稿纸、信封。

教学流程：

一、创设情境，激发兴趣

1. 猜信设悬，引出文题。（老师给学生带来了一封信，设计了三个问题，让学生猜，引发学生的好奇心。猜信是从哪里寄来的？信是谁寄的？信的内容是什么？）

2. 指名读信，解除悬念。

3. 谈信的主要内容。（初步了解小鸟的处境，感知小鸟的心情）

4. 观看录像。（老师设计了小鸟家园遭到破坏的一个动画情景，大家请看……并且引导学生一边观察、一边思考：小鸟的家园为什么会遭到破坏，根源何在？你打算怎么做？）

二、师生交流、讨论、汇报

在学生读完信又看完录像，对小鸟的生活情况有了较深刻的了解的基础上，组织学生讨论、交流，激发学生对小鸟可悲处境的同情心，激发学生回信的欲望，进一步做好回信的准备。这一部分设计了以下环节。

1. 独立想象小鸟生活的现状，说说自己的感受和今后的做法；

2. 相互交流，体验不同的感受和做法；

3. 学生汇报。

通过以上教学环节，学生体会到小鸟倾诉的原因是因为家园遭到破坏而无家可归，让学生觉得帮助小鸟建立家园是一件义不容辞的事。从而打开学生的思路，道出学生的心声，为回信提供材料，奠定写作基础。

三、明确要求，指导写作

通过以上教学，为写作铺好路，接下来引导学生以回信式来帮助小鸟，做法如下。

1. 分工合作，分别完成信的开头、正文、结尾部分。（这样可以培养学生的合作意识，集体观念）

2. 学生写作，教师巡视指导。

3. 小组内自读、自改、互读、互改，共同提高。

四、欣赏评议，修改提高

新课标强调鼓励学生展示自己作品的愿望，因此可设计如下的点评环节。

1. 让学生自告奋勇朗读自己的习作，说说自己习作最成功的地方在哪里；

2. 推选平时写作好的同学的习作来读，师生一起点评；

3. 展示佳作（投影，师生集体评价），让学生在集体修改的过程中提高习作修改能力，达到信息互动的目的；

4. 布置作业：课外做一件爱护鸟类、保护环境的事，并写一写做这件事的过程和感受。

附：板书设计

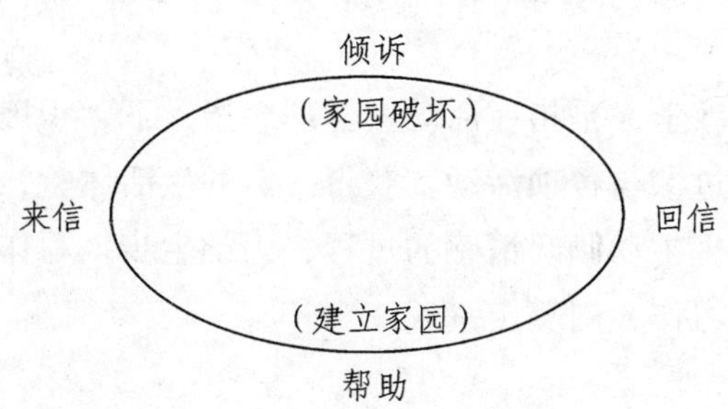

附：小鸟的来信

亲爱的六（2）班全体同学：

你们好！

我是一只活泼可爱的小鸟。从前，我住在大森林里，那里的大树郁郁葱葱，高大挺拔；那里的野花漫山遍野，芳香扑鼻；那里的草地很柔软，像铺了一层厚厚的地毯，毛茸茸的；那里的泉水清澈见底，叮咚叮咚，唱着四季不同的歌。还有我的兄弟姐妹，爸爸妈妈和小动物们，我们相处得很好。

一天早晨，“砰砰”两声震耳欲聋的声响把我从睡梦中惊醒。我躲在树丛里，偷偷地探出头来，看见许多小鸟惊慌失措地飞了起来，一些小动物们也惊恐地跑了出来。我隐约感到大事不妙，决定和伙伴们一起飞走。我在天空中隐隐约约地看见一个高个子的人，手里握着猎枪。为了使自己不命送“枪口”，我使劲地飞出了这片森林。

过了一些时候，我又回到了我的森林。我惊呆了：大树被齐根锯掉，动物们也所剩无几。我伤心极了，我想对人类说：“人类啊，你们不要再打猎、乱砍滥伐了，我不希望看到动物成为你们的盘中餐，我也不希望我所栖息的树木变成一次性筷子，做成木头饭盒。如果你们再破坏大自然，沙尘暴、洪水将会惩罚你们！”

同学们，请你们帮帮我吧！帮我们鸟类和动物建一个温暖舒适的家园吧！

祝你们学习进步，天天快乐！

你们人类的朋友：一只小小鸟

2003 年 9 月 30 日

第三节　活　动　式

活动式习作教学，是指在活动教学理念指导下，积极开展各种各样的活动，让学生通过参与各项活动，获得一定的生活体验，从而使习作成为在教师指导下学生主动倾吐情感的过程，为学生步入写作的美好殿堂，洞开有趣而科学的习作大门奠定基础。

一、活动式习作教学模式构建的目的与意义

（一）活动式习作教学符合学生心理发展的需要

德国著名教育家福禄贝尔认为，儿童具有活动的本能。他认为，游戏是满足儿童活动本能的最有效的手段。美国教育家杜威更系统地提出以“做中学”为核心的实用主义教育思想。他认为教育应以儿童及其活动为起点、为目的、为中心，学校教育的作用就是传递、交流和发展经验，个体要获得经验，就必须在活动中主动去体验、尝试、改造，必须去“做”，因为经验都是由“做”得来的。因此教育教学必须让孩子在“做中学”，才能使学习变得有效。习作的教学也应该遵循这一儿童发展规律，活动式习作教学很好地做到了这一点。

（二）活动式习作教学顺应新课标要求

新课标提出，“写作教学应贴近学生实际，让学生易于动笔，乐于表达，应引导学生关注现实，热爱生活，表达真情实感”。它道出了写作与现实生活的联系：有生活实际，学生才乐写；有情感体验，才能表达真情实感。活动式习作教学正是以“活动”为主题，目的在于给学生写作的素材和体验。在教学中，通过进行策划、组织一系列活动，让学生发现问题，解决问题，获得经验，加深体验，写出具有真情实感的文章。

二、活动式习作教学模式的优势

（一）联系实际，产生写作激情

习作需要激情。许多学生因为没有激情，没有体验，没有生活，没有材料，写作时就不能生成与实际生活相关的联系链。以至于说到“道德”，就写给老人家让座，其余的内容就无从下手。实在不行，就抄些好词好句或范文，编些“假大空”的东西来应付。而活动式习作教学通过创设有趣的活动，往往能活跃课堂气氛，让学生融入其中，体验生活。学生在参与活动的过程中，感受到了无限乐趣，自然也就激发起强烈的写作欲望。

（二）开拓生活，丰富作文内容

活动式习作最大的优势在于，能够很好地解决学生无话可说、无事可写的写作困惑。活动式习作教学通过组织学生参与到预设的活动中去，或

实践，或尝试，或体验，或发现，写作内容自然而然得以生成。学生在这一过程中也逐渐认识到，只要关注生活实际，留意生活点滴，品味人间真情，习作题材将取之不尽，用之不竭。

（三）参与活动，促进思维迸发

活动的目的是给学生提供素材，但只有素材还不能写出好文章。面对纷繁的素材，如不加以指导，学生只能记流水账，谈不上写作思路，更谈不上写作思想。写作时如果没有一个在头脑中生成文章的积极思维的过程，只有记忆与仿作的印象，单纯着力于语言文字的斟酌推敲，结果往往是习作内容、形式千篇一律，缺乏真情实感，缺少个性的张扬与创新的火花。而活动式习作教学在给学生提供素材的同时，也将促使学生思维活跃起来，使学生能够自主、快乐地搜集素材、运用素材、实施素材，进而实现思维的重组与整合，盘活“库存语言”，创造出新的产品。

（四）主动参与，体现学生主体

活动式习作教学改变了教师与学生的根本地位与作用，充分体现了学生在学习过程中的自主性。整个教学活动中，教师不过是教学过程的组织者、指导者，知识建构的帮助者、促进者而已。学生则是活动的主体，活动过程的建构者，是学习的主体。

三、活动式习作的特征

活动式习作训练，主要以活动性、多元性、整合性为特征。

活动性体现在三个方面。一是学生在活动中感受到情感上的愉悦，全心全意喜欢自己的活动，整个过程轻松自如，非常快活。一个充满乐趣的环境可以产生很高的创造力，同时，思维的流畅性、灵活性和独创性在活动中也得以显现和培养。二是活动灵活而富有弹性，它可以适应不同学生的兴趣、爱好与特长，而不是“一刀切”。三是多种感官密切配合，协调行动，做中学，学中做，教、学、做合一。

多元性是指构成活动的各要素与实施过程所设计的要素之间的非封闭性。首先是活动内容具有多元性，有对学科知识的巩固、运用和验证，有对学生的兴趣、爱好、特长的施展与发挥，还有来自社会生活和学习生活的丰富内容，等等，充分满足了学生的各种需要。其次是活动空间具有多元性，学生可以把教室、校园乃至社会场所作为活动的空间，如室内活动、各种体育活动、社会实践、参观、游览等。再次是师生、生生关系具有多元性，在活动中，师生可以是参与者，可以是组织者，也可以是旁观者。此外还有评价方式的多元，形式的多样，等等。

整合性是指教育内容的整合。活动式习作训练，绝不仅仅是写作知识、方法、技能的训练，还可以使学生掌握跨学科（如音乐、美术、自然、品德、数学、劳技、健康等）的理论知识，获得对事物的完整认知，形成科学的思维方法，提高综合运用知识解决实际问题的能力。

四、活动式习作的形式

活动式习作教学力求突破传统，寻求开放、自由的习作及指导形式，把习作就是活动的特性尽力彰显出来，让写前、写中、写后都趣味无穷。为此，我们设计了灵活多样的、创新的活动式习作形式。

（一）游戏式活动

在课堂中设计一项游戏，让学生在游戏中感悟。具体方式有：玩前写，写玩的打算、计划、构想等；玩中写，写玩的经过、片段、细节等；玩后写，写玩的经过、片段、细节、感受、想法、体会等。

如在游戏习作“魔术商店”的教学中，教师扮演店主，在店里陈列很多“商品”（用卡纸写上“知识”“美貌”“机遇”“地位”“高档赛车”“环球旅游”等项目，明码标出拍卖价），并发给每个学生一定数量的“钱币”。然后“店主”开始以起步价拍卖，全体学生都作为顾客参与各商品的拍卖活动。拍卖会结束，老师还可采访部分“顾客”，问参拍的感受和拍卖有关商品的动机。在活动基础上，要求学生当堂完成习作《魔术商店》。这一游戏可调动学生的兴趣，开启学生的心智，收到良好的习作教学效果。

此类游戏习作还有“踩影子”“拷贝不走样”“贴鼻子”“藏猫猫”等，都能让学生痛痛快快地大玩一把，然后下笔成文。

（二）表演式活动

让学生在课堂上扮演不同的角色，体验不同人物的内心世界，在交流互动中有所领悟，并用文字表达出来。具体方式有：个人独立表演式；双人合作表演式；多人合作表演式。

如“妈妈的爱”体验习作中，让学生分两拨，先后扮演妈妈、孩子两个不同角色，在母子俩的矛盾冲突中理解妈妈的内心世界，体会沟通的重要意义。同时也体验妈妈工作的艰辛。通过这一课，学生进一步认识到妈妈的平凡与伟大。

此类习作选择性很广，可以让学生去表演书中的情节，也可以设定特定的情境，或让学生去扮演自己最欣赏的名人，等等。

（三）竞赛式活动

通过举行特定比赛，带动课堂气氛，激发学生创作欲望。具体方式可以多种多样，学生可以写比赛的一个片段，可以写自己参与的过程，也可以写其他同学的表现或者赛后感想，等等。

如“左手夹豆比赛”，比一比在限定时间内谁用左手夹豆最多。在这个过程中不单单比赛者参与其中，其他学生也会成为拉拉队，参与到比赛中去。这样的习作写成后往往激烈紧凑，精彩绝伦。

这类习作往往并不限定于课堂中，具有很强的灵活性。教师还可以根据本校甚至校外举行的竞赛来进行教学。如校运动会、班级拔河比赛等，都可以成为很好的素材。

（四）连写式活动

连写式活动是指学生围绕一定话题，一人一句或几句地连续说或写，最后形成有一定内容的文字材料的学习性写作，也叫“接龙习作”或“接龙续句”。具体方式有：表演连写式，即先看表演后连说或连写；看图连写式，即先看图后连说或连写；读文连写式，即先读一段文字，然后再连说或连写；想象连说式，即由一个人说一句开头的话，其他的人围绕句意展开想象，逐人逐句连续地说或写下去。

比如，我们可以以希区柯克经典科幻小说《世界只剩一个人时》里的名句：“世界上只有你一个人，突然响了一声敲门声，接下来会发生什么事?”作为开头续说这个故事，每人只能说一句。这样能激发学生的奇思异想，最后得到的故事一定天马行空，充满创造性。

（五）交际式活动

人际交往是一项十分重要的能力，交际口才与习作训练密切相关。在社交中学习作，帮助学生克服社交的紧张和焦虑，是很有意义的语文实践活动，也可以有效帮助学生在习作中真正做到“吾手写吾口”。

以“和陌生人说话”为体验习作题目，带领学生到城市广场，要求每个学生找 2 ~ 3 位陌生人，交谈 5 分钟以上。第一次解散后，大多数学生可能都无法完成任务。于是教师召集学生进行辅导，帮助学生分析谈话对象，研究交流话题，指导接近技巧。经过辅导，学生基本上都克服了紧张、羞怯，顺利完成了交谈任务。在此基础上，要求学生写成《和陌生人说话》一文。结果，学生们把自己的心理变化过程写得细致入微，习作质量普遍较好。

（六）探究式活动

选择实验习作的题材，放手让每个学生动手去操作实验，亲自破解科学之谜。科学知识在小学生心目中是高尚而神秘的，动手去实验对于他们来说是件很兴奋的事，这样写出来的习作条例比较清楚，描写也比较具体。

如教材中提到过蚂蚁的判断力很强，教师就可以试着让学生用蚂蚁、棉线、糖等材料去做实验。实验过程中引导学生细心观察，验证结果，这样，就不难写成探究性作文《蚂蚁的智商有多高》。

语文课本中有不少科学小品语言精练、说理透彻，我们可以在教学后，让学生亲自去实验，这些都是很好的探究性习作主题。

五、活动式习作教学的应用

从教学理念的高度看，过去的教学是一种“知—行”模式，但现代教学理论特别是新课程理念强调，要将其更改为“行—知”模式，也就是说，不要先说太多的道理，而是先令其做，做了、有感性认识了，再从理论上深化。习作前过多的指导或者范文，往往会束缚学生的思维。而活动式习作教学主张的是“先活动（游戏），再习作”或者“活动（游戏）和习作交替进行”的动态教学模式。先是学生参与丰富多彩、妙趣横生的活动，学生的体验感受实在、丰富了，便会有感而发，倾情而作，之后教师再相机指导，即先“写”后“教”。教师的责任是给学生提供一个能够“张扬和开发学生的创造意识与实践能力”的教学现场。每一次训练设计均贴近和符合学生的经验世界与情感需要，尽量做到把习作知识化为一个个元素渗透进活动（游戏）中并演示出来。让孩子在玩中学，在学中乐，轻松获得写作技巧，使他们的思维习惯、观察能力、语言功底在活动中得到持续不断的锻炼。让习作成为师生的“乐事”“趣事”，乃至

"享受"。

活动式习作教学的基本流程如下。

1. 活动准备

学生课前收集有关资料、信息，了解活动的规则、要求等知识。同时准备好有关材料、器物及工具，以保证活动顺利进行。

2. 激情导入

主要是激发学生的活动兴趣。教师要善于运用语言艺术，或设置悬念，或引发争论……以趣味性的语言激起学生的好奇、探究的心理和愿望，从而保证学生一开始就以饱满的热情投入活动。如写有关竹海的短文，让学生广泛收集宜兴竹海四季的图片、文字，利用多媒体多次放映展示给学生，然后带学生走进竹海，问学生是否能用耳、口、鼻、手等多种感官，把竹海体验得更具体、形象。通过这样多层次的活动观察，学生经历了唤起表象、加深表象、更新充实表象的心理活动过程，激发了自我的表达欲望。

3. 预设结果

要求学生预先设想活动的结果。如写"比臂力"时，先让三个同学撸起衣袖，学健美运动员的样子，摆好姿势，比肌肉发达状况。让学生观察后，猜测比臂力的结果。学生根据各自的想象、推理、判断，纷纷发表不同见解，可能大部分同学都会认为手臂比较粗的同学会赢，也有同学会认为重点要会使用力气，同学们各抒己见，兴趣被激发，大脑处于高度兴奋状态，引发出最佳思维。争论实际上是对学生活动热情的再次激励，也为后面活动的展开做了很好的铺垫。

4. 活动验证

开展活动，让事实说话。学生兴致勃勃，人人动手，演示出活动的结果。这是活动的主体部分，一定要引导学生仔细观察。关键的地方，可以放慢频率，或做出特殊标记，以引起学生注意。

5. 活动质疑

活动的真正目的并不是要得出某种结果，而是要从活动中学到某种知识、得到某种启示、受到某种教育、形成某种观念。实验后，要引导学生提出问题——"为什么是这种结果，而不是另一种结果呢?"特别是可以引导学生思考自己开始预设结果与活动真正结果的区别。仍以"比臂力"

为例，活动开始前学生通过观察比臂力的同学，进行了猜测，而最后的结果也许会跟他们预设的不一样，有可能比较瘦的同学、之前不被看好的同学赢了，这时学生自然会产生思考："为什么瘦小的同学会赢呢?"这时才是学生真正参与到活动中，产生思想碰撞的好时机。这是将活动引向深入的一步，是引发学生思考的重要环节。不论是引导者还是活动者，对此都不能忽视。

6. 引导探究

针对学生提出的问题，适时引导学生利用学过的课文、有关的资料以及身边的师生所掌握的信息，去寻找答案。这是培养学生进行研究性学习的极好机会，也是训练学生如何利用（开发）学习资源的大好时机，这将对学生的未来学习产生深远影响。作为教师，必须清醒地认识这一点。

7. 归结发现

经过查阅、访问、思考、讨论、交流、归纳、概括、总结，学生会自己发现其中的道理，从而掌握结果形成的真正原因。原理的归结、新知识的发现是活动的延续和顶峰，是知识的升华，这一环节至关重要，绝非可有可无。

8. 舒畅表达

经过上面的各个环节，学生全身心投入活动，真实感受活动的每一刻，情趣盎然，真正是思维活跃起来了，有话可说，有话要说，觉得不吐不快，说起来滔滔不绝，这时候要趁热打铁，让学生立刻成文，写起文章来自然得心应手，下笔如有神。

9. 评价修改

充分发挥学生主体作用，让学生发表各自的见解，从优点中学到写作技巧，从不足中吸取教训，最后修改成文。这是一次习作活动的结束，目的在于全面落实教学任务。

六、活动式习作的评价

《基础教育课程改革纲要（试行）》指出，"要建立促进学生全面发展的评价体系。评价不仅要关注学生的学业成绩，而且要发现和发展学生多方面的潜能，了解学生发展中的需求，帮助学生认识自我，建立自信"。活动式习作教学评价应从学生习作兴趣、习作态度、习作习惯、真实的情感体验、表达的创意（个性化）等方面，综合考察学生习作水平的发展状况。尤其要重视对写作材料准备过程（活动过程）的评价，即不仅重视学生解决问题的结论，而且重视得出结论的过程。重视对习作修改的评价，改变过去一次性评定的做法，让学生在获得第一次习作评定后可以通过一次或几次的修改获得进一步成功，得到更高的评价，特别是对写作态度的高度评价，能够培养学生追求成功的心理和良好的修改习惯。实施评价时应充分体现主体的多元化，即老师、家长、学生共同参与；充分体现内容的全面性，不仅仅是作文的内容，还要兼顾参加活动时的情感、态度、创造性以及写作的兴趣、习惯，作文的修改，等等；充分体现形式的多样性，可以是书面的，如分数、语言、简笔画、特定符号等，可以是动作，如竖起大拇指、摸摸头、拍拍肩、击击掌等，也可以是象征性的物品，如小图片、动物形剪纸、笑脸娃娃等，还可用等级表示。

活动式习作评价的具体操作方式可不拘一格。如，制作设计科学、内容全面、操作简便的“评价表”；或为学生建立写作档案，建档案袋时，除了收集课内外习作外，还应记录写作态度、主要优缺点以及典型案例分析等内容，全面反映学生的写作实际情况和发展过程；还可为学生搭建“成果展示台”，如学生自主整理的富有个性的习作集；为活动而通过各种途径收集的信息资料及照片记录；荣誉证（在征文活动中获得的奖状）；集体评议（包括教师的评价、学生自我评价、学生间相互评价）；测验或考试时的习作及成绩评定，等等，以此综合评定学生的习作水平。

总之，组织学生开展丰富多彩的活动，引导学生接触社会，深入生活实际，观察分析周围的人和事物，就能使学生习作言之有物，言之有序，言之有味，言之有情，言之有理。

教学示例

画龙点睛

——三年级活动式习作教学

教学目标：

给学生提供有利的写作条件，使学生易于动笔，乐于表达，增强习作的自信心。从内容入手，从观察入门，重视个人的独特感受。

突出特点：

放：放开思维、放手表达；

真：真实的经历、真我的体验；

趣：童趣、乐趣。

教学流程：

一、课前热身

师：上课前我们做个游戏放松一下：根据老师所说的词语做出相应的神情动作。眯眯笑——失望——紧张——哈哈大笑等。

（设计意图：调节学生的情绪，使学生拥有良好的精神状态。同时游戏内容和本次作文训练的内容相关，为下面教学做好铺垫。）

二、轻松话题，点出重点

师：你有什么发现？你是怎么猜测的，有什么想法？

句式训练：我发现——

（设计意图：新课标提出要在习作教学中培养学生细致观察的习惯。习惯的形成是需要持续的训练来实现的。把“我发现——”当作经常性的问话训练，可以培养学生留心周围的习惯。新课标还提出注重培养学生的思考和评价能力。所以，在让学生说发现什么的时候，让他们谈一谈自己的猜测、感受和想法，促使他们对现象进行思考。）

三、指导观察，掌握方法

1. 能不能说说龙给你的印象？（　　）的龙　　　板书：总

2. 具体说说龙的样子（适时梳理学生的描述）　　板书：分

3. 重点观察眼睛，想象：没有眼睛的龙会怎么样？

4. 按照分——总的顺序，描述龙的样子。

（设计意图：从自由表达到总结规律，再到按照要求表达，有放有收，体现教学的层次性。）

四、开展活动，促进写作

活动要求：蒙上眼睛

活动内容：为龙画眼

重点指导：重点观察台上、台下人物的动作、反应，注意自己的感受。

1. 活动结束后，练习口头表达：你发现了什么？怎么想的？（教师适时板书：描述的是谁？抓住人物的什么？）把好的词语写进“词语超市”里。

2. 能不能把几位同学说的按照事情发展的顺序说一说？（可以借用“超市”里的词语）先闭目回忆刚才的过程，再小组接龙说。

3. 指名说，说不上来的情况下，其他同学接龙。

4. 让表达精彩的同学上台继续为龙画眼。

5. 活动结束，谈一谈对活动的评价，以及自己的想法。

（设计意图：通过“画龙点睛”活动，让每个学生都参与进去，无论是上台画的，还是没有画的，每个人都亲历了这项活动，有自己的所见、所感。活动前教师的提醒突出了活动训练的重点。通过提炼一些关键词语，为学生的说话提供了借鉴，同时又有助于在学生头脑中形成清晰的条理。通过小组接龙描述经过，体现了合作学习，降低了难度。）

五、分组写作，师生合作

第一组：开头

第二组：龙的样子

第三组：第一位学生的活动

老师：第二位学生的活动

第四组：结尾（开头和结尾可以采用多种形式，回忆讲过的形式）

（设计意图：分组完成，降低了学生写作的难度，又能使这次习作给人以完整的印象，同时也促进了互相学习。教师写下水文，可以让学生根据自己的经验和教师的范文对话，既体现了师生的平等，又可以让学生的认识水平得以提高。）

六、欣赏评析，为文命名

1. 整体浏览、具体评析；

2. 发现优点、学会借鉴。

第八章　适合中年级的开放习作范式

随着年龄的增长，学生的知识面更加开阔，生活经验更加丰富，创造性思维得到发展。因此，中年级的学生更加关注现实生活，对生活中的人、事、物开始变得敏感，开始有自己的主见，思维也更富有创造性。开放的习作范式中的日记式、话题式和读写结合式适合了中年级学生的这一特点。本章将就上述三种范式作逐一论述。

第一节　日　记　式

一、日记式习作教学的定义

日记体习作教学模式是指教师引导学生仔细观察周围的人、事、景、物等，把所见所闻、所思所想，通过记叙、描写、说明、议论、抒情等方式在日记中加以表达，并逐步养成细观察、勤思考、多练笔的好习惯。

日记的内容包罗万象，可以写人，可以记事，可以状物，可以抒情，从春天的姹紫嫣红、夏天的蛙声一片到秋天的稻花香里、冬天的白雪皑皑；从夏夜星空的繁星点点，到热闹的菜市场、路边的小摊，甚至周围人的音容笑貌、喜怒哀乐，人的起居饮食、学习工作等，都可以作为日记的内容。所以，日记提倡“生活即习作”，学生在日记中能写自己所见，想自己所想，抒自己情怀，具有求真求实的作用。

日记的方式灵活、自由，不受时间、空间的限制，相对于其他形式的习作教学更自由，更开放，更贴近生活，更易将口头语言变成书面语言。日记还能促使学生的习作更趋主动、更富创造性，为学生所接受、所喜爱。因此，日记是小学阶段完成写作训练任务的有效手段，是学生练笔的重要途径。

二、日记式习作教学的必要性

1. 写日记可以积累丰富的写作素材

培养写作能力需要广泛的阅读积累、丰富的生活积累、真实的感受积累，还需要长期的习作实践。只有积累到位，学生才能厚积而薄发，易于动笔，乐于表达。写日记，就是学生积累、运用语言的一条重要途径。小学生习作能力的障碍主要表现在“言之无物”。一方面是他们没有仔细观察生活，另一方面是他们虽然观察了，但是没有及时记录下来，时间一长，自然也就淡忘了。俗化说“好记性不如烂笔头”，不记录，不勤于练笔，当然也谈不上提高表达了。生活是习作的源泉，生活之源不绝，习作之树才能常青。因此，教师要培养学生练就一双慧眼，具有善于主动发现身边事物的意识，学会愉快地观察生活、体验生活、感受生活。只有这样，才能让学生提起笔来文思如泉涌。

让学生写日记，记录下他们的生活，正是为他们的写作积累素材。

素材来源于生活实践。平时班级、学校开展的活动，如体育节、文化节、科技节，课堂教学中的实验、小制作、剧本表演、班队会等都可以作为日记的素材。学生生活中的点滴小事，如课间追赶、放学路上结伴而行、周末小区里一起玩耍等也可以作为日记的素材。教师还可以有针对性地布置安排，有意给学生安排一些课余日记任务，诸如《金鱼有情感吗?》《吃辣椒》《大扫除》……这些题材都源于学生的生活。当学生用笔在记录生活时，他们对于生活的认识和体验也会一步步加深下去。

素材来源于世间万物。一年四季的自然景物、自然现象，诸如鸟兽虫鱼、花草树木、蔬菜瓜果……都可以成为学生写作的对象。关键在于老师要做有心人，因势利导，因地制宜，及时指导、点拨。一场雾，一阵雨，一声春雷……都能激起学生的创作激情；一条小金鱼，一只小狗……都是学生笔下的最爱；同学、老师、朋友……都是学生写不完的话题；争吵、和好、帮助……都是学生常见的生活插曲。每日一篇，每周一记，“拳不离手，曲不离口”，常常练笔，天长日久，学生就练就了下笔成文的本领。

2. 写日记可以提高学生的阅读感悟能力

小学生习作能力的另一个障碍是“言之无序”“言之无情”。“言之无序”是因为他们并没有从阅读教学中有所感悟。语文教材中的每篇课文文质兼美，语言规范生动，思想内涵丰富，是学生学习语言及写作技巧的优秀范本。因此，在平时的课堂教学中，教师可以以课例作为信息资源，指导学生认识课文作者是如何来表现生活、表达真情实感的。在学习课文的基础上，教师可以布置学生课后摘录相关的文章或片段，当然还可以用课上学到的知识来对文章进行恰当的点评。教师可以将这一作业要求也列入日记的内容，并引导学生从文章的选材、描写方法等角度对自己所摘录的文章作出正确的评价。另外，在学习课文后安排一些小练笔，在日记上写一写的做法，也很受学生的欢迎。小练笔的内容精短，选材角度小，思维空间大，学生易于驾驭，写起来也得心应手。如“精彩篇章，仿写片段”“移花接木，摘录重组”“读文感受，随手笔录”“欣赏古诗，尝试改写”“大胆想象，续编故事”……这些丰富多彩的随文练笔形式，既发展了学生的语言和思维，也培养了学生的想象和创作能力。以上训练途径，均可以付诸日记。通过日记载体，教师检阅了学生的课文学习效果，更重要的是探知了他们是否从学习中有所感悟。例如学了《乌塔》以后，有个学生在日记中这样写道：“读着课文，眼前仿佛浮现出乌塔正和文章的作者交谈的情景。我看到了她见到大千世界时那惊喜的样子，还有她迷路时向警察求救的场面。读着读着，我又是多么地羡慕她能有这份自由呀，想起平时在家里，我就是父母的掌上明珠，什么事都是父母替我包办了，他们从不给我单独外出锻炼的机会，我感觉自己就像是一只笼子里的鸟儿。我真想大声对父母说：‘给我自由，给我一片属于自己的天地吧’……”字里行间，真情流露，谁会说这位学生没有领会到课文的深刻内涵？学生对写作有了浓厚的兴趣，写作时将不再是愁眉苦脸，而是不吐不快，下笔有神。出现在我们教师面前的学生习作也将不再是空洞、乏味的流水账，而是言之有序、言之有情的精彩文章。通过写日记、周记的训练，学生的观察能力、分析能力、判断能力等逐步提升。伴随其写作过程，学生的内心在震撼，在交流，在思索，有着对事物的分析、判断，有着自己的独特见解。久而久之，感悟理解能力也能得到逐步提高。

3. 写日记可以完善学生的人格

写日记的过程，既是现实生活的真实反映，更是作者明辨是非、完善人格的过程。记下一篇日记，不仅仅是完成几百字文章那么简单，它可以启迪智慧，提升审美，感悟生活，品味人生，激发创新。

当代教育改革家魏书生指导学生写日记，并谓之“道德长跑”。他外出讲课时多次真心诚意地建议青年教师、学生坚持每天写日记。他认为，第一，日记能使我们记住自己做过的事，见过的人，用过的物，记住自己的经验教训。写日记，常翻一翻，人容易记住自己，有忠于真善美的一面。第二，写日记有利于改变自我，超越自我。很少有人劝诫自己狭隘、损人利己、消极、懒惰，正常的人一般都在日记中劝自己、鼓励自己要宽厚，要帮助人，要积极，要勤奋。这发自内心的劝说鼓励，同外界的劝说鼓励相比，作用更大。第三，写日记能磨炼人的毅力。写一篇日记容易，坚持下来难。特别是时间紧、任务重的时候，再坚持写日记就更难。而一旦坚持住了便产生了心理惯性，产生欲罢不能的感觉。第四，写日记有备忘录的功能。长期积累，能提高对社会的认识，解决重大历史问题。例如，红军长征行程两万五千里就是从日记记载中计算出来的。

所以，写日记的过程，就是学生的人格逐步完善的过程。

三、日记式习作教学的方法

写日记，对小学生来说，是引发其习作兴趣的一种极好的练笔方式。通过写日记能提高学生的写话能力，训练观察力，发挥想象力，培养创造意识，形成合作交流的学习氛围。那么，怎样指导小学生写好日记呢？我们认为应该从以下几方面着手。

1. 激发学生写日记的兴趣

兴趣是最好的老师。学生一旦对写日记有了兴趣，写作难的大问题就解决了不少。在具体做法上，可以采用以下方法培养学生的兴趣。

（1）明确目的，培养兴趣

教师要向学生讲清写日记的重要性，对学生进行长远的教育，使学生认清写日记的收益是多方面的，如，它可以帮助学生养成勤动笔的良好习惯，同时，日记还是写作材料的储备仓库，是语言词汇的储备仓库。库存多，写作时自然会滔滔不绝，促进习作水平的提高。另外，写日记是对自己的品质、毅力、恒心与耐性的锻炼，是一种“道德长跑”。学生认识了写日记的重要性，就会积极主动地写，并形成一种习惯，习惯又迁移转化为能力，写作水平自然会提高。

（2）着眼指导，培养兴趣

教师要指导学生在写上下工夫，让学生掌握写日记的方法。开始时，只要学生动笔写就行，教师从中发现问题予以指导。接下来要求日记必须有一个明确的中心，对于一天发生的事要有选择地写，这就是在指导学生如何选材立意。在写的内容上，教师要告诉学生，日记离不开对人、事、物、景的描写以及由此而产生的看法。写人，要细心观察，抓住特征写感想，要侧重于对人、事的看法和评价。日记方法掌握了，兴趣也就来了。久而久之，便形成一种稳定的写作兴趣，即养成了良好的写作习惯。

（3）遵循原则，培养兴趣

引导学生写日记的过程中，教师要始终遵循一个循序渐进的原则。开始要求低，等到后来，无论字数、语句，还是立意，标准都要逐渐提高，直到一篇日记就是一篇习作。有时，还可以限时间写日记，使写的日记由数量的变化发展到质的飞跃。学生尝到了成功的喜悦，写日记的劲头就更大了。

（4）激励为主，培养兴趣

在日记的批阅上，教师要以激励为主，充分调动学生的习作热情和兴趣。在批阅学生日记时，可以实行“宽容政策”，尽量发掘学生日记中的积极因素，特别注意发现平时写作水平较弱的学生在其日记中的闪光之处，哪怕一个词、一句话，只要用得好，就要予以肯定、表扬。如果学生在自己的本子上经常能看到“你又进步了！”“相信你能行！”“你还会进步的！”等激励性的评语，写日记的积极性将得到充分调动，再也不会把写日记当成一种负担。

2. 指导学生做生活中的有心人

孩子怕记日记，主要原因就是觉得没有东西可写。他们不知道什么东西可写，总以为日记的内容是很难找的。其实，日记内容非常丰富，无处不在，发生在孩子周边的事也是层出不穷的。我们可以引导孩子从日常生活中最简单的东西记起，从自己记起。当然，首先要指导孩子学会观察，善于观察，善于发现。但小学生的有意注意还处于萌芽阶段，往往缺乏主动观察与发现。为了培养学生善于发现身边事物的主动意识，教师可以从以下几个方面进行指导。

（1）写观察日记

就是对日常生活进行经常性的细致观察所作的记录，它可以一日一记，也可以数日一记；可以写一个人、一件事、一样物品、一个活动，也可以只写一个侧面、一个场景、一个细节；可以写成一篇完整的文章，也可以只写一个片段，没有开头和结尾，非常灵活。坚持写观察日记，可以使学生了解生活，了解社会，积累素材，丰富写作内容；可以提高观察能力、分析能力和文字表达能力；还可以培养写作兴趣。观察日记侧重的是学生对生活的某些细节的观察和思考。要写好观察日记，首要的是勉励学生做好生活的有心人，时时注重培养学生“发现美的眼睛”。对平时遇见的事，哪怕是每天起床叠被这类小事，也要仔细观察，练习写作。鼓励学生将“看到别人没有看到的，说出别人没有说出的”融进观察日记，鼓励并指导学生抓住特征多角度观察，达到“横看成岭侧成峰”的境界：对静态事物要部分观察，对动态事物要分阶段观察，对景点可用移步换景或改变视觉角度进行观察，从而将观察日记写出新意、写出活力。

（2）写剪贴日记

把自己喜爱的图片、卡片、照片等贴在日记本上，并按图意写一句或一段完整的话加以说明，这种剪贴日记形式又新鲜又有乐趣，很适合对低年级的学生进行写话训练。此外，还可以鼓励学生将报纸、杂志、书刊中报道的重大的、有意义的、社会反响强烈的事情剪贴在日记本上，然后在下面写上自己的思考，这也是剪贴日记，比较适合高年级的学生。

（3）写评论日记

评论日记重在两方面，一方面是事实，另一方面就是作者的评价。首先，我们要引导学生把看到、听到的有价值的信息记下来，写社会上新近发生的、重大的、有意义的、社会反响强烈的事情；另一方面，抒发个人的想法和见解，引入适当的评论。当然，我们可以通过多种途径，如专题报告、演讲、讨论、辩论、参观访问、社会调查等，引导学生关注社会生活，唤起学生的社会责任感。让学生常写这种日记，不但可以训练思维，积累素材，而且可以陶冶情操，开阔视野。

（4）写气候日记

气候日记就是把每天的天气、温度、风力、风向和新出现的自然物候现象记下来，并写一写在这些天气的影响下发生的一些事情，尤其是值得回味的事情。如2007年年底的南方雪灾等。通过写气候日记，能够有效培养学生对生活的感受和品味，提升审美能力、鉴赏能力和积累素材的能力。

（5）写摘录日记

摘录日记不同于剪贴日记。剪贴日记主要是剪贴一些图片、卡通或是一些重要的消息，再谈谈自己的想法。而摘录日记主要是把看到或读到的名人语录、格言、座右铭或写人写物的优美词句摘录下来，并联系自己的生活实际谈感受、写体会。虽然都有录的过程，但录的对象不同，且感想和体会要深刻得多。通过这样的形式，可以丰富学生的语言，增加学生的积累，培养学生敏锐的分析问题、把握问题的能力。

（6）写学习日记

学习日记就是把课本上学到的、课外阅读中读到的，印象较深的语句或心得体会、联想记下来。例如，学习了《争吵》就可以让学生联系自己写写与同学之间发生的难忘的事；学习了散文《和时间赛跑》，可以让学生写一篇读后感，题目自拟，以此来让学生懂得珍惜时间，好好学习；学习了"世界童话之王"安徒生的《卖火柴的小女孩》，再让学生以《我与卖火柴的小女孩比童年》为题写一篇文章，让学生懂得珍惜今天的幸福生活……

（7）写活动日记

中小学生经常参加社会实践活动，或军训，或参观，或秋游……在这些活动中能够得到不同的收获与体会。而且学生对于活动，几乎都有十二分的兴趣与热情。这就是兴奋点。如果我们很好地把握这些兴奋点，引导学生回忆其过程和感受，再抓住其要点叙述，展示出来的就不是活动日记这么简单的内容。以活动日记为载体，承载的是学生的酸甜苦辣，活动中的喜怒哀乐和孩子们的童真童趣。

（8）写实验日记

能够参加实验，不管是个体的还是集体的行为，学生都是感兴趣的，乐在其中，趣在其间！养一次花，绝不是仅仅只是栽种、管理与赏花那么几个过程，其间融进了小作者的期盼，注入了小作者的爱心与执著；做一次小制作，也不是只有折、剪、贴那么几个动作，其中有着小作者独特的构思，独立的审美情趣。这一切，正是我们所需要的。

(9) 写心得日记

心得日记就是把自己对现实生活的思考、看法，以及自己在学习、生活中的感受记下来。写心得日记应该注意哪些问题呢？首先要精读原文或是看清事件、把握中心。因为只有把书读懂、读透，把事件看懂、看透，才能心有所得。其次是要选好角度，突出重点。我们读一篇文章或是分析一件事，体会和感想往往很多，最要紧的是选好角度，写对自己启发最大的、感受最深的内容，不要面面俱到。主要抓住一两个要点来写，才能做到重点突出。如写《桥》一文的体会和感想，就可抓住“老汉尽职尽责”这一点，再列举社会上的正反事例或对照自己的不足来写，这样文章的重点就突出了。三是要联系实际，写法得当。写体会和感想，要防止写成介绍某篇文章或是写成“故事梗概”“内容提要”，要把重点放在写心得体会上，特别是强调联系自己的实际，写出自己的真实感想或体会。

3. 用有效的方法批改和总结

(1) 精批细改，互动交流

如果学生每天只是为日记而日记，放任自流，那么日记将毫无意义和价值，所以一贯的原则是教师精批细改学生的每篇日记，尤其是刚开始练笔时，能面批的尽量当面批改，不能面批的务必要通过批语与学生交流，把日记在内容、语言表达、思想等方面存在的问题及时反馈给学生，让他们了解自己日记的不足，争取在下一次日记中改进。做学生的亲密朋友，写切合实际的评语，学生就会感受到教师对他的那份温暖，增加写日记的热情。

(2) 着眼内容，及时总结

无论让学生写哪种形式的日记，不能只满足于字数，满足于篇数，一定要对其进行总结，才能达到预定的效果。总结的方法是多种多样的，可口头总结，可书面总结，或是学生自我总结，等等。但是，我们一定要紧扣日记的内容，明确学生的日记是否真实地记载了事件，是否真切地抒发了自己的情感，是否叙述清楚……把握了这些并及时总结，学生才有成就感，才有写日记的激情。

(3) 编印小报，激发热情

编印小报虽然是形式，但是，展示的却是有着闪光点的习作。对于作者来说，编印小报不仅仅是发表自己的习作那么简单。小报呈现的，是作者的心血，是作者的劳动成果，更是他今后写作的信心和动力。相对于学困生来说，这既是一份可学习模仿的小报，同时也激励他们只要努力，只要进步，就能得到别人的肯定，得到他人的赞扬与欣赏。这就在无形之中，激起了学生的一种追求，一种奋进。

总之，精心指导和勤于笔耕所换来的，将是一篇篇高质量的佳作。提升了日记的质量，再进一步融入记人叙事、议论抒情，学生的习作水平就将再跃上一个新的层面。

教学示例

军训小记

习作内容：

日记是一种十分自由的文体，它不仅可以方便地记录生活中大大小小的事情，还有利于真实地表达自己的情感。请同学们从前几天的军训生活中选择一件使你动情的事，写一篇日记，写时要注意表达真情实感。

教学目标：

1. 读懂例文《日记一则》，通过讨论，明确日记的内涵，了解日记在选材方面的特点和要求。

2. 选择军训生活中一件使自己动情的事，写一篇日记，表达出自己的真情实感。

教学准备：

学生：日记本或“生活记录卡”。

教师：学生军训录像带；一盘自制的学生学习、生活录像带；一个学生的“生活记录卡”。

教学流程：

一、谈话回忆，激起思考兴趣

1. 谈话引起思考。师：同学们，我们进行了为期三天的军训，现在回想起来，每一个情节还历历在目，现在，请同学们回忆一下，在军训过程中，使你最难忘的是什么？

(1) 回忆后，学生自由组合，讨论、交流。

(2) 全班交流。

2. 小结并引出课题。这是生活中一件普通的事，也是我们在小学阶段经历的难忘的一件事，虽然普通，却可以记录我们成长的点点滴滴。今天，我们就利用日记这种格式来写下我们的回忆与感受。其实，只要我们做生活中的有心人，遇事会思考，勤动笔，日积月累，我们头脑里的日记素材就会变得越来越多。（板书课题：军训小记）

二、选择素材，搜寻日记素材

1. 过渡。三天的军训生活当中所发生的故事，对于我们来说，很多都是第一次，如何将这些故事集中起来，选取最令你动情和难忘的内容来写呢？这就要求我们要选择素材，这是写日记最重要的一点。

2. 将所选素材标上序号，然后以“令自己最有启发或最动情”为标准选出其中的一条。

3. 指导学生捕捉镜头。播放事先录制好的学生军训生活的录像资料，组织学生从中搜集习作素材。

师：下面，老师播放一段我们军训一天当中做过的或看到的事例录像片段。请同学们从录像中搜集你认为可以作为日记素材的内容。如果发现了，可以直接站起来说。我们来展开竞赛，比一比谁找的最多又最有价值。

（1）播放录像资料。（内容：一学生早晨起床、吃早餐、踏步、挨批评……）

（2）学生边看录像，边讨论、记录，随时站起来回答。（学生回答时，将录像定格，尽量引导学生说出所选材料的原因）

（3）小结：看了刚才的录像，也许有的同学会说，我的一天也是这样度过的。是啊，谁说不是呢？只要我们处处留心，事事留心，何愁日记无材料可写呢？

4. 学生自由组合成小组，拿出日记本或“生活记录卡”，相互交流。

师：军训中，同学们也写了日记或作了生活记录。下面，我们就来交流一下，找一找你的日记或记录中哪些材料有写的价值，可以请小组里的其他同学帮你参谋参谋。

（1）各学习小组在组长带领下，讨论、交流，提出建议。

（2）全班交流。（每组可选两至三名代表说说自己的记录，也可以说说组内其他同学较有价值的记录）

5. 回忆格式，明确习作要求。

投影出示例文《日记一则》和“习作要点讨论”，思考：日记的格式是怎样的？本次习作向我们提出了哪些要求？你是怎样理解的？

全班交流，总结归纳。引导学生从文章的语言描述上体会如何表达真情实感。

三、快速行文，表达内心情感

1. 学生再读日记本或“生活记录卡”，找出最能表达真情实感的材料，快速成文。

2. 教师巡视指导，发现优秀习作或片断及时给予表扬和鼓励。

四、修改完善，展示真情风采

1. 学生写完后，读几遍，并请组长提出修改意见。

2. 推荐佳作，真情朗读。

3. 向校报、红领巾广播站或各级报刊推荐优秀习作。

五、拓展延伸，形成良好习惯

课后，为自己的“生活记录卡”设计插图，并为自己的日记本取一个好听的名字，如“写心集，小浪花，百花园……”

板书设计：

选材——独特

表达——真情

设计评析：

本节课中，为了切实让学生能从司空见惯的日常生活、学习中搜集到有意义、有价值的日记素材，教师从日常生活的小事——“军训”入手，启发学生自主思考。接着，继续引导学生的思维回归生活，通过一段普通的录像，使学生产生“拨开云雾见青天”的顿悟，原来日记即生活，“生活中不是缺少美，而是缺少发现”。这一师生共同开发习作资源的过程，也是一个学生认知自我发展、思维自我超越的过程。

第二节 话 题 式

一、话题习作的概念

话题习作指的是用一段提示语指明写作范围，启发思考，激活想象的一种命题习作形式。话题习作的实质是鼓励创新，让学生围绕同一谈话中心，陈述不同角度、不同立场产生的观点，或联想到自身的经历、体验。这是一种既开放，又有所限制的命题形式。所谓的话题，就是谈话的中心，就是引发谈话的由头。比如，“创新”是目前的一个热门“话题”，它可以引出人们无数的见解。又比如，某个故事，某则新闻，某项科技成果，某部影视作品……都可以作为“话题”来引发人们的联想，引发人们的议论，引发人们的抒情，也就是引发出人们心中想说的话。

要强调的是，话题是一个词语或短句，这一点与词语式命题很相似；不过这个话题并不一定用作习作的题目，这就使习作有相当大的自由度。给话题命题，大都有一个引言，这一点与给材料命题又很相似；不过这段引言的用意不是为了限制，而只是个引子，提供一点启发。话题习作命题的基本特征是开放。

二、话题习作的意义

话题习作可以让学生充分打开记忆的仓库，写他们的经历、体验、感受、看法和信念；也可以抒写心得，纵论古今，还可以浮想联翩，构思故事，编写寓言，等等。但所思、所写、所论，必须整合在话题涉及的范围之内。总之，话题习作就是要求写作者在话题的范围之内，以自己熟悉的文体，写自己熟悉的生活或材料，充分调动联想与想象，表达自己真实的思想和感情。话题习作给学生充分的空间，一方面解开了学生的束缚，让他们能够真正施展自己的才华，放开手脚抒写佳作；另一方面也会使部分学生淡化审题，任意而为，放弃对话题习作作过细分析，因而也不乏庸作。所以给学生讲讲话题习作的分类及其应试对策很有必要。在引发联想和想象方面，话题习作的引言与材料习作的材料有相通之处，二者都拥有可供开发的宝藏。话题习作鼓励开放、发散，有利于学生创造性思维的形成。

三、话题习作的操作

话题习作写作的五大步骤为审题、开发思路、确立主题、选材、选择文体。话题习作在选材、立意和文体方面限制较少，写作空间很大，但不能因此而忽视审题，否则也会出现跑题的失误。审题应从三方面进行：审话题、审材料（提示语）、审要求。审话题要审清话题所给定的写作范围，也就是审清话题的内涵和限制。如果话题是一个词，就要审清它的本义和引申义。审材料（提示语）要审清它所提供的信息及寓意。开发思路对写好话题习作至关重要，因为它是进行话题习作的一个重要步骤。教师一般可从以下四个角度打开学生思路，它们分别是：时间角度、空间角度、对象角度和因果关系角度。确立主题也是话题习作很重要的一个方面。主题是文章的灵魂，由于话题作文的特点是自主立意，因此，这点就显得尤为重要。确立主题要考虑以下三个方面：切合话题、贴近生活、思想健康。材料选择的合适与否直接关系到文章的表达是否准确鲜明，选材的方法有同类联想和逆向思维。

四、话题习作的范式

（一）无材料式

无材料式话题习作是直接写出话题的题目，不作任何提示，要求学生围绕此话题写作。

比如，“这也是课堂”。严格来说这是属于文体不限的命题习作，可供选材的范围极为宽泛，但也可以说是在题目上作了严格限制的话题习作，这从习作的提示语中也可看出端倪：

走进网络、拥抱自然、关注热点、研究课题、参加竞赛、服务社会、善待他人、学做家务……生活处处是课堂。这些多姿多彩的课堂能开阔视野，增长才干；能锻炼体魄，磨炼意志；能使心灵得到净化，智能得到开发……请以“这也是课堂”为题，写一篇文章。

又如：请以“书”为话题，写一篇不少于600字的文章。注意：①“书”这个话题的范围是很宽泛的，习作主要内容只要与“书”相关，都符合要求；②文体不限，可以记叙经历，讲述故事，抒发感情，发表议论，展开想象等；③题目自拟。

（二）有材料式

（1）提示式

提示式话题习作的要求中有提示语，是拟题目者陈述的一段话，这一段话不是材料，它的作用是把学生引到“话题”上。

比如：脸是大家熟悉的字眼，其内涵是丰富的，我们常会想起与“脸”有关的情境、思考与脸有关的问题。请以“脸”为话题，写一篇文章。

又如：阅读文字，根据要求习作。水有水的性格——灵动，山有山的性情——沉稳。水的灵动给人以智慧，山的沉稳教人以敦厚。然而，灵动的海水却常年保持着一色的蔚蓝，沉稳的大山却在四季中变化出不同的色彩。请以“水的灵动，山的沉稳”为话题写作。注意：话题包括两个方面，可以只写一个方面，也可以兼写两个方面，立意自定，文体自选，题目自拟。

（2）图画式

图画式话题习作的话题源于材料又不拘泥于材料，由材料引发又可以不切入材料。这类题目除“话题”外，一般还会提供文字、图画材料。

比如：下面两幅图可以给人以丰富的联想或感悟，写成一篇900字左右的文章。

要求：联想与感悟都要与本图有关，立意自定，文体自选。

（3）选择式

这类习作又分为两种：一种是同一材料，题面提供几个话题，任学生从中选择一个习作。一种是提供两种材料，分别设计一个话题，要求学生从两题中任选一题习作。

教学示例

心　事

教学目标：

1. 指导学生准确审题

2. 指导学生多角度立意

教学准备：

多媒体课件

教学流程：

一、导入新课

1. 引出题目

我们首次遇到了“话题”习作：每个人的内心都是一个丰富的世界，有喜悦，有愤怒，有忧伤，有快乐……请以“心事”为话题，完成一篇习作。

2. 解读话题

到底什么是话题习作呢？我们要从话题说起。所谓话题，就是谈话的中心，就是引发谈话的源头，如：某句名言、某个故事、某则新闻、某项成果、某部电视剧等，所有这些都可以作为话题来引发人们的联想，引发人们议论，也就是引发人们心中想说的话。可见，由某个设想好的话题所引出的作文就是话题习作。这个话题就是习作所要谈及的内容范围。也可以这样理解：话题好比一个圆的圆心，从圆心到圆周上的任何一点连起来的线都可视为一个话题习作的写作角度。可见，话题习作的内容是很宽泛的，再加上体裁不限，自由度就更大了。

二、指导审题

1. 抓住题目关键词语，明确下列问题（边提问边板书）

话题：心事

体裁：不限（一般情况诗歌除外）

字数：500 字以上

2. 抓住写作对象、写作范围引导学生进一步审题

(1) 自由讨论，个别发言。

正如引言中所言，“每一个人的内心都是一个丰富的世界，有喜悦，

有愤怒，有忧伤，有快乐……”成长中的青少年，就有更多的心事，那么，看到这个作文题目，你们会想起些什么心事呢？

（2）明确这个词的词义内涵，指的是心里盘算、放不下的事，多用于为难的事。该词区别于“心情”“心思”“心绪”“心态”等。

（3）归纳思路。

这个话题有两条分析思路：

其一，谁的心事？可以是我的心事，父母亲的心事，老师的心事，同学的心事；也可以拟测、揣摩花草鱼虫的心事、大自然的心事、祖国的心事等，从一个新的角度，折射自己对社会、世界的思考。

其二，这心事是什么？确定第一个问题的答案后，再想一想是什么心事。对于不同的对象，可能有不同的心事。

三、指导立意

1. 确定写作角度

所谓“立意”，也就是确定一篇文章的中心。一篇文章若没有了中心，就像一个人没有了思想，没有了灵魂，只徒有一具躯壳；就像一艘驶入大海的航船，失去了舵，终究会迷失方向。一篇文章的中心，就像一条串起珍珠的项链一样重要，我们所选择的材料，都必须围绕中心，为中心服务。

2. 立意讨论

四、指导选材

1. 选材

在各种各样的心事中，我们要根据自己的“立意”，选定一件自己心中最深刻的“心事”，并选出自己最有话说的“心事”，然后再考虑动笔。

2. 扬题

如果作为考场习作，还应符合考场习作的要求，必须主题高扬，不应写较敏感的或政治性太强的事件。

五、作业：完成习作

第三节 读写结合式

一、读写结合的意义

叶圣陶先生说，学生读得好，才能写得好。阅读得其方，写作之能亦即随而增长。阅读课本，阅读课外书，阅读生活，就能丰富学生的内存。读是习作的基础，学生从阅读中既可以吸收语言材料和思维材料；也能够见识古今中外的人、事、景、物，并能产生出许多感情和联想，扩大他们的文化视野，增强其文化底蕴，丰富素材积累，扩大选材的范围，培养习作的良好感觉和创新意识。

同时，读也可靠写来促进。写是表达的一种手段，“物随景迁，辞以情发”。当学生有了读的依托，把阅读感知的形象和记忆中的表象衔接起来，进行沟通、变化和组合，就能创造出新形象。当学生对一篇文章有了初步的构思，再去阅读，广泛搜集有关材料，丰富文章的内容，寻求启发和借鉴，就能够去更好地创造和写作。这样以写促读，发展了学生的分析能力和创造思维能力。因此，在习作教学中，既不能强调写而忽视了读，也不能强调读而忽视了写，读写要紧密结合，才能有效地提高习作水平。

二、读写结合的策略

（一）课前读，读生活

生活是色彩斑斓的。教师应让学生学会感受生活，体验生活，认识生活，读懂生活，做生活的有心人。让学生养成随时注意生活积累，随时记录自己的所见所闻，乐于表达的好习惯。并且通过生活写真鼓励学生大胆表达对生活的看法，释放自己真实的情感。培养学生“说真话，表真情”的习惯，让生活成为学生习作取之不尽的源泉，丰富习作素材。课前几分钟，可通过聊天的形式，采用白描的手法来激发学生的表达欲望，提升学生的表达技巧；还可以利用“猜一猜”“哑剧”“图片展示”等形式引导学生细致地观察，细腻地描述，训练学生的观察能力和快速组织语言的能力。

教学示例

有一天，老师嘴巴里含着一颗龙眼核，神秘兮兮地走进教室，一张口就问："大家猜猜，老师嘴巴里含着什么东西？"同学们顿时精神大振，你一句，他一言，有的说是舌头，有的说是糖，有的说是一个古怪精灵的小宝贝……老师将嘴轻轻一张，龙眼核顺势滚出，同学们的表情、心情可谓五花八门。几分钟的时间，就有了日记《这样的老师》《老师的孩子气》《猜错了》……

（二）课中读，读教材

1. 依靠教材积累语言

在课文的学习中，教师要有意识地帮助学生积累语言、运用语言。比如在《青海湖，梦幻般的湖》这课中，出现了"徜徉"这个词，教师就问学生，除了文中所说的徜徉在梦中，还可以徜徉在什么地方？学生说出了知识的海洋里、充满智慧的思想里、回忆中、美景中、自由的天空，等等。于是他们马上就学会了这个词语的用法。再如，《乌塔》这课中出现了"惬意"这个词，乌塔趴在床垫上一边吃糖，一边看书，感到很惬意！你在什么情况下很惬意呢？有的学生说躺在草地上望着蓝天白云，悠闲地想着心事很惬意，有的说吃着冰激凌听着流行歌曲很惬意；有的说爬上山顶后吹着山风很惬意，有的说光着脚丫踩在沙滩上拾拣贝壳很惬意；有的说站在窗前眺望远处的风景很惬意；还有的说终于完成了作业很惬意……当学习《自然之道》时，教师让学生想一想生活中"鱼贯而出""争先恐后"的场面。随机提醒同学：看看谁最先把它用到自己的习作中。于是，他们就有了运用的意识。进而，教师又引导学生学会语言的个性化表达，这样一来，在丰富学生语言的同时，也引导学生关注了生活，做生活的有心人，为写做了铺垫。

2. 紧扣教材进行仿写

仿形式：把一些片段相似的内容摘录到一起，让学生借鉴。如《荷花》中"我觉得自己也仿佛是一朵荷花，穿着雪白的衣裳，站在阳光里……"《草原》中"在这种境界里既使人惊叹，又叫人舒服，既愿久立四望，又想坐下来低吟一首奇丽的小诗"。这两句都是表达作者在欣赏到美景后不能自已，陷入遐想而让人感到情意绵绵。教师提醒学生：当你被美景陶醉时，也可以借用这种形式来表示内心的惬意。学习了《桂林山水》中“漓江的水真静啊，静得……漓江的水真清啊，清得……漓江的水真绿啊，绿得……”，学生读得朗朗上口，感觉那么亲切、逼真，展现了一种和谐的自然美。于是，教师告诉学生：当你以后遇到一个场面（景或物）时，也可以试着用排比句式，拟人、比喻等手法去描绘，一定会收到让你惊喜的效果。

仿表达：如《青海湖，梦幻般的湖》中有这样一个排比句：我曾经领略过西湖的妩媚、东湖的清丽、南湖的辽阔以及鄱阳湖的帆影，玄武湖的桨声……可是此时，我却被青海湖的质朴所震慑了，原先那些华丽的感慨被大自然的魅力推翻了。这段话和《桂林山水》中的“我浏览过……欣赏过……却从没有见过……”表达方式相似，都是通过对比的形式来突出眼前的美景，是最具心灵震慑力的，告诉学生这种表达方式我们可以模仿。

仿命题：《秋天的怀念》这个题目，看似是对秋天的怀念，其实怀念的是母亲，那作者为什么不写《对母亲的怀念》呢？通过对比可以感受到，《秋天的怀念》既交代了和故事息息相关的季节背景，又奠定了文章的基调。秋天，是多思而又多愁的季节，让人容易陷入回忆，而此时的回忆往往又有些哀伤。而《对母亲的怀念》缺少这种感染力，显得太直白。所以，当我们写怀念人的文章时，就可以借助与人物有关联的季节、事物来拟题。课文的标题有着多种形式：对比式，如《“精彩极了”和“糟糕透了”》；悬念式，如《大瀑布的葬礼》《山中访友》；写作对象标题式，如《挑山工》《珍珠鸟》；线索式，如《荔枝》《梅花魂》；内容概括式，如《窃读记》《晏子使楚》；点睛式，如《索溪峪的“野”》《再见了，亲人》；寓意式，如《金色的鱼钩》《金色的脚印》；关键词句式，如《别饿坏了那匹马》《只有一个地球》……教师可以引导学生仿照课文标题的拟订方法进行标题训练。

仿中心：以《跳水》一文为例，这篇文章重点是赞美船长的冷静、机智、果断，但通篇几乎是写孩子和猴子之间的事，只在最后寥寥几笔写了船长。当时就有学生提出，为什么作者这样安排笔墨？通过讨论，大家体会到，前面的描写正是为了凸显船长的形象埋下的伏笔，在最危急关头，船长像电影里的英雄大侠一样凌空出世，化险为夷，让读者高悬的心终于落到实地。虽然"英雄大侠"又马上"绝尘而去"，却已经留给人鲜明的形象。我们可以顺势告诉学生，前面的描写就叫铺垫，你们可以用这种方式来表现中心人物。

仿立意：《第一次抱母亲》让我们感动于母亲背负的"重担"与母亲体重的强烈对比中体现出的"伟大的母爱"。《生命 生命》《假如给我三天光明》等一篇篇课文，引领着学生去辩证地看待生命。通过设计与人物对话、写读后感等形式，使学生"情于衷而形于言"，学生的理解、感悟如涓涓细流不断地倾泻于笔端。又如老舍的《养花》写的就是平时养花的一些心得体会，读起来亲切温暖，尤其是结尾的一句："有喜有忧，有笑有泪，有花有果，有香有色，既需劳动，又长见识，这就是养花的乐趣"，让文章寓意深刻，发人深思。《窃读记》写的是作者小时候怀着一颗惴惴不安的心到书店读而不买的故事，我们读懂了作者酷爱读书的情怀，其敏感而单纯的心灵，引起了我们的共鸣。而另一个爱读书的少年的经历却不相同，他遇到的摊主是一个残疾人，他以"别饿坏了那匹马"的名义友善地呵护着男孩的自尊心和求知欲。当我们读完《别饿坏了那匹马》的时候，似乎正分享着人性中最美的阳光。台湾作家林清玄从农人种桃花心木想到"不只是树，人也是一样，在不确定中生活，能比较经得起生活的考验，会锻炼出一颗独立自主的心。在不确定中，深化了对环境的感受与情感的感知，就能学会把很少的养分转化为巨大的能量，努力生长"。这种高远的立意值得学生在习作中学习。

仿抒发真情实感：课文中有无数颂扬人间真情的故事，如《搭石》《给予是快乐的》《胜似亲人》等一篇篇感人至深的文章，教师可引导学生通过文中的一句话、一个动作的描写，甚至一个眼神的描绘，去体会怎样表达真情，表达真爱。同时还要学会由课文内容想开去，了解发生在身边的动人故事，并把事情经过写清楚，最好还能写出感受。

仿选材：一般来说，选材要典型、新颖、真实，要能很好地体现文章的思想。如《我的伯父鲁迅先生》这篇文章，其主旨是赞颂鲁迅先生"为自己想得少，为别人想得多"的高贵品质。作者围绕这一主题选取了"读《水浒传》""碰壁""救黄包车夫""关心女佣阿三"等事例，其中救助黄包车车夫写得很具体，对刻画鲁迅先生的品质起了至关重要的作用。教师可以此篇课文的讲授为契机，对学生进行选材训练。《晏子使楚》这一课为彰显晏子的能言善辩，机智沉着，按时间先后顺序选取了进城门、辩人才、论水土三个事例，故事各有侧重，关键时刻晏子总能凭自己的机智冷静和卓越的辩才跳出楚王设计的圈套，且让楚王自讨没趣，突出了晏子的形象。这种选材的角度也是教师应当引导学生学习的。

3. 展开想象进行创写

读写结合的创造，主要是指内容、形式的创造。中高年级就应该把"创新"作为读写结合的支点，鼓励学生在学习课文形式的基础上选择新颖的、独具特色的内容来创写，鼓励学生在写作内容上的求异思维，从而力求在写作训练中反映出学生的个性色彩和创造精神。语文教材为学生提供了丰富的写作体裁，有诗歌、说明文、课本剧、童话、散文，给学生建构了一个广泛的想象、练笔空间。如学习说明文《太阳》这一课，学生可以用诗歌、散文、传说去叙说自己心中的太阳、月亮、大地；读《燕子专列》时，学生们趣味浓厚，学完课本剧《抗击暴风雪》《燕子得救了》之后，习作《爱的温度》也呼之而出。学了《雅鲁藏布大峡谷》，学生们又搜集了大量关于世界奇观的资料，写了《走进天山》《荷兰与海》《古巴比伦空中花园历险记》等习作。孩子们的兴奋、快乐溢于言表，想象的翅膀自由翱翔，就会写出文字不凡的创新习作。

另外，课本中有许多首古诗，语言高度凝练，有很广阔的想象空间。教师可运用多种教学手段，打开学生感情的闸门，让学生通过想象描绘出全诗或部分诗句的优美意境，使诗中的人和事物形象具体化。适时地诱导学生完成一篇主旨与诗文相同，或内容与诗文相同，但体裁、人称等截然不同的习作，完成对诗文的改写，用一种创新的形式对诗文进行诠释，融理解、想象、表达、创造为一体。如教学《春日》时，教师围绕"赞美春天，乐观向上"的主题，抓住诗句富有特征的景物，让学生展开想象写一段话。这样，朱熹笔下的明媚春光、百花争春的场面跃然纸上，同时，学生也被作者那喜春、赞春的情绪所感染，仿佛自己在大自然中放松心情，领略春色，抒发情怀，习作一蹴而就，品尝到了创作的乐趣。

4. 发挥想象，填补空白

有的作者在作品创作中留有"空白"，使文章在故事情节上有所跳跃，语言叙述中有所省略，给学生的想象留下了空间，这不仅能激发学生的创作兴趣，而且能使学生的想象力和语言表达能力得到提高。如《穷人》这篇课文，桑娜收留西蒙的孩子后，生活会是怎样的呢？教师让学生大胆想象，合理地去展现故事情节，为文章写下后续。许多学生在写的过程中，对穷人的艰辛有了进一步的理解，对桑娜和她丈夫的品质有了更深的体会。又如《半截蜡烛》《小木偶的故事》《跨越海峡的生命桥》等课文，教师可以依据文中给出的环境、情节、人物，引导学生进行故事续尾、扩写、改写、切换角色等富有个性新意的习作创作。这些练习不仅能激发学生的创作兴趣，而且能使学生的想象力和语言表达能力得到提高。

5. 以写促读

(1) 读前先写，赏文作比

在学习课文之前，教师先布置一些类似的习作，让学生根据已有的水平先试写。教师根据学生练笔完成情况，结合读写训练点，在阅读教学中有针对性地引导学生深入研读语言文字，在切身的对比中感受作者语言的表现力，构思的精妙处，结构的层次性等，这样做既可合理地使用教材，又可联系学生的实际需要，能够科学有效地实现读写结合。如在学习《颐和园》之前，教师让学生去参观学校的文化一条街，然后请他们把自己的所见、所闻、所想真实地表达出来。因为有了课前的写，学生在学文的对比过程中，学会了怎样写游记，怎样分清详略，怎样锤炼语言文字，还学会了写导游词；又如在学《一个小村庄的故事》一文时，教师挑选了“山清水秀”“天空湛蓝”“空气甜润”这几个四字词，让学生写头脑中出现的场面或自己的感受。每个孩子都有着只属于自己的内心天地，他们用各种不同的方式解读着这些词语，用各种不同的语言诠释自己的发现。当学习课文时教师可引导他们真正走进文本，用心去感悟、对照，课堂时空得以扩张，从而建构起良好的读、写背景。有形课堂学习结束的同时，意味着无形课堂学习的开始，学生进而创作出《我想对乡亲们说》《保护环境，从我做起》等多篇发自肺腑的读后感。

(2) 写课前读后感

写课前读后感，对于学生而言是以写促读，以读促写。这种策略适用于易使学生产生不同观点的文章，教师可以从多元观点的交织中导入新课，也可以让生成的矛盾思想贯穿教学过程，顺学而导，最后达成对文字本真的认识。

比如在了解了学生对《荔枝》《麻雀》的初读感受后，教师是这样开课的："学习了《荔枝》《麻雀》，有人感悟到母亲的无私奉献，有人感悟到生命成长过程的不容易，有人感悟到母亲的浓浓爱抚，有人感悟到要学习回报母亲的爱。"在这两课的教学中，教师就以学生初读的感受深入文本，与学生展开讨论：你是从哪些描写感受到的？还有不同的理解吗？你最想说些什么？……学生在此学习过程中可以积累语言，学会表达，最终感悟到文本的真正内涵。

在这一感一学一悟的基础上，教师不失时机地引导学生写《妈妈，我想对您说》《××，我想对您说》……这样的训练，改变了以往学生的写作思维和角度。许多学生能从另一个角度去思考问题，并通过巧妙布局，使习作闪现人性的光辉，既熏陶了自己的思想，又温暖了别人。把习作与课文的人文性和工具性有机地结合起来，何乐而不为？

（三）课后读，拓思维

陆游说过，"汝果欲学诗，功夫在诗外"。因此，加强课外的读写结合，能让学生用一双智慧的耳朵随时倾听花开的声音，并把这种世界上最美的声音用个性的文字表达出来。

1. 在课外书中丰富语言和情感

引导学生阅读课外书，可以分几个阶段。第一阶段以培养兴趣为主，使学生"悦"读。在这个阶段最好不要给学生布置写写抄抄的作业，让阅读成为纯粹的阅读，让学生完全享受读书的乐趣。如果学生陷入抄抄写写的负担当中，故事情节就会变得支离破碎，变成好词好句好段的组合，完全破坏了故事的情节美。当学生进入三四年级后，就应该注重语言的积累了，随之进入第二个阶段——摘抄积累阶段。这时候，可以让学生准备一个漂亮的摘抄本，随时摘抄自己欣赏的句子。也可以引导学生在摘抄本中设计出美观的版式和插图，那么摘抄本的每一页就成了一个微缩的手抄报了。一本摘抄本就成了一本精美的作品。第三个阶段是注重运用的阶段。这个时候就要以"读后感"为主。我们应该既注重读后感的书面表达，又注重当堂的口头演讲。比如，读书课的时候，可用20分钟作为默读时间，然后给学生3~5分钟组织语言，接着就进入读书汇报。"哪篇文章给你留下了深刻的印象，大概情节是什么，触动你心灵的是什么？有什么收获？联想到了什么……"这样既训练了学生快速组织语言的能力，也提醒了学生读书要用心去体会。有人说，一旦你能用语言表达出某种知识，那么这种知识就属于你了。这个时候，也要教给学生读书的方法和读书的智慧。在读书中或赞赏，或陶醉，或意会，或质疑，或指点文字、挑战作品。这个过程不仅丰富了学生的语言，还丰富了他们的情感、提升了他们的思想。

2. 阅读名篇名著，开阔眼界

布置寒、暑假作业时，教师应有针对性地给学生推荐一些好书，让学生接触名著，感受作家的“平实”与“不一般”。如：读了杨红樱的《五三班的“坏”小子》等作品后，要求学生特别关注作家的选材和语言风格，并且试着写写自己班的极富个性的人与鲜活动人的事。学生们可以先读再写，也可以先确定自己的构思再去选读章节。

教师还可以布置学生读“无字书”——生活，在开拓学生视野的同时提高习作训练的有效性。让笔下的人物、事物栩栩如生。

教学示例

学校的文化街

教学内容：

围绕学校开展的文化节活动，写一写我们学校的文化一条街。（以写促读，以读改写）

教学目的：

充分开放学生的视觉、听觉、触觉和感觉；用开放的思维、不同的文体去表达自己的所见、所闻、所想。然后，带上习作去学习《颐和园》。以写促读，以读促写。

教学过程：

一、教师导语

师：同学们，学校正在紧锣密鼓地开展一项什么活动？

生：文化月活动。

师：想不想知道什么是校园文化？

生：想！

师：那我们去学校的文化街逛逛吧，你们的收获会很多的！

二、逛校园文化街

1. 教师把学生带到文化街的正门，让他们从门上的对联看起。

2. 学生按自己的喜好一路上看下去。（此时，教师只是一名观赏者，当然也会时不时地回答一两个学生的提问。）

三、学生谈见闻

1. 请学生说说：你在那里看见了什么？（可三言两语或长篇大论）

2. 请学生说说：你对什么地方或什么东西最感兴趣？能说为什么吗？（先让学生个体表述，然后互相交流）

3. 请学生说说：你发现学校的文化街里藏着些什么文化？

四、学生习作

1. 列标题

师：如果让你把自己的所见、所闻、所想写下来，你会给今天的习作写什么题目？

2. 找文体

师：你想怎样去表达呢？

3. 学生习作（可以个体完成，也可以合作练笔）

五、学习课文《颐和园》

1. 先读熟课文，理清文路。

2. 通过对照课文与学生习作，让学生思考：两篇文章的共同之处和不同之处。

3. 通过对比交流，引导学生学习文章按地点转换的顺序写游览经历的方法，学习课文对景物的细腻描绘，学习课文用词的准确性（如“游船、画舫在湖面慢慢地滑过”中的“滑”字用得妙），学习课文中感情的自然流露……

通过对比，学生也会发现自己的优点，比如可以使用不同的文体，可以使用导游词，也有详、略之分等。对比之中，学生开始喜爱习作，对自己充满信心。

4. 背诵课文中喜爱的段落，修改自己的习作。

教学反思：

一、开放心灵引才思

一开始，教师并没有让学生带着习作要求去观看文化街，学生把它当做纯粹的游玩娱乐，所以他们是在愉悦中走向目的地的；接着，教师只是把学生带到文化街正门（暗中给了一个游览路线），然后就把对事物的喜好权给了学生，让他们尽情地看，尽情地说，尽情地评头论足。“物随景迁，辞以情发”，学生有了情景的依托，在一游、一说中，文章已经有了雏形。

二、开放教材引内容

习作后，教师没有马上进行评价，而是通过结合学习《颐和园》这篇课文让学生自己来做点评。有的学生说，《颐和园》这篇课文和我的写作布局是一样的，也是按游览的先后顺序写的；有的说，这篇课文抓住了几个重点的景段来写，我也写出了自己的详、略部分；还有的说，老师，这篇课文是站在作者的角度来写的，而我是用导游的身份来写的，比他的文章显得亲切些；更有好些学生说，看到了墙上的秦兵马俑铜像后，使用了《秦兵马俑》里描写那些俑士的词语，使文章语言色彩锦上添花……在学生各抒己见的氛围中，优生更优，害怕习作的孩子也有了借势上梯的信心和勇气，促进了读、写的有机结合。

三、开放题目引话题

在学生充分表达了见闻、感受之后，我对学生说：如果给自己的某个经历用一个题目来概括，你的意见又如何呢？不一会儿，像《难忘的记忆》《游文化街》《不一样的学校》《我的骄傲》等新颖别致的命题如雨后春笋般闪现。

题目的开放，凸显了思维的灵动。

四、开放形式引文体

教师在学生七嘴八舌交流完后，提问学生怎样用文字去表现这种感觉，有人说用游记的形式，有人说写诗，有人说写导游词，有人说写成美文，还有人说应该写成广告词让别人也知道我们的文化街……这样，学生就能不拘形式地写下见闻、感受和想象，能够注意表现自己觉得新奇有趣的或印象最深、最受感动的内容，凸显了个性魅力。

第九章　适合高年级的开放习作范式

高年级学生的认知水平显著提高。书本、网络等阅读渠道的多样化，使得学生的阅读量显著增加，极大地丰富了学生的语言储备，提高了学生语言运用的能力，促进了学生逻辑思维的发展，推理能力得到提升。学生习作能力的发展，对教师也提出了更高的要求，教师的写作要成为学生习作的典范，教师“下水作文”也就成了行之有效的教学途径。

开放的习作范式中的网络式、推理式和下水文式正是基于上述背景而提出的。本章将就这三种开放的习作范式作逐一论述。

第一节　网　络　式

网络习作其实就是以网络为写作平台并借助网络进行习作活动的一种新型的习作方式。它一方面遵照了开放式习作的教学原则，另一方面又体现了习作教学的发展趋势和改革动向，不但具有“开放”“自主”“合作”“创新”的特点，而且还具有“资源丰富”“方法灵活”“途径多样”“兴趣浓厚”“方便快捷”的优势。它借助互联网无限虚拟的空间，既能为学生提供多样化的写作材料，又能激发学生的习作兴趣，提高其习作能力，具有无限的发展空间和极大的发展前景。

一、网络习作的优势

传统的习作教学具有诸多弊端。首先，传统的习作教学把学生完全封闭在教材内，与丰富的生活资源和现实环境完全隔离，整个教学过程以教师的指导为主，学生成了被动的接受者，不论能力高低、成绩好坏，全部“一刀切”，造成了“个性被抹杀”和“思维被禁锢”的状况，严重地影响了学生的学习兴趣和学习积极性，不利于学生独立自主地开展创造性的学习活动。其次，传统习作教学因其封闭的教学模式，不利于学生的交流与合作，不利于学生吸取他人的长处与优势。习作者也同样很难得到同伴、教师及他人的建议和帮助，完全囿于个人的狭小的思维空间中。久而久之势必造成“闭门造车”的被动局面，让习作成为学生最头疼的事。第三，传统的习作教学不能给学生提供丰富的资源和获得信息的多维渠道，不能给学生更直接、更便利、更形象、更立体、更多样的写作资源和信息，也不利于学生积累和嫁接写作素材，容易造成“巧妇难为无米之炊”的不良局面，致使学生错误地认为写作就是胡编乱造。

网络习作自诞生起就显示出其无比巨大的优势。这种优势不仅存在于对传统习作教学弊端的改革，更存在于对传统教学模式的扬弃，因此，网络习作促进了信息技术与习作教学的全方位整合，打破了旧有的教学模式，极大地提高了学生的写作积极性，使得他们在网络的辅助下能够充满情趣地进行习作。同时，把网络作为习作的平台，也有助于学生选取多样化的素材并可与同伴之间进行广泛的合作与交流，使其个性得以张扬，创造性得以发挥，创新得以体现，使学生逐步走向开放、民主的习作态势，不断地扩展思维领域，不断开阔思维视野，从而想写、会写并写好文章。可见，把网络引入习作对于学生来讲可谓是如鱼得水，为实现充满个性化的创新型习作教学模式以及大幅度、大面积地提高学生的写作水平，奠定了坚实的基础。

二、网络习作教学的操作程序

网络式的习作教学虽然在教学时空、题材以及与网络的整合程度等方面与其他习作教学存在差异，但其教学操作程序基本上是一致的。经过反复实践和不断总结，现将网络习作的操作程序归纳如下。

（一）创设情境，明确学习内容

首先创设学习情境，为学生提供一个完整、真实的问题背景，并以此启发教学，使学生产生学习的需要；同时情境又促使师生间产生不同层面的交流、互动，形成合作学习的关系，驱动学习者进行自主学习。

（二）展示丰富多彩的世界

利用网络、多媒体等技术手段，为学生创设一个真实、生动、丰富的习作情境，展示丰富多彩的现实世界。通过情境活动，使学生明确写作的任务、内容、方法和途径，产生写作的欲望。

（三）网络习作的具体操作流程

在课堂教学环境下，网络习作教学包括以下教学环节：创设问题情境——上网查阅资料——在线构思——在线写作——交流、评改——拓展、运用。

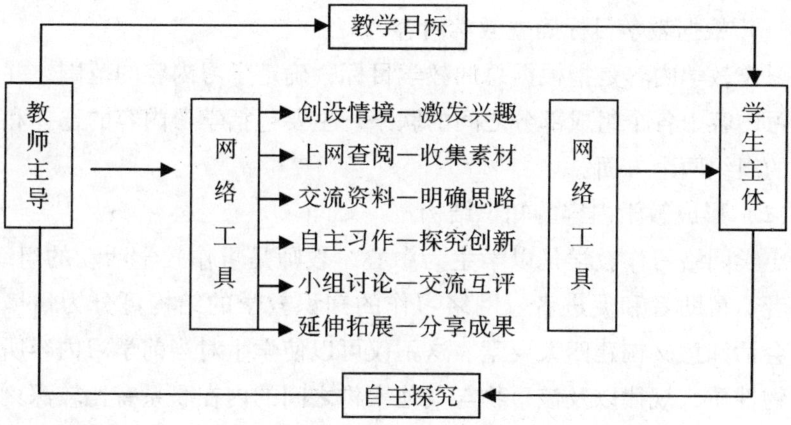

教学流程图

（四）网络习作教学的基本步骤

1. 明确教学目的

（1）调查学生的知识需求

知识需求是指学习者目前的学习状态（现有水平）与所期望达到的状态（目标水平）之间的差距。期望达到的状态是指学习者通过学习应当具备什么样的能力和素质才能适应自身发展的需要，它是教学的总体目标。差距指出了学习者在能力和素质方面的不足，指出了教学中实际存在的和需要解决的问题。

（2）确定习作教学的目的

解决好“怎么教”和“怎么学”的问题，包括对学习内容、学习者和学习环境进行分析，编写学习目标和设计教学策略。具体地说，就是要考虑学习内容的选择和安排，确定在开始教学之前学习者应该具备的知识、技能、态度和价值观，分析学习者的基本特征以及学习者学习知识和应用知识的环境。

(3) 确立具体的教学目标

在对学习者、学习环境和学习内容分析的基础上，编写具体的学习目标，写出学习者完成学习任务之后能够做什么，即确定要学习的知识和技能、运用知识和技能的条件以及成功表现的评价标准。

2. 确认教学内容

(1) 根据教学目标确立教学内容

习作教学内容是指根据总的教学目标，确定学习内容的范围，并揭示出学习内容中各个组成部分之间的联系，主要包括学习内容的选择和学习内容的组织两个方面。

(2) 形成教学内容的知识结构

小学网络习作教学是以学生为中心，教师是习作教学活动的组织者、指导者、帮助者和促进者。网络习作的知识教学的结构可分为情境、协作、会话和意义构建四大要素。这不仅可以使学生对当前学习内容所反映的事物性质、规律以及该事物与其他事物之间的内在联系有比较深刻、透彻的理解，还能在大脑中形成长期储存的认知结构。

(3) 设计教学流程图

教学程序是在一定的教学思想的指导下建立起来的与一定的学习任务相联系的教学设计。网络习作教学的流程是通过设置问题情境、确定问题目标、拟定解决问题方案、执行方案策略、交流评价总结来完成教学的。

3. 筛选教学构件

(1) 确定需要的文本资料

根据习作的任务要求，引导学生通过因特网查阅、收集相关资料。这些资料可以是直接供写作活动所需的素材，也可以是对写作有启发意义的范文。其基本步骤是：①引导学生对习作任务进行“审题”，提取中心词，确定“关键词”；②用“关键词”上网搜索，并从中选择适当的网址；③进入相关网址，下载有效信息。为了提高学生上网查阅信息的效率，教师在课前应浏览相关网站，对学生上网的路径、信息的有效性等方面情况做到心中有数，以便学生在学习时给予及时、有效的帮助，避免学生信息迷航或出现信息垃圾。

(2) 确定用声音来呈现的音频元素

典型的音响效果材料形象地展示在学生面前，会给学生留下较深刻的印象。音响素材不受时空限制，根据学生的需要，音响教材可以作多次反复再现，这样有利于强化学生的印象，提高效果。适当的音响教材进入课堂，丰富了教学内容，给儿童带来了欢乐。学生在听听、想想、说说中调节了学习节奏，活跃了课堂气氛，减少了学生学习的心理压力。对于发展学生的观察能力、思维能力、表达能力有着明显的作用。

（3）收集、选择、创作资源素材

在线选择、收集资料或是为了完成某个任务，或是探究某个问题，为了能充分准确生动地表达自己的思想，需要学习者掌握比较充分的相关资料。网络为我们查阅资料提供了便利。通过网络查阅、收集相关资料，可以是与问题或学习任务有关的背景资料，也可以是他人的学习成果；可以是文字资料，也可以是图片影视资料。

4. 设置教学情境

（1）设定学生的学习方式

教师在课前根据网络习作设计好形象生动的两种学习方式，即“自主学习”和“协作学习”。自主学习就是指学生在了解习作结构后自定步骤和进度进行独立自主的习作，其间要根据习作要求，认真观察、充分想象、人机会话、电脑写作，使自己的学习能力得到充分发展。协作学习就是指学生在习作活动过程中，与他人合作，所得习作被系统地存储在数据库里供大家学习、评价以及参考。这样一来，习作就不只是某个学生的个体行为，而是集思广益的协作行为。

（2）设定学生的自我检测方式

教师要求学生首先将收集到的资料进行整理、分析、研究，形成自己的观点，在此基础上构建表述自己观点的文章结构；接着利用电脑进行在线习作，把自己的思想外化为文字；然后利用网络交流的便利性，向老师或其他人请教某些疑惑的问题，也可以和同伴一起开展“同伴互助”式的学习活动。

（3）鼓励学生借鉴其他资源

教师通过路径引路、查阅策略的方法，指导学生从网上下载信息，并交流获取的信息和获取信息的方法；讨论哪些信息是有效的以及如何运用这些信息，在此基础上，确立和明晰习作的思路。同时让学生进一步认识到网络具有的强大的通信功能，如电子公告板、聊天室、电子邮件、新闻组、IP电话等讨论形式，为学生间的讨论提供了充分的空间。

（4）向学生提供交流反馈网址

网络中，各种类型的资源都非常丰富，为学生提供相关网址以便选择是我们教师应尽的责任。同时，还可借助网络新闻，网络文章，他人的博客，他人的网络空间来建立自己的资料包、网页、素材基地，从而为自己的习作建立一个素材仓库，并且不断充实和更新，习作时才能取之不尽，用之不竭。

三、网络式习作教学的指导模式

（一）网络式习作教学指导模式说明

1. 按习作知识模块将习作指导分为三个阶段，即准备阶段、写作阶段和修改阶段。其中，准备阶段包括积累、审题、立意和选材四部分；写作阶段包括联想、想象、描写和表达四个部分；修改阶段包括语言、段落、线索和手法四个部分。

2. 在每一个阶段的每一部分中，把指导分为四个环节，即理论认识、操作方法、合作平台及案例参考。

3. 在每一个环节中都配有一定的示例，以便操作模仿。

（二）具体样式

1. 准备阶段

准备阶段也叫写前指导，是完成写作的必备的物质基础，也是构思习作的重要前提。俗话说，不打无准备之仗。这部分内容如果准备得好，就可取得“运筹帷幄，决胜千里”的效果。

（1）积累

环节一：理论认识

积累，就是动笔之前所做的对于写作素材的聚集，是写作成功的最基础的准备。其实，习作就是写生活。因此，习作者必须在生活这一关上认真下工夫。关心、了解、发现、寻觅、感受，大脑中采集的自然与社会的信息越多，写作素材就越丰富。鉴于这一点，我们不难认识到，存储在学生大脑中的素材毕竟是有限的。而哪里才是最丰富的呢？那就是网络。它包罗万象，无所不有。凡是与学生写作有关的材料都可以在网络上找到，而且形式多样、种类繁复。学生一旦投身到网络中就如同鱼儿游入大海，不仅天地宽了，而且其乐无穷。可见，网络可以全方位地、立体地、多样化、形象化地为学生包装写作材料，是一个无穷大的习作仓库，是一个丰富多彩的社会缩影，是一个游刃有余的写作舞台，取之不尽，用之不竭，是学生积累素材的最佳去处。但在使用过程中，教师一定要要求学生善加选用，切忌简单抄袭。

环节二：操作方法

传统的积累方法除了筛选生活外，就是在书本中圈点勾画、眉批旁批、摘抄剪贴、读书笔记、日记随笔等，既显得笨重又使学生感到烦琐，而且还不利于操作。时间一长，学生就会觉得厌烦，甚至拒绝积累。如果借助于网络，情况就大不一样了。我们可以指导学生通过网络链接的办法，把相关的材料剪辑到一起，并按照一定方式进行排列组合，然后建立资料包存储到光盘中，等到用时可以分门别类地去查找，也可以制成动画、电影等音像资料随时视听，既不耽误时间又节省力气，还给人以直观的感受，真可谓“一石三鸟”。

环节三：合作平台

可通过建立博客、信箱等方式搭建交流平台，广泛吸取他人关于此方面的素材，也可听取他人（最主要的是教师）关于素材使用的建议。这样一来，习作就不只是某个学生的个体行为，而是集思广益的合作行为。

（2）审题

环节一：理论认识

审题是习作的第一步，而且是文章成败的关键一步。它的基本任务，就是要正确地把握命题人的意图，全面准确地理解题目的要求，弄清习作的内容、范围和重点，把握住入题角度，明确立意，确定文体，构造习作的基本框架。无论是哪种形式的命题，都要认真审读，反复推敲，尽量准确地把握住题目的内涵和外延，找到最佳突破口，从而奠定写作的基本方向。

这种审题办法属于常规做法，思路只限于写作者本身，故显得闭塞而又单一。如果拿到网络上，就方便得多。一方面可以集思广益，听取大家的意见，然后进行比较、分析和综合，从而找到最佳审题方向。另一方面可以在网络上搜索相关文章，通过分析他人的写作思路，找到独特的自己不曾有的审题思路，或许能收到独辟蹊径的效果。同样的，独创性仍是必须要强调的，切勿简单照搬他人观点。

环节二：操作方法

传统的审题方法之一就是语法分析法，主要是针对命题习作。通过分析题目的语法结构，找到题眼并结合题眼确定写作思路。这就存在着一个“仁者见仁、智者见智”的问题。一个人的思路毕竟是有限的，想法也许是偏激的，弄不好就会影响写作方向，导致偏题或离题的现象出现。如果拿到网络上，在相关论坛上发布帖子，广泛征求他人意见，就会收到事半功倍的效果。

传统的审题方法之二就是补全题目法，主要是针对半命题习作。通过联想和想象把已经给出的半个命题补充完整，然后再按照语法分析法进行。由于个人的想象力单薄，易造成思路单一。在网络上就容易了，可把半个命题当作一个话题发到博客中，听一听不同人的建议，回过头来再结合自己的想法，从而确定一个独特的、新颖的内容并将之补充进去，可以会使下一步的语法分析法更从容更得手。

传统的审题方法之三就是材料分析法，主要是通过分析特定的材料来确定写作中心。这需要对材料进行全面科学的分析，从而确定文章的主旨。这种方法很显然会受到习作者能力水平、知识层面、素养深浅的影响，一旦受限就会影响文章质量。这种情况下，我们可以借助网络的帮助，利用前面所说的方法寻求并创设最佳立意。

传统的审题方法之四就是看图分析法，主要是结合图画来分析立意。这比材料分析法还要难，因为在分析图画时要考虑多种要素，一旦有所丢失，就会犯下“只见树木不见森林”的错误。同样一幅图画，大人、小孩、男人、女人的看法都不会相同，因而同样适合到网络上寻求帮助，确定最佳途径。

环节三：合作平台

可以找一些年龄相仿、智力水平接近的人建立博客群，经常交流探讨，尽量把文题放大，寻求最大的可能性，做好最坏的打算，求同存异，最后确定写作方向，达到“横看成岭侧成峰，远近高低各不同”的效果。

（3）立意

环节一：理论认识

学者金秉文曾说，文以意为主，辞以达意而已。也有人说，意犹帅也，无帅之兵，谓之乌合。这其中的“意”和“帅”就是文章的中心思想，而所谓的立意，就是确立文章的主旨，从而在行文中写出自己的见解，表达出自己的人生感受。同时，立意需要正确、明晰、集中、深刻、新颖。这就要求我们在立意时必须具有充分的认识和通盘的考虑，否则就会影响文章的质量。如前所说，一个人的分析能力毕竟是有限的，在网络上寻求大家的帮助，听取他人的建议，会更容易找到最佳立意，突破传统的一意孤行的做法。必须注意的是要对他人意见有所辨识，第一不能轻信滥用，第二不能简单抄袭。

环节二：操作方法

传统的立意方法之一是以小见大，用小事情或平凡的现象来反映社会热点，体现社会的进步、观念的更新以及生活的变化。一个人的接触层面往往较窄，难以展现一个时代和整个社会的变迁，即便选择到了很好的素材，所反映出来的生活也可能是狭窄的。要想打破这个局面，可以通过网络放开视野，看看他人对于时代和社会的变化有怎样的独特见解和认识，把它们吸收过来，与自己的认识互补互用，这样就可能真正实现以小见大的立意要求。

传统的立意方法之二是多角度立意，通过对习作题目或材料的分析，在不同的认识中找到最佳的立意。由于我们在切分角度时可能会受到单一思维的影响，角度划分不够统一或明确，在寻找最佳立意时就可能犯下盲目的错误，进而影响写作。此时，我们可以把习作题目或材料放到网上，与他人共同讨论划分方法，并从中确定适当的立意。

传统的立意方法之三是“反弹琵琶”，通过逆向思维寻求最佳的立意渠道，从而收到独辟蹊径、出人意料的效果。就这一点来说，学生可能由于个性不同各有各的独特见解。但同时，通过网络尽可能地听取他人的意见也会使学生受益匪浅，至少可以启发其写作思路。

传统的立意方法之四是说自己想说的话，通过内心的呼声来呼吁他人改良时代和社会。也许这种方法是属于个人的，但是，广泛征求别人对习作者的意见与评价，也是一个必要的途径，可以根据他人的评价判断自己的想法是否能得到他人的认同。否则，就将处于被动局面。这就需要借助于网络的手段，在不断更新自己思维的同时，更新自己对社会的看法和意见。

环节三：合作平台

通过建立博客、QQ 群、网络论坛（BBS）等平台，多渠道寻找合作伙伴，充分吸收他人的意见，不仅对于写某一篇文章有帮助，对于整体创作水平的提高也有相当大的支持作用。经常和他人交流、探讨，可以促进学生对世界、人生、时代、社会的认识，从而形成其独特的人生观、价值观、时代观。可见，进行网络交流不仅有益于写作，也有益于学生的成长和进步。

古人云，情动而辞发，只要能点燃学生情感的“火药桶”，就不愁没有富有文采的习作出现。多媒体特有的直观、形象的特点，更能创设真实、丰富的教学氛围，更容易将学生引入其中，激起情感的涟漪，点燃创作的欲望。

如在写观后感这类文章时，多媒体就能充分发挥作用。以观《宝莲灯》有感为例，在对故事情节有了一定了解后，学生的感受是写作的难点。小学生对画面的理解和分析能力是在观察与思考过程中形成的。我们可以针对学生感兴趣的内容反复播放，面对定格、放大的主题景物，学生不仅获得了生活的再现，还丰富了对习作材料的选择，明确了对重点片段的把握，收获了事物动静态的观察与描写等写作方法的熏陶与导引，从而能够更为深刻地理解电影的主题。

（4）选材

环节一：理论认识

选材就是在占有材料的基础上根据主体表达的需要选择、运用并组织材料的过程。凡是可用于文章写作的客观事物和事理都可看作是被选的对象。就写作而言，只有材料典型、新颖、精当，文章的创作才有成功的可能，可见，材料是文章必备的物质基础。如果缺少了这个物质基础，观点再鲜明、再新颖、再正确、再深刻，都会因空洞无物而使读者印象不深。所以说，选材是写作的一个重要环节。

选材的要求，一方面是围绕主题选取典型材料，另一方面是所选材料要主次分明，详略得当。从选材的原则来看，材料要具有真实性、典型性和新颖性。

学生在习作过程中的选材环节也可以拿到网络上来，以争取到更大的帮助，从而使自己在习作时选择到恰当、充实的材料。借用他人材料无可厚非，但切记尊重他人劳动，避免抄袭。

环节二：操作方法

选择材料的方法之一是着眼于普通人、平凡事，捕捉其闪光点。就这一点来说，一个人的生活阅历可能不足以用来取舍，这就有必要到网络上去“嫁接”他人的材料，拿来为自己所用。如果在网络上有自己的材料包，就会更加得心应手。这两个渠道，都可以在很大程度上弥补学生习作材料不足的问题。

选择材料的方法之二是着眼于当代生活和社会热点，进行主流创作。这种方法受制于习作者的认识水平、道德水平、是非观念。在这一点上，网络为习作者提供了更为广阔的认识空间。通过网络交流不断地交换思想，提高认识水平，是帮助习作者提高立意水平，进而提高选材水平的一个重要渠道。

选择材料的方法之三是事理结合，根据自己对事物的认识选择到最有利于表达自己观点的材料。这种方法取决于自己的观念是否先进，道德水准是否高尚，思想认识是否创新。但这又是不能以自己作为参照物的，把这些放到网络上去，经过大家的审议评判筛选出的材料，会更有说服力。可见，这也是离不开网络帮助的。

环节三：合作平台

可借助网络新闻、网络文章、他人的博客、他人的网络空间来建立自己的资料包、网页、素材基地，从而为自己的写作建立一个素材仓库，并且不断充实和更新，使之在自身习作时能够取之不尽，用之不竭。

2. 写作阶段

这是完成写作的关键，也是重中之重的一个环节。俗话说，看花容易绣花难。也许我们准备了很多，看了很多，但怎样把它们运用到自己的写作中才是关键，运用水平的高低才能真正体现出写作水平的高低。

(1) 联想

环节一：理论认识

所谓联想，就是由当前的某一事物联想到另一事物，或由甲观念想起乙观念的心理过程，从而促使习作者在更广阔的领域里挖掘材料，构思文章。

就写作而言，由此事物想到彼事物，可以丰富材料；由进步的联想到落后的，可以加深思索；由具体的联想到抽象的，可以拓宽思路；由现象联想到本质，可以深化理解。可见，联想作为一种构思方法，有助于提炼和深化主题，有助于运用“他山之石”托物言志，有助于进行比喻论证和类比论证，是形成表达技巧的关键一步。

既然是联想，个人的空间就没有网络的空间大。网络虽然是虚拟的，但可以看成是广阔社会的缩影，它可以连接古今，也可以纵横中外，具有多种多样的联想渠道，有助于我们调动思维器官，丰富写作内涵。

环节二：操作方法

传统的联想方式有两种，一种是串联式，一种是辐射式。两种方式从不同角度决定了联想的方向。

串联式，是以一个事物为开头随即联想到第二个第三个直至第N个。这种方式是顺着一条线索联系起来的，将相关的、相似的材料串联起来，从中揭示主题，形成一篇文章。如果只限于个人，就会显得闭塞。如果运用网络，就会无限扩展。一个人的联想只是一条线，N个人的联想就是N条线，如果再组合起来，就是无穷尽。可见，网络对于联想的运用是其他途径所不能代替的。

辐射式，是以一个具体事物为中心，所有的联想都从这里发出，环绕这一点形成辐射状态的思维活动。如果只限于个人，就会显得狭小。如果运用网络，就可无限扩大。一个人的辐射联想，只是一个点；N个人的辐射联想，就是N个点。按照集合的观念，借助网络展开辐射联想，就会以点带面，丰富写作空间，其妙处自是不言而喻的。

环节三：合作平台

由于联想的独特方式，教师在指导学生习作过程中可以运用任何一种网络媒介，只要能够坚持，就一定能够拓宽学生思维空间，培养学生联想能力。具体做法可以如下。

A. 把某些景物制成多媒体课件，让学生进行联想。如看到圆，可以想到中秋明月，进而想到家人团聚，想到为国戍边、不能享受家人团聚之乐的边防战士。看到蓝色，就想到大海、想到冷静、想到理性，这样逐渐养成联想的习惯，想象力自然丰富。

B. 设计场景训练学生的联想能力。可从电视里截取一个片段去掉原来的声音，让学生根据人物动作表情联想发生了什么事。如从某电视剧中截取这么一个片段：外面突然下起了瓢泼大雨，一个小男孩拿着雨伞站在门外。让学生根据这个片段进行设想，学生的答案生动活泼，精彩纷呈：（a）这个小男孩是班级的值日生，看到下雨，想起教室的窗户没有关，于是拿起雨伞准备去学校。（b）妈妈正要去上班，还没走多远就下起了大雨，小男孩赶紧拿出雨伞等待妈妈回来取……

C. 播放课本剧录像续写课文。在学过《但愿人长久》这篇课文之后，给学生放了课本剧录像，剧中画面定格在苏轼在中秋节的夜晚，躺在床上翻来覆去睡不着，他会想些什么，做些什么呢？学生们纷纷展开联想，续写出苏轼创作《水调歌头》的经过。

D. 听音乐或歌曲讲故事，以震撼心灵的音乐激发学生的联想。如听了《一个真实的故事》这首歌曲后，让学生借助联想写一篇记叙文，具体描述小女孩是如何救丹顶鹤的。

（2）想象

环节一：理论认识

想象是人脑对记忆中的表象进行改造并创造新形象的过程，具有“思接千载，视通万里”的功效，无论是对阅读还是写作都具有重要作用。但就写作而言，通过想象可以将生活中的感受和思考串联起来，开拓思路，推动构思。也可以突破现实生活的限制，丰富表现内容和手段，塑造生动新颖的艺术形象。

想象这种手段，最适合运用到网络中。比方说，我们可以把头脑中的某一个抽象概念运用到网络上，用动漫的手段形象地展现出来。然后，再按照网络上的这个画面进行写作，既形象直观，又有很强的可操作性。也可以把我们头脑中的某个情节制成动画，在审视的过程中，按照写作的需要进行不断的修改，从而使心里想的和画面展现出来的形象能够有机结合，进而形成完整的写作思路，内外贯通，一气呵成。可见，运用网络进行想象，可以收到意想不到的效果。

环节二：操作方法

传统的方法之一是人物合成法，即同向合成与异向合成，也就是鲁迅所说的“杂取种种合成一个”。可以借助于网络搜索不同的人物形象，在比较分析中，综合出自己所想要的人物形象。

传统的方法之二是选取“模特儿”法，就是说把生活中的原型完全地搬进来，成为作品中的人物。这种方法在网络上可通过虚拟人物形象的方法和生活原型进行比较，在保持人物原有性格的基础上，进行艺术化的处理，从而活化出自己想要的人物形象。

传统的方法之三是情节转借法，就是把别人的故事情节转借到自己的作品中来。这种方法也很适用于网络操作，只要把相关的写作材料搜集到一起，找准一个切入点，把他人的情节构造法借鉴过来，再配以自己构造的事件，就可形成一个叙事系统。但要注意，切不可简单照搬，一定要有自己的再创造，否则会有抄袭之嫌。

传统方法之四是引出主题法，这是一种形象化的艺术手法，可以增强文章的感染力，又显得含蓄别致。在网络上，可采取蒙太奇手法对人物形象进行定格，并进行艺术描摹，通过细节展示的办法揭示出文章的主题。

环节三：合作平台

主要是运用网络的搜索、剪切、动画、虚拟等手段，再造艺术形象，从而丰富自己的写作手段。

（3）描写

环节一：理论认识

描写是文学作品中经常使用的一种表达方式，是指运用形象的语言对人物、事件、环境的形态、特征作具体的、生动的描摹与刻画，使读者对描写对象产生真切、具体的感受，并在心中形成鲜明可感的印象。

描写不同于叙述。叙述着眼于交代和介绍，重在总体概括和过程说明，而描写则着眼于刻画和描摹，重在表现细微之处，形成具体的形象，使人对客观事物有具体的感受并引起想象和联想，唤起情感体验。

网络给予描写的手段更加丰富。比如，我们要描写一朵花的开放过程，就可以在网上虚拟一朵花，通过动漫来把握它的过程，既形象又立体，还能调动我们的联想和想象，从而更好地完成写作。

环节二：操作方法

传统的方法有三种，一种是工笔和白描，一种是直接描写和间接描写，一种是静态描写和动态描写。

无论哪种描写，我们都可以通过网络搜索和定格的办法，观察事物的不同状态，然后根据写作的需要，或工笔或白描，或直接或间接，或动态或静态。各得其所，各尽其妙。

环节三：合作平台

一是直接和网络交流，运用网络上的诸多手段。二是借助于网络和他人交流，从他人提供过来的画面中展开自己的联想与想象，从而更好地完成习作。

（4）表达

环节一：理论认识

文章不论写人、叙事、描景、状物，还是说理、抒情、言志，都需要借助一定的表达方式，使人从中感受到义、理、情、趣，正像《艺概》中所说的那样："有寓理，有寓情，有寓气，有寓识。无寓，则如偶人矣。"如何做到"有寓"呢？除了对生活认真地观察、积累、体验、感悟、挖掘、提炼外，还要能够根据表达内容和中心的需要，能用、会用、巧用多种表达方式，并使之相映成趣、相得益彰。

表现在网络上，主要是参考他人的意见，来完善自己的表达。

环节二：操作方法

传统方法之一是在重点处添加描写。网络习作教学可教会学生把自己的文章发到网络上，把自己拿不准的地方提出来，看看别人有何建议，合适的我们就学习采纳。

传统方法之二是议论为记叙画龙点睛。同样可以让学生把文章中的记叙部分贴到网页上，征求他人建议，对于那些精妙的意见，我们可以学习借鉴。

传统方法之三是借抒情妙构文章主体。也可以让学生把文章发到网络上，学习借鉴他人的抒情方式，充实自己的文章，建构文章骨架。

传统方法之四是巧综合，使文章异彩纷呈。就是把文章贴到网页上，把自己在文章中综合运用表达方式的地方用不同颜色的字标识出来，以求得他人的评判或指点。

环节三：合作平台，方法指导

A. 借助多媒体展示例文，引导思路，激发表达欲望

教师用具有强烈视觉效果的课件将例文重点片段展示出来，会充分地引起学生的注意。相应的范文写作方式、写作思路将对学生产生深远影响，或许将直接迁移到学生的习作之中。例如指导学生写《美丽的家乡》，教师首先利用多媒体课件播放多幅反映家乡特色的图片，配上《谁

不说俺家乡好》《故乡情》等抒情歌曲，情景交融之中，启发学生思维，激发联想，迸发热爱家乡的情感，从而使其产生描写家乡的欲望。然后以《桂林山水》为范例，引导学生边回忆，边展示，归纳出“抓住事物特点，运用‘总分总’结构，采用对比、比喻等手法抒发感情”的写作方法。在这里，例文是一个台阶，起到了帮助学生“跳一跳摘到果子”的作用。而多媒体等于给了学生“一根拐杖”，降低了写作难度，创造出有利的心理条件，让学生主动投入写作活动之中。

B. 借助电教媒体，传授方法，自由表达

要上好习作课，仅仅靠激发学生的兴趣，还远远不够。关键还在于教师要正确地引导学生有重点、有顺序地写作。

（a）分清主次，突出重点地表达

利用音像教材能够克服学生习作时主次不分、详略不当的缺点。录像能够对重点部分进行定格、放大，引起学生高度的注意，并在头脑中留下鲜明而深刻的印象。教学“美丽的学校”时，同时展示各专用教室画面，让学生选择其中一两处作重点描述。在学生重点讲解时，再将所讲画面放大，做到主次分明、详略得当。

（b）理清结构，井然有序地表达

大多数教师经常组织学生开展活动，帮助他们积累写作素材。还有教师在学校组织大型活动后也往往要求学生写出一两篇文章。但是，学生在事后写作这些题材时往往言之无物，远不如玩时开心和尽情。2005 年上半年我校组织了“庆六一”游园活动。习作课时我们把活动录像放给学生看，通过追忆、联想，他们的思维一下子活跃起来，能够根据画面理清起因、经过、结果，明白当时干了什么，动作、神情、心情怎样。有了这些再现，学生滔滔不绝地议论开来。

（c）开阔视野，拓宽思路地表达

学生写作，写来写去就这么一点东西，很少有新的内容。此时，教师要引导学生开阔视野，拓宽思路。如要求写观察习作：一种自己熟悉的小动物，抓住特点，写出其外形、生活习性等。我们不妨事先让学生观察动物，了解它们的外形。在他们能够比较有条理地叙说的基础上，可以继续引导：“大自然中活泼可爱的动物多着呢，不信你瞧!”点击课件，十几种常见的动物跃然于屏幕上。孩子们看着这么多可爱的动物，肯定个个情绪高昂。再趁机问："有你们喜欢的动物吗？想不想把你最喜欢的动物给大家介绍介绍呢？"然后，教师再因势利导，要求学生按刚才观察动物的方法仔细观察，认真组织语言，介绍自己喜爱的动物。鲜明生动的画面一下子就将学生的视线、思维紧紧地凝聚在小小的屏幕上，学生想说的欲望被最大限度地激发起来了。

C. 借助多媒体，变"我能表达"为"我善表达"

（a）引导观察，培养观察能力

习作要做到观察、思维、表达密切结合。要写好习作，观察是第一步。观察是否深刻、细致，直接关系到文章质量的高低。观察深刻，感受、体验就深，就能触发写作动机，发现题材价值。教师要多方面、多角度地引导学生按顺序、有重点地学会观察、善于观察。多媒体计算机对培养学生的观察力具有独特的优势，它以直观、形象的图像，突破时间、空间的限制，还可以重复播放，有利于表现内容重点，便于学生感知和理解。观察不是对生活内容的简单、客观的呈现，而是包含着人的思维活动，融合了人的情感、认识，是一种复杂的高级神经活动。如在指导"记一次广播操比赛"的习作时，先让学生观看学校广播操比赛时所拍摄的录像，第一遍让学生观看广播操比赛的过程，使他们对比赛过程有个整体的了解，然后让学生观察某一同学比赛时的细节，提示要看清手、脚、头部动作、脸部表情，并回想自己在比赛中的心情。这样既培养了学生的观察能力，又渗透了思维活动。

（b）以说促写，提高口语表达能力

计算机进入课堂，为学生的说创设了情境。以指导学生写"公园一景"为例，学生在观察某公园之后，教师可进一步运用多媒体展示出公园不同地方的不同风景——而这些风景中有不少是被学生忽视的地方。学生眼前一亮，原来自己在游览的时候并没有仔细观察！心灵为之一颤。教师紧接着问："想不想给大家介绍介绍？"学生的表现欲一下子被调动起来了，个个跃跃欲试。这时教师再因势利导："请你们按一定的顺序加以观察，然后选一处你认为最迷人的地方向大家作介绍，比一比谁是最佳导游员！"在多媒体画面的有效刺激与教师的步步引导之下，学生想说的愿望被充分调动起来了，通过同桌对说、小组讨论、大组交流，学生的话匣子一下打开了，个个说得开心，说得到位，锻炼了口语表达能力，为写打下了良好的基础。

3. 修改阶段

这一阶段也叫成稿阶段，是在习作大体成型的基础上进行局部修改。对于主旨、材料不再做更大的改动，只是对语言、段落、线索和表现手法进行适当的改动，使得文章文质兼美。这种修改在网络上主要是通过交流的手段，结合他人的修改意见和方案，对文章作最后的“手术”。

4. 借助材料，培养自改能力

叶圣陶认为给学生改作文，最有效的办法是当面改。当面改可以提笔就改，也可以跟学生共同念文稿，遇到要改的地方就向学生提出问题，如“这儿怎么样”“这儿说清楚了没有”之类的。利用投影教学信息反馈快，面批范围广，易进行对比评讲。

在教学中，可以将习作评改方式由纸上转到电教媒体中，评改方式由针对个人转向面对集体，师生共改，集思广益。具体做法可以是：学生初成文章后，教师浏览，并按训练重点和习作要求，选择反映共性问题的好、中、差习作数篇，投影在银幕上。集中全班学生的注意力，教师教鞭所指之处，或教师示范改，或师生评议作者改，或学生多人“接力”改，等等，方式灵活。虽均为口头评改，但能培养学生积极的思维能力和流畅的口语表达能力。无论是肯定习作的成功之处，还是纠正有代表性的错误，均能做到视听结合、集体受益。同时，教师又能节省大量批改时间，可谓事半功倍。

多媒体手段的应用，大大优化了习作教学的过程，是习作教学实现低耗、高效的又一途径。然而需要注意的是，多媒体计算机并不是万能的，各种媒体都有它一定的适应性和局限性。这就要从教学的实际出发，一要对媒体特征作出认真分析，正确选择，努力发挥媒体的特长；二要精心组合多种媒体，尽可能取长补短，从而优化习作课堂教学；三要正确把握时机，运用适时适量，以免喧宾夺主，弄巧成拙。

总之，在小学习作教学中，根据课堂特点，有效地开发多媒体资源，必将突破课堂内外的限制，有效联系学生的生活实际，使课堂焕发更多的活力，让习作教学插上“多媒体”这一神奇翅膀，展翅高飞！

四、网络习作的缺陷及补救办法

由于网络是虚拟空间，学生在借助网络进行习作时，最大的弊端就在于很难进行真实的情感交流，久而久之，会造成性格孤僻、不善言谈、闭塞狭隘的后果。我们可以建立学习小组，通过几个人在网络上的共同合作，在保证获得网络优势的同时，也不失同学间的情感交流。在这一点上，教师要充当导演的角色，起到情感沟通的作用。同时，也可以借助网络上的图像或典型资料适当的对学生进行情感熏陶，以保证学生情感的交流，让他们在运用先进技术的同时，也能够体会到情感世界带给他们的温暖。

教学示例

我眼中的三国人物

教学目标：

借助网络，收集、整合资料，在网络平台中通过讨论形成写作思路。

教学准备：

《三国演义》影视作品，多媒体网络

教学流程：

一、谈话激趣导入

通过交流所看过的《三国演义》小说或影视作品，让学生们就《三国演义》中人物的功过是非发表自己的看法，再进一步导出研究的主题：介绍自己最喜欢的《三国演义》中的人物。

二、上网搜集信息

网络中，有关《三国演义》的资料非常丰富。为学生提供相关网址以便选择。(学生上网查询遇到困难时，教师给予适当的帮助提示)

三、形成写作思路

学生交流从网上查阅到的资料，并围绕“我喜欢《三国演义》中的人物及理由”这一主题，展开讨论，相互启发，形成写作思路。

教师在学生交流讨论的基础上，给予学生适当的建议。

四、开展在线写作

学生利用网络独自或和同学一起开展写作活动。当遇到问题时教师给予及时的帮助。

五、网络交流评价

通过网络交流习作，并进行评点，然后修改自己的习作，并把完成的习作张贴在网上。

第二节 推 理 式

一、推理习作的概念

推理是由一个或几个已知的判断（前提），推导出一个未知的结论的思维过程。其作用是从已知的知识得到未知的知识，特别是可以得到不可能通过感觉经验直接掌握的未知知识。而推理习作则是把推理演绎的过程以文字的形式表达出来，使推理过程更生动化、形象化，使其更具人文性和文学性的过程，同时也是富有逻辑与想象力的综合的文字体现。

二、推理习作的意义

众所周知，思维过程中运用符号表征系统对客观事物所做出的反映是通过分析、综合、抽象、概括、判断、推理以及联想、想象（包括再造想象和创造想象）等不同的心理加工方式而实现的。把这种思维方式的内容整理记录下来，有利于培养学生自我思考和独立分析的能力，有利于提高语言文字的逻辑运用能力。在习作中，如果能遵循推理的原则、按照一定的方法进行大胆推想，文章一定鲜活而灵动，富有独特的美。

三、推理习作的类型与操作程序

（一）实物推理

实物推理习作是根据生活中的实物特点，推测来源、过程、发展以及意义的推理文章。

首先要遵循推理想象的原则，不能任性而为。推理来源于生活，同时又具有一定的逻辑性。推理的内容是对生活原型的加工与重组，因此，推理必须有据、可靠。

其次，推理要讲求一定的方法。一般来说，我们可以从以下几个角度进行：一是由此及彼的推理，就是由一个事物想到另一个事物。比如杨朔的《荔枝蜜》一文中，作者就由辛勤工作的蜜蜂联想到辛勤劳动的农民，非常自然，不仅使文章内容丰富，而且使主旨得到了升华。二是由果到因的推理。世上没有无源之水，无本之木，万事皆有因果渊源。福尔摩斯正是由于利用因果推想，才屡破奇案，成为风靡全球的神探形象。三是超越现实的推理。所谓幻想，是指对尚未实现的事物进行的构想。正是因为这种事物尚未实现，才能引起人们的兴趣，文章也是一样。郭沫若《银杏树》中对银杏树的奇妙幻想和推理，不知引起多少读者的向往。

在习作教学中，我们可以鼓励和引导学生随心所欲地运用身边的任何一个实物，推测其由来的详细过程、具体作用及其所包含的情感等，在发展思维水平的同时，锻炼习作能力。

（二）图片推理

图片推理是指通过对各种图片的观察，追溯原因，推测过程而形成的文章推理。

图片推理首先要对图片有所展示，并要在展示过程中观察整堂课中学生的情绪、行为反应，以及学生的学习反馈，促使学生积极参与、观察（由部分到整体或由整体到部分）。同时还要给予适当指导，教会学生观察、把握图片上的相关细节。

看清图的意思后，接着就要去分析。要根据所提供的画面，分析推理事件所蕴涵的中心和意义。大框架把握以后，就要通过画面的细微部分分析推理画面人物与事件的关系，人物的表情、动作等细节。

最后要通过合理的联想和想象，把事件补充完整。因为一个静止的画面，远远不能表达一件事情的全部内涵。联想要着重依据画面所提供的情节来具体展开，要合乎逻辑，并能与图呼应。

（三）科学推理

科学推理式就是联系事物以后的发展，运用科技进步的观点来看待事物的变化，以实践的方式来予以验证，描写成功与失败的过程。它注重过程描述。新的课程标准指出，科学是以多样统一的自然界为研究对象的探究活动。科学探究不仅涉及逻辑推理和实验活动，同时还是一个充满创造性思维的过程。科学推理式习作是在认识的基础上，推测事物发展的前景，有利于形成学生的发散思维，结合生活实际，不断发展想象力，促进儿童想象世界的发展。

我们可以在现实生活的基础上，通过学生的畅所欲言，集思广益，从中提炼有关科学发展的观点和特性，激发学生推想的兴趣和欲望，进而推动学生更加深入地理解事物发展的全过程，形成宽广的视野。

曾有一位学生在文章的开头处展开了大胆的推理想象："一位科学家终于发明了一台能穿越时空的可视电话机"，这样，以这种高科技产品作为前提，就使之后发生的"与历史人物"的对话显得非常自然——文章以记者采访的形式，让王勃畅谈了自己习作《滕王阁序》的过程和写"海内存知己，天涯若比邻"时的心情。作者这样安排，显得非常符合常理，读起来毫无牵强之感。文章的结尾，又以信号不好为由，收束全文，看到这里，相信曾经试用过新产品的人一定会发出会心的微笑，这便是非常典型的科学推理习作。

（四）空白推理

空白推理也称续写。简单地说，就是接续原文的上文写出下文，把原文中残缺的内容补充完整。续写属于"条件习作"，一般是给定原文的开头部分，要求续写出主体和结尾部分；或者给定原文的开头和主体部分，要求写出文章的结尾部分，从而使文章成为结构完整、前后连贯、表达清晰、思想集中、主题鲜明的有机统一体。

首先，进行空白推理要仔细阅读原文。续写前必须对原文认真阅读，力争完整透彻地理解原文所表达的主要意思，全面分析原文的构成要素，摸清原文的内容、中心和写作思路，以全局的目光审视分析并掌握原文作者的思想倾向、情感指向和思路走向，再对原文的情节、细节进行适当的补充。

其次，教师要引导学生展开合理的联想和想象。续写习作虽有一定的限制，但我们可以在限制中求自由，发挥联想和想象，沿着原文的思路写下去。只有张开联想和想象的翅膀，才能进行由此及彼、由表及里、由近及远的联系，才能把原文的情节和自己的生活经验联系起来，并在已知条件的约束下写出合乎要求的文章。

要注意同时兼顾续写文的完整性和延伸性。所谓完整性，是说续写文与原文应保持一致，相互联系，共同组成一篇文气贯通的文章。所谓延伸性，是说续写时应在领悟原文的基础上，进行补充延伸。

（五）故事接龙推理

此类习作形式属于普及性质的广泛参与性教学形式。通过前者的叙述，后者把故事富有逻辑性地接叙下去，最后由学生形成书面文字，这是班级同学进行集体习作的一种形式。不同的作者根据习作需要的不同可以选取不同的方式。这样的故事可以集思广益，取得特殊的效果，启迪学生的思维。

接龙规则是让学生发挥丰富的想象力顺着前一位的叙述把故事接下去。故事情节生动有趣，内容健康向上。如在班级中，依据孩子们心目中崇尚的美好品质和超自然的能力，创造出一个具有神奇魔力的人物——奇奇。由每个孩子编写一次奇奇的历险，在故事中充分展示他高超的本领和崇高的品质，之后汇集组成别具特色的《奇奇大历险》。

教学示例

趣编故事接龙

教学目标：

激发学生想象能力，使学生乐于表达，编出一个个生动有趣的故事。

教学准备：

多媒体课件

教学流程：

一、激趣引新课

1. 谈话激趣

同学们，我们已经学过许多童话故事了，今天，我们首先来和这批老朋友见见面，好吗？

2. 课件展示

你们如果还记得这些童话故事的名字，就请大声地喊出来吧！

从同学们的呼喊声中，老师知道了你们非常喜欢读童话，看童话。你们为什么这么喜欢童话呢？

3. 归纳童话特点

二、看要求审题

1. 题目展示

同学们，今天这节课就让我们也来当一回安徒生和格林兄弟，学编童话吧！

2. 集体讨论

3. 汇报习作要求

三、口头编童话

1. 分析心理

今年的小鸡呀，得到了人们的宠爱，就更加骄傲起来了。你瞧，它们干啥了？

2. 讨论交流

你们刚才说的就是小公鸡的心理活动。（于是，他们来到了一个繁华的大都市，在这里会发生什么事呢?）

（1）要注意抓住心理活动、语言、神态、动物的自身特点和环境的描写来烘托气氛，再用上平时积累的好词佳句，编出的童话才会生动有趣。

（2）如果在一开始注意讲明故事发生的时间、地点，交代清楚故事的人物，就更加具体了。（板书：时间、地点、人物）

3. 归纳总结：你们说得真不错，编写童话，除了以上注意的地方外，我看还需要大胆合理的想象，要有时代感和创新（例如，进人才交流市场去应聘就是新鲜事物。），也要有教育意义。（这个童话故事教育我们：只有认真学习，才能掌握生活的真本领。）

四、自编童话

同学们，刚才我们只选了两只小鸡作为我们童话故事里的主人翁，但是，这次作文允许我们选的动物可多了，你想选什么动物作为你童话里的主人翁呢？（学生自由说出，教师在黑板上分别贴出动物图画，完成板书。）

五、成文汇报

同学们，请勇敢地站起来，把自己编的童话故事说给大家听听吧！

六、习作童话

同学们，听了以上两位同学的童话故事，我们受到了不少启发，还有许多同学都想把自己精心构思的童话故事说给大家听呢。但是，由于时间关系，在这里就不一一讲了，下面请你们把构思好的童话输入到你电脑里的文档中去，老师就能看到了，看谁编写的童话最精彩，现在开始吧！

第三节 下水文式

苏霍姆林斯基说过，习作低效的主要原因，就是教师自己不会写习作。小学生天真幼稚，有着很强的“尚师性”。如果教师率先垂范，亲自动手动口习作，将给学生抛砖引玉，使其打开想象的闸门，拓宽习作的思路。学生在模仿、学习老师的同时，有可能爱屋及乌地爱上习作，爱上语文。作家沈从文就是一个很好的践行者。他每布置一个题目，就亲自从各个角度先写几篇“下水文”，给学生以潜移默化的示范和影响。

一、教师习作指导的偏见

传统的习作教学是“君子动口不动手”，一个题目抛给学生，教师隔靴搔痒地说上几句，然后学生书写。我们不少老师认为只讲不写有这样几种理由：一是认为习作是学生的事，自己没有必要写学生文章；二是认为教学事务缠身，无暇顾及；三是认为下水文是小儿科，自己要写就写论文，能见之于报刊杂志；四是认为习作教学大可不必如此大动干戈，小题大做。因为有如此这般的认识和如此这般的指导，学生思路狭窄，行文滞涩，从心底里厌恶习作的现象也就不足为怪。

二、下水文的概念提出

刘国正先生说，你要教会学生写文章，自己要先乐于和善于写文章，教起来才能左右逢源。犹如游泳教员自己要专于游泳，钢琴教师自己要精于弹琴，这其中的道理是很简单的。他还说：“但看我们的老一辈语文教育家，无一不是文章能手，他们的教学艺术和文章艺术是相辅相成、水乳交融的。如果在不久的将来，从我们语文教师的队伍中涌现出一大批文章能手，很值得我们为此开一个庆祝会，因为这正是提高作文教学质量，乃至提高整个语文教学质量的一项基本建设。”

刘国正先生呼吁教师自己要写文章，其间就包括写下水文。“要学游泳，必须下水；要教运动员游泳，教练必先下水示范”，“下水文”一词也就由此产生。

下水文指的是习作教学中，面对同一个题目同一个内容，教师自己亲自动手写的文章。具有现实意义的“下水文”，就是站在儿童的角度，用孩子的口吻来习作，尤其是小学语文教师的下水文，还被称作为“范例式下水文”。它包括教师备课时所写和在课堂上与学生同时写、学生习作后再下水文指导三种方式。

三、下水文指导的作用

叶圣陶老先生曾说，语文教师教学作文，要是自己经常动动笔，就能更有效地指导和帮助学生。因为教师只有通过亲身实践才会体会习作的甘苦，习作的困难，才能获得感性认识，发现问题，有效地指导学生习作。同时，教师写下水文，这本身就具有榜样和示范作用，能激发学生的好奇心、好胜心，能激起学生的习作欲望。

实践证明，下水文习作指导好处很多：一是“下水文”有利于提高语文教师的基本素质；二是写“下水文”有利于激发学生的习作兴趣，调动习作的积极性，增强师生之间的感情；三是写“下水文”有利于促进阅读教学，拓展学生的知识面；四是“下水文”有利于指导作文讲评，能够使教师迅速地抓住要害，增强评改的针对性。

从某种角度上来讲，下水文指导打破了以往教师只指导不示例的模式，体现了习作指导的开放性。

四、下水文的操作策略

写下水文，最终的目的在于引导学生、激发学生。所以，教师也必须明确写“下水文”的要求：要符合语文课程标准和教材对习作的要求，不能脱离学生的接受能力；要反映学生生活，注意发现和选择美好的事物；要有儿童情趣，选材要新，立意要新，构思要新；尽可能用学生的心理、语言和口气去写，这样便于学生把握和模仿。

（1）写前“下水”，可以启发学生弄清习作的目的要求。

（2）写中“下水”，可以帮助学生解决习作中的具体困难，给学生一个样本，激发学生的习作热情与兴趣，能够做到习作有物可写，有材可用。

（3）写后“下水”，可以引导学生突破习作中的难点，正视习作中的问题，进而修改。

五、下水文式习作注意事项

下水文式习作指导于师于生，确实大有益处，确实是习作教学的一条成功经验。但是，目前在运用“下水文”上还存在一些问题。有的教师将“下水文”当范文让学生盲目仿写，结果是严重地束缚学生思维的发展，不但没开放，反而将学生引入“死胡同”；有些教师自身习作能力有限，下水文写的、说的都粗制滥造，对学生不仅起不到示范作用，反而在某种程度上影响了学生的习作兴趣和习作能力的提高；还有的自己写不出来，从网络上下载，同样收不到好的效果。

基于这些问题，要求我们教师正确认识下水文的作用和意义，不能图形式开放而开放；此外，写下水文也是教师的一项基本功，我们要广泛阅读，多方涉猎，充实自我，给学生树立一个儒雅型、知识型教师形象，激发学生强烈的求知欲、创作欲。

教学示例

写出人物的特点

教学目标：

1. 回忆生活中给自己留下深刻印象的人，能在头脑中再现其音容笑貌、言行举止，准确地把握人物的特点。

2. 学习运用动作、语言、外貌等描写方法，写出人物某一方面的特点。

教学准备：

教师课前准备好下水文《忘不了她》，分发给学生或张贴于班级习作栏。

教学流程：

一、回忆课文，感受典型形象

通过本组课文的学习，我们认识了二嘎子、王熙凤、刷子李，还有严监生。大家回忆一下，这些人物给你留下了怎样的印象？

（根据具体的人物，引导学生说出人物的特点。）

二、畅谈习作，感受人物写法

1. 要求学生根据课前教师准备的下水文《忘不了她》，畅谈自己的阅读感受：小娟给你留下了怎样的印象？文章用了哪些方法表现小娟顽强、好学、勇于追求的特点？通过鉴赏，让学生感受写好人物特点的方法。

忘不了她

正月初八，也是初三刚开学的第一天。花花绿绿的衣裳，呢呢喃喃的话语满教室都是——毕竟辞去了旧岁，迎来了一个崭新的春天，充满稚气的孩子们好像都忘却了刚刚过去的紧张与繁忙。

"老师，我能报名吗？"非常稚嫩的声音！抬头看去，一个很有灵气的小姑娘不知什么时候出现在我面前。"怎么不能？"我不假思索，回答得很是干脆。但是，身旁却是爆发出一阵听不出是何意的笑声。我认真地看了一下这位姑娘，天啦，不由得打了个寒战，好端端的一个姑娘，怎么？——两只脚几乎不能走路，身后，是一根光溜的拐杖！不知是同情，还是敬畏，我非常工整地写下了她的名字："小娟"。

"老师，小娟没有完成作业！"

"老师，小娟又迟到了！"

学生的反映接二连三地汇总过来。这怎么行?！我气得跑进教室，蓦地，我惊呆了——瘦瘦的她趴在桌子上，凝神地望着笔尖，而手，却是吃力地握着，一笔一画都非常艰难，半晌，才写下几个歪歪斜斜的字……她竟然连字也写不好！难怪每次交上来的作业很难看——同学们用10分钟能完成的作业，她至少要一个小时！她就是这样学习的。我不敢再想下去，悄悄地退出了教室……

"老师，她不要我们帮忙！"

"她很倔犟的……"

她就是这样一个女孩！

"老师，我可不可以报考重点中学?"声音很小，但是，听得出来很坚定。我望着她，既兴奋，又担忧：她，行吗？这又该付出多大的代价！

"老师，再大的困难我也不怕，真的！"眸子里，闪耀着的是自信与固执。她会怕什么呢！她战胜了自己，战胜了同学，月考一次次夺得第一名！但是她的身体?

我无言以对，也想不出什么语言来劝阻和安慰她。之后的日子里，她越来越瘦，越来越瘦……望着这情景，每一位老师都摇头；她的母亲，只是暗暗地流着泪，但是，我们的小娟，却是笑着，顽强地笑着……

毕业的那天晚上，月光皎洁，夜色真的是很美。我带着孩子们兴奋地坐在草地上，小娟也坐在我的身边，很安静。但是，看得出来，她清秀的面庞绽放着喜悦——她的梦真的成功了！

2. 教师口头习作《难忘的月夜》。听完这个故事，哪些地方令你感动？人物的主要特点是什么？同样是写人，与《忘不了她》的写法相同吗？启发学生进一步感受写人的方法。

难忘的月夜

院子里静悄悄的，只有圆圆的月亮高挂在天空，投下那皎洁的月光，如同白昼一般的明亮。又到八月十五啦！我靠在栏杆上，出神地望着月亮。

“妈，月饼准备好了没有？”妹妹忍不住了，冲着房子里就嚷。

“别急，别急！”妈妈一阵小跑，端来几个冰皮月饼，爸爸紧跟在后，手里也提着个盒子。

坐在月光底下，一边吃月饼，一边赏月景，还有什么不幸福的事呢！

“慢着，小馋鬼！”妹妹伸出去的手被妈妈挡了回来。

“你看！”妈妈指着楼下。门卫室门口的树下，一个瘦瘦的身影，出神地望着月亮。那不是老黄吗？他来我们厂几年了，一直没有回家，儿子还在家乡读书。现在，他在想家，在想他的儿子吧？

“走，下去！”爸爸在后边推了我一把。

当我们来到下边时，老黄还在凝神望着那圆得发亮的大玉盘，久久地，久久地……

“老黄，我们来看你啦！”

“厂长？”老黄仿佛从梦中惊醒。

“今天，我们一起来过节。”爸爸望了望老黄，把手中的盒子递到他面前，说，“这是我们一家子的一点心意……”

盒子打开了，里面露出了一个崭新的东西，是手机！老黄吃惊地望着我们，“这，这……”

“没什么。卡装上了……”爸爸说着，拿起手机，翻开了电话簿，开始拨电话。

老黄颤抖地接过手机，对面，传来了他儿子的声音。听到了，他听到了儿子的声音！老黄的脸颊上，流淌着两行激动的泪水。看到老黄和儿子亲切地交谈，我们一家人幸福地笑了。

“老黄，这是厂里工人的一份心意。”说着，爸爸从裤兜里掏出一个红包，郑重地递给老黄。

还没等老黄回过神来，院子里突然钻出了许多身影，他们是小张、小王……厂里的工人差不多都到了！

“祝老黄中秋节快乐!”

望着这些朝夕相处的同事，老黄激动得泪流满面，只是一个劲地说着:“谢谢你们，谢谢你们……”

夜已经很深了，但是，月光还是那么皎洁……

三、启发谈话，口述难忘形象

一个特点鲜明的人，总是给人留下深刻的印象，即使偶然见上一面，他的音容笑貌、举手投足，都在我们心中挥之不去。哪些人给你留下了独特的印象，感觉非同一般呢?

1. 回忆难忘形象。要求学生回忆生活中给自己留下深刻印象的人，在头脑中再现人物的音容笑貌、言行举止，并与同桌交流。

2. 小组或全班交流，描述难忘的形象。要求突出人物某一方面的特点。

3. 讨论、评选难忘形象。根据同学的描述，评选出特点最突出的人物，并探讨成功的原因。

4. 小结写好人物特点的方法。

四、理解应用，描绘难忘形象

结合写人的方法，把自己心目中最有特点、印象深刻的人写下来。

五、小组评议，突出人物特点

指导学生根据要求，互评互议互改，让人物特点更突出。

教学示例

自己的故事

教学目标：

拟通过读豆豆的漫画故事、听老师讲自己的故事和读老师的故事，使学生学会从身边、从生活中选材，逐步走出习作无话可写的困境。

教学准备：

豆豆的漫画、多媒体课件、教师自己的故事。

教学流程：

一、观看漫画，引起学生童年之趣

导入：同学们，昨天发的几张有关豆豆的漫画，喜欢吗？哪一组给你的印象最深？

小结：虽然是漫画，我们却从豆豆的身上找到了自己童年的影子。

二、分享故事，唤起学生童年印象

1. 同学们，我们相处多长时间啦？你们认为我是一个怎样的人？

2. 出示女儿的作文，学生朗读

“说起爸爸呀，他小时候可是胆大包天的‘孙悟空’，啥事都敢做。比如：拆抽水机，野地里去追兔子，把青蛙送上天，一把火差点烧了爷爷、奶奶的家……可现在一穿上溜冰鞋，他就变得胆小如鼠，一动也不敢动了。”

根据这段文字，猜一猜，我小时候可能是一个怎样的人？

3. 教师讲自己的故事

看了豆豆的故事，想听我的故事吗？教师讲述《冬天里的一把火》（口头下水文）。还想不想听？再讲一个《虚惊一场》（口头下水文）：

星期三第三节课是语文课。我早早地来到教室候课。班上的调皮生陈家辉望着我，露出狡黠的笑。“笑什么，这段时间给班里添的乱还少么！”我一边想，一边轻轻地拍打着他的手。他笑得很腼腆，越来越不好意思。

他索性离开座位，从一个女生抽屉里掏出一个东西，“老师，你猜，里面是什么？”调皮鬼！我没好气地望着他：一个小盒子，是褐色的。

“你能拿出什么好东西？”我瞪了他一眼。

“老师，你猜猜嘛！”他望着我，央求着，嘿嘿地直笑。

我提过来，小心翼翼地。看了看，没有什么特别的机关，应该是一只普通的盒子；听了听，没有声响，也应该不会有什么别的东西。我端详了好半天，才轻轻地去揭盒盖。而此时，身边早已围了一大堆同学，静静地望着，谁也没有出声。

慢慢地，慢慢地，拉开了，里面看上去只有一只像蝎子一样的东西。应该是塑料的。我舒了一口气，惬意地笑了。我还怕这个？

“老师，你看！”猛地，我的手被陈家辉拉了一下。一只闪着荧光的蝎子突地从盒子底下蹿出来，硬是黏在了我的手上！痒，毛茸茸的，还有些滑！天啦，平生，我最怕这些毛毛虫什么的！手猛地缩了回来，但是已来不及了，全身，如触电般，冒出了冷汗，身子也不由自主地后退！

还没回过神来，教室里爆发出一阵从未有过的笑！

“老师，假的，假的……”

“哈，老师也怕……”

“吓死我了，吓死我了……”我喘着粗气，明白了，孩子们早都知道，都来逗我！虚惊一场！我终于笑了，和孩子们爽快的笑融合在一起……

笑声，一直飘荡到上课铃响。

最精彩的地方在哪里？用了哪些方法把精彩的地方表现出来的？学生评价，从中感受怎样写具体写精彩。

4. 引导学生读文，理解运用

还想不想听？不说啦，大家看几篇短文吧！下面几个故事写得怎样？(教师备课时习作的下水文)

癞蛤蟆飞上了天

刚过完春节，手头上有的是鞭炮，特别是几个又大又长的，连大人都不敢放。因为，放在地上，可以炸个箩筐那么大的坑；扔在水塘，溅起的水柱有几层楼高。那声音呀，连我耳聋了几十年的邻居老奶奶都为之一震！

春天，太阳暖暖地照着，癞蛤蟆从洞里爬出来了！平日我最讨厌它了——全身的疙瘩，一见就害怕。

三四个小伙伴玩腻了，傻傻地望着悠闲的蛤蟆。有了！我立刻把鞭炮拿了出来，找了一个脸盆，然后来到田野里。

“干吗?”伙伴们很纳闷。

“你等着瞧。”我一边把鞭炮插在泥土中，一边把盆子盖上，然后将蛤蟆绑在上边，“大家看好啰！一、二……”

等到鞭炮点着了，小伙伴们看清了是怎么回事，一个个吓得捂着耳朵，飞快地撤退……

轰，脸盆飞上了天，像火箭一样，带着蛤蟆一直飞向天空，越来越小，越来越小，大家都吸了一口凉气，“我的妈呀!”

还没等大家回过神来，脸盆从天上落下，“当”地砸在地上，吓得大家直吐舌头。还没来得及喘气，又是“啪”的一声，蛤蟆就重重地掉在我们的一个小伙伴头上，呜呜，他哭了。

而我，则在一旁笑痛了肚子。

妈妈，我的鼻子也会吃豌豆

望着大人吃得那么香，我还真羡慕。捏着光光滑滑的豌豆，突发奇想：别人都是用嘴巴吃豌豆，鼻子就不能吃吗?

我偎依在母亲怀里，将一颗像珍珠般美丽的豆子悄悄地拿向了鼻子。可惜的是，鼻孔竟然小了！——要让鼻子吃豌豆还不是一件容易的事情!我就这么想着，换了一粒。

“你吃这么快？连咬的声音都没有听到呢?”妈妈望了我一眼，感觉有些奇怪。

“呵呵，我会让你们大吃一惊的……妈妈，我的鼻子也会吃豌豆啦……”

“什么?”妈妈大吃一惊，“你不要命啦！快掏出来!”妈妈可急坏了，开会的叔叔们也急了，赶紧停下来，围在我身边。

我一慌，赶紧把小指头伸进去掏。谁知麻烦来了，越往外掏，豆子就越往里面钻，连气也出不了了，我只得打开嘴巴喘气。

“怎么办啊，会憋死的!”大家急得团团转，我也慌了神，张着嘴巴直喘气。

10 分钟过去了，20 分钟过去了，一个小时过去了……

就这样，我一直张着嘴巴，喘着粗气。突然，我实在忍不住了，“啊嚏”，打了个喷嚏，只听得“叮”的一声，豆子出来了！

整个屋子又充满了笑声，而我，害羞地躲在妈妈身后，还在找那粒豆子。

一分钱一个

家里虽有200多本小图书，但都是从表哥那里借来的。没有一个月，全看完了，有些还反复读了10多遍！

每每趴在书店柜台，望着那些充满诱惑的图书，羡慕得不得了。贵的才两毛钱一本，便宜的也才两三分，可还是太贵了，我一分钱都没有！只得眼睁睁地望着，渴望能够买到一本。

邻居有个有钱人，种了不少的黄麻。冬天，麻浸泡在水里，早已经发臭发黑发烂，让人恶心。加上湖南的冬天冷得出奇，泡在水里撕麻的手没几下就冻僵了。撕完几十根的一捆麻，差不多要花上半个小时，而工钱才1分钱！

大人很少做这种事。但是，我去了，就为了那几分钱！

每天上学前，我撕一个；中午，又去撕一个，放学后再撕一个。一天能够得到三分钱。我高兴得不得了，虽然手逐渐变得像爸爸妈妈的一样粗糙，而且裂开了血口子，肿得像馒头！

但是，我高兴！就这样，我先后买回了几百本小图书，包括《吴越春秋》《史记》，知道了春秋争霸和司马迁……

三、评说故事，激起学生动笔欲望

几个故事，就是几篇文章。评价一下，有什么启发吗？

事实上，《冬天里的一把火》《虚惊一场》《癞蛤蟆飞上了天》《妈妈，我的鼻子也会吃豌豆》《一分钱一个》都是教师的下水文，有些是备课时所写，有些是课堂即兴所说，它们给学生起到了暗示的作用，即习作是可以从生活的小事中选材的，习作可以从人物的动作、语言、神态等方面去写具体发生的事，可以反映自己的喜怒哀乐，等等。正因为有了这样的暗示和启发，学生的思维被激活，习作欲被强化。所以，已经有同学按捺不住，开始说自己的童年，说自己的往事，乃至最后将时间定格在某一特定的时刻，抒写自己难忘的往事。

第十章 开放的评价

长期以来，习作评价与其他的教育评价一样，被作为一种筛选、选拔的工具，更多地体现了它的淘汰功能。教师对学生习作能力的评价，往往关注的是学生成文后的一次性评价，只注重结果评价，忽视了形成性的评价；把学生当成评价客体，忽视学生的主体性；其内容也以教师的意志为中心，没有关注学生的真正体验，对学生的习作方法、习作习惯以及情感、态度、价值观等方面不够重视。由于认识上的错位，直接导致习作的评价与批改，定位于教师和作品之间，是一种单向的评改活动。教师精批细改，耗时大，反馈效率低，且不及时；批改内容往往又很抽象概括，没有充分顾及学生的意愿，远离学生的生活真实，使学生难以理解，更难以接受和提高。这样，学生的创造性思维没有得到发展，个性没有得到张扬，学生只能顺应教师的评价和批改，效仿教师的思维。久而久之，学生习作成了千篇一律，没有灵性，没有童真和童趣，缺乏真情实感的“标准件”，学生也处在习作的被动状态之中。长此以往，学生对习作的修改失去了应有的认识和兴趣，认为自己只管写，修改是老师的事。

这些问题的存在，反映了教师在习作教学过程中疏忽了对评价这一环节的研究，对习作的评价没有提出严格的要求。“解铃还须系铃人”，针对上述问题，我们认为，批改习作是习作评价的一个最重要的方面，批改不能仅仅局限于习作文本本身，更要关注文本背后的人——学生。

依据“生本教育”理念以及“主体发展性评价”原理，我们提出开放式习作评价，强调评价主体多元，使学生成为评价的主体。更重要的是改变评改方式，让学生体会成功与快乐，激发学生习作的兴趣，进而享受习作成功的快乐。

第一节　开放式习作评价的特征

新课标指出，“对学生的学习评价要以课程目标为依据，并考虑每一个学生的起点，应使过程评价与结果评价、定性评价与定量评价、横向评价与纵向评价、主观评价与客观评价紧密结合”。反思当前的习作教学，提倡发展性评价，促进学生写作情感、态度、知识、能力、个性等全面发展已刻不容缓。小学生习作发展性评价力图使每一次评价对每一位学生的“现在”和“将来”都有价值，都是这一次习作的延续和下一次习作的起点。

一、开放式习作评价的特征

（一）开放式习作评价“为发展而评”

开放式习作评价尊重个体间的差异，承认每个学生的价值，从对每一个个体习作的现状分析中去发掘其潜能，重视学生习作中的个性体验，从而激发学生的习作热情，激励、唤醒学生的智慧潜能，促进学生个性发展。允许学生“二次习作”，作“二次评价”，力求以立体的评价目标、多元的评价方式，让每位学生感受习作的成功和欢乐，并能在各自的起点上得到个性的充分发展。

语文教师大多为批改作文犯难，虽然是“精批精改”，但效果却不明显。其中很重要的原因是教师忽视了习作背后的人——学生，而总是以成人的视角、思维、情感等作为评判的标准。教师必须走进儿童的经验世界，体会儿童心理，学会用儿童的眼光来观察、体验生活。对不同学生提出有层次的要求，为每个学生提供机会，让其创造属于自己的成功，体验收获与自信。有的学生口头表达能力较强，课堂上发言积极，回答精彩，但在习作时词不达意，按照书面情况给予评价显然会挫伤他们的积极性。不妨多给他们做口头作文的机会，适当提高他们的作文成绩，同时不忘提醒：“你说得真好，如果写得也很好，那就更棒了！”个性化的评价与鼓励，点燃了学生的习作热情，促使学生扬长避短，不断进取。根据学生好表扬的特点，还可以在批阅学生作文时把情感倾注在笔端，努力寻找学生的闪光点，哪怕是一丝一毫，只要有独到之处，进步之处，就写上几句鼓励性的评语，以激发学生自改作文的兴趣。如“这里的内心活动写得好！”；“现在，你的芭比娃娃好像就在我的眼前”；“修改后的文章真是精彩多了，巧手出精品！”……这样的点评费时少，收效却很高，学生从这些评语中品读出老师对他们的爱，怎会不由衷地听老师的话，认真改习作呢！

（二）开放式习作评价形成激励发展的动态评价

开放式习作评价既注重写作知识的掌握，写作方法、写作能力的培养，还强调情感体验、写作兴趣和习惯的培养，形成激励发展的动态评价，使评价过程成为一种学生自我需要内在满足的过程。评价习作不再只给一个分数，而看是否有真情实感，是否在原有基础上有所“悟”。例如，对学生的日记批改采用星级评价后，极大地激发了学生的习作兴趣和欲望，许多学生把写日记当作是一件乐事。

（三）开放式评价沟通“你我”

开放式习作评价使师生之间、生生之间、“自我”之间、学生与家长之间、师生与各种教育载体之间能够进行对话，形成互动，使师生之间的“平等对话”变为现实，写作成为学生精神生活的一部分。长此以往，学生学会沟通，学会接纳，学会辨别，学会汲取，学会进取，学生的思维和人格都会得到发展。

（四）开放式评价打破束缚

开放式习作评价去掉了束缚学生习作的许多框框，学生用自己的语言描述自己生活中的事情，表达真情实感，极大地激发了学生的习作兴趣。

（五）开放式习作评价突出过程性

小学生习作的情感与态度评价要通过家长、教师多次观察记录来完成，也要通过学生自我反思来完成，强调关注学生的优点和长处。习作的过程是学生将自己的思想、情感“外化”表达的过程，传统的习作教学，往往忽视了学生这种思想情感产生的过程，学生很少有时间去观察体验，习作的质量便可想而知了。因此我们引导学生随时注意观察周围的人和物，学会从生活中选取习作材料，捕捉生活中有趣的、印象深刻的或者新奇的人、事、物、景，提供学生交流所听、所见、所思、所感的时空，对积极地通过观察、调查、体验等获得真实材料的学生给予好的评价。

在作文教学实践中，使用形成性评价，收到了较好的效果。我们的具体做法是：先根据学生的习作打一个基本分，同时提出改进意见，让学生根据评语来修改自己的习作；教师根据学生修改的情况及学生在修改过程中表现出来的态度、情感等，再进行加分；然后引导学生把修改后有明显进步的习作作为修改的范例。让学生每人自己设计评价表，注意积累自己的奖项。如鼓励学生积累材料“生活百事通”“放大镜”“小记者”评选，激发学生写作兴趣的“趣文奖”“妙语奖”“进步奖”“想象奖”，等等。学生每次得奖后，都会及时记在评价表上，同学之间互相展示，互相促进，使学生在老师、同学、家长及自我肯定中激发习作动机。

二、开放式习作评价的基本构建

小学生开放式习作评价方案是以发展小学生写作素养为核心，根据现代评价理论、态度学习理论，并考虑小学各阶段写作内容和要求以及小学生身心特点，提出的一项小学生习作评价方案。

（一）评价内容的开放

依据小学生身心发展特点，以小学各学段习作目标和要求为核心，确定小学生开放式习作评价的内容为：（1）情感与态度；（2）知识与能力；（3）习作过程和方法。

（二）评价标准的开放

小学生习作评价重在“写真话，抒真情，做真人”。在每单元的习作教学过程中，由教师、学生按照具体习作要求和实际情况制定出习作评价标准，考虑到学生的个体差异，可制定分层的评价标准。

（三）评价手段的开放

开放式习作评价实施纵向比较，通过个体的前后参照评价，发现和挖掘每个学生的潜能，促进其逐级发展。

评价活动力求全员参与，自我评价、小组评价、家长评价、教师评价互动，形成网状评价结构，努力体现评价的开放性、民主性、实效性和发展性。评价面向全体学生，每一位学生参与评价，促进每一位学生的发展和提高，用发展的眼光看待学生，促使其不断地超越自我。

第二节　开放式习作评价的原则

习作评价是习作教学中的重要环节，直接关系习作教学的效果。在开放式习作评价中应遵循以下基本原则。

一、及时性原则

及时性原则就是学生完成习作后，在较短时间内对学生的习作作出评价，反馈信息。以满足学生的期待，提高习作的效果。心理学的研究成果表明，期待感会随着时间逐渐淡化。在较短时间内，学生对教师的评价结果十分关注。教师应充分理解学生的求知心理，设法在较短的时间内批改完毕，迅速反馈，使学生对自己的习作能及时总结。如果拖延时间太长，学生淡忘了写作的印象，教师批改、评讲的效果就会比较差，达不到预期的目的。

二、发展性原则

发展性原则要求在习作评价的过程中，要把习作的发展和学生生命的成长相结合，用“将来时”的眼光看待“现在时”的作品。

三、激励性原则

少年儿童的“情感效应”极为明显。当代学者认为，“情商”甚于“智商”。如何激发学生的写作热情，调动他们的写作积极性是习作教学中亟待解决的问题。在习作评价中，要发挥激励机制的作用。叶圣陶先生说过，批改不是挑剔，要多鼓励，多指出优点。著名的文学家茅盾先生在小学时代有两册三十二篇作文，其间老师的评语对茅盾先生的发展起了很大作用。其中《宋太祖杯酒释兵权论》一篇的评语是：“好笔力、好见地，读史有眼、立论有识，小子可造，其竭力用功勉成大器。”在《秦始皇高祖隋文帝论》后，老师大加称赞：“目光如炬，笔锐似剑，洋洋千言，宛若水银泻地无孔不入，国文至此亦可高无罪矣。”这样热情洋溢的批语，能不激动人心吗？当然，不可能每个人都能写出好文章。对学困生的作文要采取纵向比较的思维，看到他们的哪怕是一点点的进步，都要给以表扬，力求“为每一个学生的进步而教学”。

四、启发性原则

启发性原则要求教师不能以讲代思，通过点拨、诱导，启发学生深度思考，挖掘知识潜力，让学生知道怎么写，还要知道为什么这样写，逐步提高学生的习作水平。在《纸团疑云》的习作教学中，有位教师这样评价学生的作文：“面对着这个纸团，如果你是老师，你一定会有许多的想法，对吗?”这样的启发让学生对人物的心理描写茅塞顿开。启发性的评价，是学生攀登习作高峰的阶梯。只有通过启发，才能够激活学生的习作思维。启发性的批语要诚恳、亲切。多用商量的口吻，使学生乐于接受，喜爱思考，达到完善习作的目的。

五、多样性原则

习作难，习作评价更难。语文教师工作量最大的莫过于批改习作。怎样寻求习作批改的新路子，减轻教师的负担，这是长期困扰广大语文教师的一个问题。批改多样化，能改变呆板、单一的批改格局，让教师从繁重的批改中解放出来，同时也让学生在批改中受益。多样化可以是精批、略批相结合；指导学生自改和互改相结合；个别批改和集体批改相结合，等等。这样，能突出学生的主体地位，丰富习作批改的模式。

第三节　开放式习作评价的操作

一、评价主体的开放

“教师导—学生练—教师批—学生改”，不难看出，在此模式下，习作的评价主体（读者）还是语文老师。由于长期以来学生习惯于唯一的读者——教师所给出的评价，大多数学生对自己的习作并没抱有很高的期望。“年年岁岁花相似”，写作的那份新鲜劲儿，那份热情就在这平平淡淡的单一评价中逐渐地销蚀殆尽。

事实上，将评价主体（读者）开放，习作教学所收获的绝非只是评价活动本身。

教学示例

去年，班委发起了一次在母亲节“感谢母亲”的活动（也是一次习作训练）。活动内容是让每个学生给自己的母亲写一封信，并在母亲节的前一天晚上，将信悄悄地放在母亲的枕头上，让母亲读完之后写几句感想。有一位母亲是这样写的：“谢谢你，孩子，你长大了，在我看来，你写给我的信是世上最美的文章！”还有一位母亲说：“从你这封信里，我感受到世上最美的情愫：感恩之心。孩子，妈妈永远爱你！”评价主体由教师转变为家长，效果显而易见。

对于评价主体（读者）的开放，我们可以从自我评价、互相评价、小组评价、集体评价、家长评价等方面入手。

（一）自我评价

叶圣陶先生曾说过，修改习作的权利首先应属于本人。教师应引导学生运用诵读法、推敲法，边读边思，进行增、删、换、改，并在文后写下“我最欣赏自己……我还待改进……”在这个过程中，教师应站在儿童的立场，用商量和欣赏的口吻提出自己的见解和感受，和孩子们共同修改文章，同时授予学生一定的习作方法和技巧，指导学生学会修改、学会评价，学会用自己的见解和独特的眼光去看待每一种事物。这里必须指出的是，评价的内容可以是多元的，它应包括知识和技能，方法和过程，情感、态度和价值观。长此以往，学生的习作兴趣将越来越浓厚，作文自信心将不断增强，习作水平也将有质的飞跃。

教学示例

母亲节的礼物（初稿）

陈　战

今天就是“母亲节”了，这是属于妈妈的节日。我开始在想，我能为妈妈做点什么？对了，妈妈每天为了我们的衣食住行，真的很辛苦！为了表达对妈妈的爱，我决定为妈妈洗脚。

“妈妈，让我来为你洗洗脚吧。”我说，“今天是您的节日呢。”妈妈不说话，但我却看见了她脸上挂着的高兴。

摸着妈妈那满是硬茧的双脚，我才真正体会到妈妈的辛劳。

为妈妈洗脚，看得出，妈妈是幸福的。

自我评价：

我觉得这篇习作开头太直接了，好像给妈妈洗脚是母亲节的一个任务一样，有点不好。

看了小作者的自我评价，教师推荐孩子看中央电视台的一个公益广告，让孩子联系这个广告，再写了一次，改后稿如下。

母亲节的礼物（改后稿）

陈　战

“妈，烫烫脚对您的腿有好处。”

“忙了一天啦，歇一会儿吧！”

“不累。”

老人的脸上荡漾着幸福的微笑。这一切被躲在墙角的小男孩看见了，扭头便跑了……

“妈妈，洗脚。”小男孩也摇摇晃晃地端着一盆水朝他的妈妈走来。清脆的风铃声里飘出“父母是孩子最好的老师”。

多好的一个广告！每看一次，我都要感动一回：爱，需要从自我做起。

今天就是“母亲节”了，这是属于妈妈的节日。于是，联想起了那个广告，我开始在想，我能为妈妈做点什么？对了，妈妈每天为了我们的衣食住行，真的很辛苦！为了表达对妈妈的爱，我也决定为妈妈洗脚。

“妈妈，让我来为你洗洗脚吧。”我说，“今天是您的节日呢。”妈妈不说话，但我却看见了她脸上挂着的高兴。

摸着妈妈那满是硬茧的双脚，我才真正体会到妈妈的辛劳。

为妈妈洗脚，看得出，妈妈是幸福的。

这个母亲节，我把幸福当成了礼物送给了我的妈妈。

（二）互相评价

习作讲评不应成为教师的“一言堂”。学生有了自评自改的基础，教师还应引导学生互评互改。习作写好后，要发动全班同学都来参加讲评。这样的互动除了能使学生了解同学的习作态度、习作习惯、习作水平之外，还能使讲评者把握习作的优缺点，激发自身的学习动机，促使参评者主动了解他人的习作特点、习作习惯，扬长避短。于同学，于自己，都是一个互动的参与过程、学习过程、提升过程。

学生间相互评价习作是一项脑力劳动。对别人的习作进行评价，需要开动脑筋，发挥自己的聪明才智，是一项创造性的劳动。如何让尚在学习写作起始阶段的学生学会评价自己及他人的习作呢？学生的评价能力又从何而来？应该说，这是一个由浅入深、循序渐进的过程，当然更多的是需要教师的指导。

为了让学生的评价有所归依，刚开始时，我们依据新课标有关习作方面的要求，设计制作了适合学生年龄特点、便于操作的习作互评表格。这份表格紧紧扣住新课标中的三个维度的要求，分列习作资源、习作条序、习作内容、习作态度、语言表达等评价项目。每个评价项目又分为三个不同的等级，分别是好、较好、一般。习作评价课上，教师选取几篇典型的学生习作，引导学生按评价表上的细则进行评价：先让作者读文，其他人听后对照习作要求谈谈看法，说说习作的优缺点，要求学生说真话、实话、心里话，不说假话、空话、套话。如针对习作中的优点，可以这样评：我觉得这个句子写得好，因为……这个词用得好，……我喜欢这样写……对于习作中的不足，开展“小小诊所”活动，把习作中出现与习作要求不符合之处当作病例，把我们修改活动当成一次诊治，对出现的问题开出相应的处方，能动“手术”的地方就立即动手术。可以这样评：我认为此处可以改成……或建议此处换成……也可以说如果这样写是不是更能表达……而这些指导其实就渗透在平时阅读的语文基本技能的训练中。一个阶段后，就可以把这样的集体评价改成“四人小组”（根据学生习作水平的不同进行分组）讨论或修改，提出自己的修改意见。同时，为了让学生不觉得每一次的互评是一种枯燥机械的活动，我们想方设法创设课堂情境，把每次习作的目的和要求变成有趣的东西让学生去对照，把习作评价的原则、要求、重点和具体做法通过生动有趣的活动向学生交代明白。这样，既为学生运用语言创设了实践的机会，同时也能促其发挥本身智能，进行创造性的工作，对其创造能力的培养也提供了可创性的舞台。使学生能从成功中总结经验，从挫折中收获教训，从而促进学生习作水平与习作能力的健康发展。类似这样的活动有利于学生交流思想、互相帮助、互相启发、积极发表意见，形成切磋争论的良性氛围。有利于学生开阔视野，扩展思路，提高分析能力和鉴赏能力，提高习作评价的效率，也可以从评价同学的习作中促进自身习作能力的提高，也有利于学生团结合作，乐于合群的良好的心理品质的形成，可谓是“一石三鸟”。

教学示例

在“一次意外引发的……”习作讲评课上，学生分组互读互评。第一组龚祖同学的习作，受到同组同学的一致好评。该习作结合自己收集的资料，谈自己的生活感悟，行文有理、有情、有感，亦有合理的想象。她的习作区别于别的同学：大篇幅介绍资料，三言两语说感受，让人耳目一新。同时也让小组同学感受到：“作文还能这样写啊!”在个案点评时，同学们抓住了以下几方面进行评析：人物动作描写突出了情况的紧急，小作者的所见、所闻、所感突出了场面的混乱。这样一评，小作者和其他同学们都明确了场面描写不仅可以描写当时的环境，还可以抓住场面当中的人物动作、语言、内心活动来突出场面的特点。

（三）小组评价

经过前几个模式指导训练后，学生对习作的辨别能力有了较高的评价意识。这时，教师可以把评改权移交给大部分学生。“合作互助评价模式”就是充分调动学生的主观能动性，让全体学生一起参与评价习作，做到人人参与评价，个个分享劳动成果的一种习作评价方式。

1. 拟定小组，互改互评

学生习作交上来后，教师稍作浏览，就可以将学生分组了。每个组由写作能力分别为上、中、下三种不同程度的学生组成，并相对固定。每个成员轮流担任组长。教师给每位学生随意发下一本习作本和一张习作评价表。评改时，各小组内首先拿到习作者为第一评改人，第一评改人对自己拿到的第一篇习作负全责。第一评改人批完后交第二评改人，以此类推，每篇习作由组内成员轮流批阅一遍，并按要求填写“习作评价表”（内容包括卷面、字数、条理、内容、语言、审题、标点、修辞、错别字、语病等分项得分栏，综合得分等）。

2. 评价者与习作者交流

评价人在基本上掌握了写作要求及评改情况后，对如何写评语也有了感性认识。然后依据评价标准，给自己负责的文章写出评语，并参照评价表上的评分标准，得出该文的分数，再给习作写出评改意见（评语）。上述环节结束后，将自己批阅的习作本连同“习作评价表”返还给作者本人。作者认真阅读“评改记录表”及评语，写出后记，总结文章得失。也可针对评语提出自己的不同意见，与评改者进行讨论、交流，此为“反馈交流阶段”。如在交流过程中双方意见分歧较大，可向教师提出申诉，教师可对习作的优缺点进行点评，为“申诉阶段”。教师如果发现该问题是学生习作中带有普遍性的问题时，可对该问题习作进行全班讲解。

3. 总结习作及评价情况

反馈交流结束后，由科代表将习作及“习作评价表”收交教师。教师仔细审阅后，整理出这次写作及评改的情况，总结经验，肯定成绩，指出存在的问题及改进办法，以供下次写作及评改时借鉴。同时结合优秀评语，再次对评语写作进行指导。

这里需要注意以下几点：①学生互批过程中，教师应巡回辅导，一方面帮助学生解决评改过程中遇到的各种疑难问题，指导批阅和拟写评语；另一方面随时发现并订正学生评改中出现的问题。对于典型问题，可引导学生展开讨论。②互批结束后，由教师对一些争论较为激烈的文章进行点评，再让下面的同学议论评语及教师的点评是否恰当、中肯，得分是否合理。③教师点评应对评价文章及评改意见的主要优缺点进行评议，不必面面俱到。需要强调的是，评语要有诱导性、启发性，措辞要委婉且富有激励性，绝不可恶语伤人或一棍子把人打死，以免挫伤学生的积极性。互批互改时，教师还要给学生介绍批语常用的两种形式（眉批和总批）以及应注意的问题。至于文中的错别字、不恰当的词语以及语言不通的句子，可用相应的符号标出来，让学生自己去改。

在此模式中，教师起到了引导学生批改，使学生在选材立意、结构安排、语言技巧等方面进行了深入分析，说出其褒贬，让学生明确习作中的某个问题，增强对习作的鉴别能力，提高习作水平。

（四）集体评价

集体评改是教师组织全班学生一起参与评价批改的一种方式。这种方式目标清楚、要求明确。集体评改应在教师的指导下，共同商讨，相互切磋，充分调动学生评改积极性。这种评改方式的具体操作步骤如下。

1. 选择范文

选择问题习作，即班级本次习作中较突出的带共性毛病的习作或当前习作教学中要重点解决的问题。如“童年趣事”训练中对“趣”的理解偏差，“……给我的启示”一类的习作结构出现千人一面现象（先叙事件，结尾议论点题）等。范文选好后，教师再设计好评改要求细则。

2. 展示评改

教师通过多媒体出示要修改的范文（也可印刷文稿）及评改的问题要求，学生看要求，读范文，思考、探究、商讨。

3. 点评总结

教师引导学生辩解争论，学生是评价修改的主人，教师适时辅以诱导、点拨，并形成定论。最后教师进行总结，有理的就肯定，有亮点的就表扬。

（五）家长评价

家长评价也是我们常用的评价方法。家长对评价自己孩子的习作很有兴趣。如果家长能够慢慢地客观公正地评价自己孩子的习作，有助于孩子树立学习的信心。每一篇习作有同学、家长、老师多人的评语及签名，那将是一份精神大餐，将是思想的交流与汇集，对于学生则是一笔很好的精神财富。

家长应该积极主动地参与对自己孩子习作的评价，指出优点和不足，提出希望。即使有些家长不能在写作技巧上给予学生多大的帮助，评价本身也能促进家长与孩子间的沟通，使家校教育协调统一。

教学示例

新接了一个四年级班的语文教学任务，为了增强学生语文的兴趣，我在班里创办了一份班刊——《西海足迹》，定期在班刊上刊登学生的优秀习作。没多久，学生的写作积极性就被调动起来了。一次，在编排新一期

《西海足迹》的初稿时，我突然心血来潮，就在刊物上开辟了一个栏目，对比较关心孩子学习作、学日记的一部分家长表示感谢。没想到，时隔不久，那些家长竟陆续找我交谈，言语间流露出想给孩子的学习助一臂之力却苦于无计可施的苦恼。事后，我就一直在思考这个问题，并向语文组的同人求教。经过努力，我们一起研制了这样一份“亲子园活动答卷”。

亲 子 园

检验你对爸爸妈妈的爱

爸爸妈妈那么关心我们，可我们是否关心他们呢？请任意选择（爸爸的手、妈妈的手）为题目，写一篇文章。最后由爸爸或妈妈评改，如果他们说写得真实、感人，说明你已经学会关心爸爸、妈妈了。

爸爸或妈妈的评改：

这篇习作写得＿＿＿＿＿＿＿＿＿＿＿＿＿＿＿＿＿＿＿＿＿＿＿＿＿＿＿＿＿＿

＿＿＿＿＿＿＿＿＿＿＿＿＿＿＿＿＿＿＿＿＿＿＿＿＿＿＿＿＿＿＿＿＿＿＿＿

自己的话：我是一个（　　　　　　）的孩子。

爸爸妈妈的话

听听看，爸爸妈妈究竟说些什么。

写作兴趣：

（1）我的孩子在家写习作＿＿＿＿＿。

A. 很自觉完成　B. 有时要我们监督　C. 经常要我们监督

（2）平时孩子和我们在一起＿＿＿＿＿。

A. 经常谈到学校里学习写作的事

B. 有时会谈学习写作的事

C. 不谈学习写作的事

写作态度：

（1）在家里，我们看见孩子写文章＿＿＿＿＿。

A. 总是专心致志　B. 有时会开小差　C. 翻来翻去，就不安静

（2）我的孩子写作中碰到困难，会＿＿＿＿＿。

A. 主动向我们请教

B. 喜欢查字典翻书

C. 胡乱应付

写作交流：

(1) 我的孩子写好习作主动念给我们听的次数________。

A. 相当多　　B. 不是很多　　C. 没有

(2) 当我要看孩子的习作时，他表现得________。

A. 很愿意　　B. 不太愿意　　C. 不愿意

写作积累：

(1) 平时，孩子主动向我们提出请求买书的次数________。

A. 很多　　B. 不太多　　C. 很少

(2) 平时，我们看见孩子在家里________。

A. 经常看书　　B. 有时看书　　C. 不太看书

给你提个醒

对于孩子学习写作，我对他（她）感到________________________________

希望今后孩子能____

____

____

随后，我将答卷发给全班学生每人一份，并一再叮嘱他们要按要求和爸爸妈妈一起完成。三天后，学生交回答卷，结果让我大为震惊。因为家长对待活动的那份认真态度令我肃然起敬，同时学生在习作中流露的真情也让我深深感动。想不到我的一个小小创新之举竟让孩子与家长如此专注，竟能洋溢出如此深厚的亲情。

我将部分答卷选编如下。

答卷一

姓名（ 叶紫 ）　　习作水平（中等偏下）

爸爸的手

我的爸爸是一位木匠，他今年四十二岁，背有点驼了。我最难忘爸爸那双手。爸爸的手很大，很有力气，可是上面有很多的伤疤，而且手掌上的茧子很厚、很厚，打起人来特别痛。我现在想到爸爸的手落在屁股上的感觉，还禁不住发抖。

可是我却仍旧很喜欢爸爸的这双手，因为它们很巧。有一次，学校里举行小制作比赛，我想好了做一个可升降的篮球架模型。但是，我不知道该从哪里先开始动手。那一天爸爸工作很晚才回来，自己很累了。可他了解了我的困难，就毫不犹豫地帮我一块解决难题。我们父子俩一会儿锯板，一会儿钉架，我看到爸爸敲铁锤几次差点砸到自己手上，就叫他先睡，可他反倒要我先去睡。最后，我们忙到凌晨一点才大功告成。

后来，老师选上了我的小制作，还鼓励我再加工。于是，爸爸又和我一起多次修改小制作，直到它获得县二等奖。我真是太高兴了，当然我更高兴的是爸爸有一双灵巧的手和一颗爱我的心。

爸爸妈妈的评改：

这篇习作写得真是太好了，我自己都忘了这件事，想不到孩子还记得那么清楚。我真的太高兴了，因为孩子长大了。我要感谢你们老师，真是非常谢谢。

自己的话：

我是一个贪玩又调皮的孩子

给你提个醒：

对于孩子学习写作，我对他（她）感到有一些对不起，平时没怎么关心、帮助。以后要多多关心他、鼓励他。希望今后孩子能认真学习，听老师的话，多学知识，希望老师多多管教，谢谢。

答卷二

姓名（王俐）　　习作能力（上）

妈妈的手（节选结尾）

……

我知道在今后的人生路上，妈妈的手还会像阳光一样，给我关怀和温暖，还会像翅膀一样给我腾飞的力量，它是我幸福的源泉，成长的动力。

爸爸妈妈的评改：

这篇习作写得十分有感情，孩子长大了，懂得了作父母的艰难，我们很欣慰，也很感动，不过，有关妈妈织毛衣的事例要真实些。比如妈妈是分好几个夜晚完成的，并不是一个晚上加班就大功告成的。希望教师多开展这种活动，我们家长感谢这样的好教师。

自己的话：

我是一个有志气、爱学习但还有些顽皮的孩子。

在回收的全部62份答卷（回收率达100%）中，所有家长都不约而同地肯定并支持这项活动，还有约20位家长对孩子的习作提出了一些修改意见，其中很多意见非常有价值。而且，学生也都写出了对父母的感恩之情。总的说来成效有以下几点。

一、实现了多元评价

先前家长即使有心想对孩子习作作些指导，也没有合适的方法，所以评价总会落空。如今采用了“亲子园”评价活动，家长不仅可以和孩子一起参与到习作活动中，还可以针对孩子的习作内容与自己熟悉的经历进行比较，从而提出不少有实效的修改意见，真正体现家长评价的价值。

二、搭建了亲情热线

这项活动不仅吸引家长越来越积极地参与到习作评价中来，更贴紧了孩子与父母的亲情距离。借用一位父亲的话说：“以前看孩子对我们不理不睬，好像没父母似的。现在才知道了，其实他心里也一直关心着我们，今后一定要多和孩子聊聊、说说。”同时也让学生真切地看到了写习作的实际价值，萌发了自觉写作的意识，同样引学生的原话——“想不到，一篇习作竟让爸爸妈妈如此感动，他们现在对我可亲了，像对待大人朋友似的，凡事都会和我商量了。以后，我要多写习作，多和人沟通，肯定对自己有更大帮助。”——孩子的感慨多深！

一次小小的活动在班内掀起了一个大大的波澜，也给了我深深的触动。教育的真谛是什么？是“为了每一位学生的发展”。为实现这个目标，我们有责任为学生营造和谐、健康的学习环境，为他们提供积极向上的人生奋斗方向。正因为上面的活动与教育的真谛不谋而合，所以会产生如此大的反响。它的成功也给了我一些启示。

1. 兼听则明

不同的评价者提供多样的评价信息。对于教学组织者而言，信息越多，我们就越能从中遴选出有价值的要素，更好地改进自己的教学工作。家长提供的信息非常真实地反映了许多孩子在习作态度、习惯方面还不为我们所知的情况，这对我们的教育教学策略的调整确实能起到相当可贵的参考作用。

2. 重在育人

新课程改革提倡评价功能要向重激励、促发展转变。在上述的评价改革中，学生无疑受到了一次非常深刻的亲情教育，这对他们来说，等于在人生的道德成长旅途上经受了一次洗礼，使他们对做人的责任、做人的意义有了更深的理解。这难道不是对促进学生和谐发展作出的最生动的诠释吗?

二、评价符号的开放

（一）形象符号

传统的习作评价符号比较单调，一般是在好词佳句下加圆圈或波浪线，最后用一两句话写上总评，打上等第。习作本发下后，学生首先看等第，然后欣赏一下被教师圈画出来的词句，最后看总评。学生会为得到一个优秀星而欣喜，会为本子上圈画到的词句而自豪，但这大多是习作优等生的待遇，一般学生可能很少感受到。再从孩子的天性看，他们喜欢追求新奇，只有常变常新的东西才更能吸引他们的注意，激励他们不懈努力。所以，教师应尝试丰富多彩的评价符号，给不同层次的学生以鼓励。比如，对写得出色的习作奖励一个大苹果，或画上一只翘起的大拇指；对有进步的习作画一粒糖果；对有待努力的习作画上一只小白兔，加上一句“加油啊!”，等等。这样，既体现评价符号的人性化、个性化，更符合小学生的情感需求。

（二）等级符号

等级符号是要在调查的基础上确立的。“没有调查就没有发言权”，教师只有在掌握学生写作情况的第一手资料后，才能在教学中有针对性地区别对待。

对学生的调查摸底可采用习作考试和平时习作观察相结合的方法。习作考试即当堂布置一篇习作，要求学生在规定时间内完成，以考察其习作水平。平时习作观察即通过平日布置的2~3篇习作来摸清学生习作能力。考试习作是学生真实能力的反映，但缺少灵活性；平日习作准备充分，却略显零散或有模仿之嫌，故两法齐用，双管齐下，才会相得益彰。

摸清学生的习作水平后，就可实施区别教学的第一步——分层。将学生根据其习作状况分为优良、中等、偏低，相应地确定A、B、C三个不同层次。每次习作时因人而异，进行分层评价，以鼓励、赞赏为主，激发学生习作的兴趣和欲望。A级学生要求文章有真情实感，有对自然、社会、人生独特的感受，中心突出，条理清晰，文句流畅，表现手法灵活，没有错别字，书写端正；B级学生要求文章感情真挚，中心突出，条理清晰，文句通顺，没有错别字，书写端正；C级学生要求文章具有较明确的中心，分段清晰，文句力求通顺，不写错别字，书写端正。每一个级别又分成几个小级别如“优”“良”“中”“下”。每次习作之后，教师根据实际分层评价，然后登记在册。A级学生得“中”及以下累计多次要降为B级；B级学生得“优”或“优下”多次后可以升为A级，得“中”及以下累计多次要降为C级；其他级学生以此类推。分层评价的意义在于：第一，针对写作能力不同的学生提出不同的要求，有利于全体学生习作水平的提高；第二，让不同层次的学生得到不同程度的提高，使写作水平高的学生力求更高，不至于故步自封；写作水平较差的学生体验到成功的快乐，不至于妄自菲薄、丧失信心；第三，避免以统一的标准分高低的弊端，减轻学生的心理负担。

三、评价方式的开放

（一）口头评价

口头评价是教师和学生面对面以口语的形式进行交流、探讨并作出评价的方法。它又可以细分为集体口头评价和个别口头评价。集体口头评价是指在习作评价中，教师把所有学生习作中最具典型性的习作作为案例和全体学生进行交流、探讨和评价的过程。在这一过程中，教师可以就典型习作的优点与学生共同欣赏、对学生进行激励，也可以把不足之处找出来与大家斟酌商议。集体性评价有利于引导学生深入理解与把握习作目的，有利于学生避免一些常见错误，并吸收一些已经被全体同学充分肯定了的习作心得和技法。个别口头评价是指教师针对一些认知、智力、情感、个性等方面较为特殊的学生的习作进行个别交流与评价。在这个评价的过程中，教师的主要任务是通过心理的疏导、思想的引导、技法的指导等手段激起学生自发写好习作的内在情感，使其想写习作、爱写习作，化解对习作的“恐惧”，在此过程中，教师可以突破习作本身，影响学生的道德形成和行为养成。个别评价有助于使一些特殊学生个体形成对习作的良好态度与情感，有助于促进学生心理技能的发展与完善。

教学示例

班上有一名男生母亲病故，这对一个孩子的打击太大了，他情绪低落，不能专心读书。在一次习作《我的妈妈》中，他写到了妈妈生前对他的爱，字里行间表达出对妈妈怀念的感情，写得真实感人。我看完习作，仿佛看透了他的心思，我用这样的评语同他交谈：“人生的道路是漫长的，谁也避免不了受到挫折。妈妈的去世，令你悲痛，老师理解你的心情。但你要面对事实，坚强地面对生活，走完自己的人生之路。另外，你不要因失去母爱而孤独，振作起来吧，因为你身边有许多关心你的同学，有爱护你的老师，你一定会得到集体的温暖，顺利地完成学习任务!”老师的一番评语，帮助他从郁闷中解放出来，努力读书，取得了好的成绩。

（二）书面评价

书面评价是习作评价者对被评价者的单向性活动，它是以书面文字或其他符号形式对被评价者习作的整个动态过程和所得结果进行的综合评价。书面评价的单向性特点，决定了它必须遵守两个原则：一是综合性，二是预见性。综合性首先指完整性。书面评价一般都是终结性的语言，所以对学生习作的整个动态过程和习作文本的各个方面要有充分的认识，并分别作出评价，指明优缺点和努力方向，不能顾此失彼，有失完整。其次指概括性，即书面评语要求文字表达上的精确与简练。预见性体现了习作评价的教育功能和人文关怀。它要求评价者（主要是教师）在进行书面的终结性评价时，要充分考虑到学生个体的特点，对不同的个体要有不同评价语言的引导。其目的在于引导学生对习作形成正确的认识和积极的态度。

（三）网络评价

充分发挥现代教育技术在习作评改教学中的作用，倡导网络化习作评改。利用校园网络开辟出学生习作专栏，并建立起课题博客、教研博客、班级博客，将学生引至论坛，为学生提供展示、交流、评价的舞台。学生可以在网站上和博客中了解其他同学的习作情况，拓展自己习作的视野，吸收同学习作之长处。也可以从中选取自己感兴趣的习作提出自己的评改意见，这些意见可以是就全篇的，也可以是就某一段话或某一句话的。当然，习作的作者也可以即时进行回应；教师（包括其他教师）也可以参与习作评改的讨论，并适时作出指导。同时，教师还可以把搜集到的与本次习作相关的资料提供给学生作为参考，例如同样话题的名家的作品、作家修改文章的例子等。学生、教师在网上是平等互动的民主关系，共同探讨、交流的关系。在这种虚拟的网络环境中发表自己的看法，学生感觉无拘无束，因而更能畅所欲言，视角新颖、见解独特的评改意见会时时涌现，这必然会更加激发学生参与习作评改的兴趣、热情，培养学生的创新精神和实践能力。借助网络的开放性，这种交流完全可以突破时空的局限，让更多的人参与进去，他们可以是本校的其他年级的教师、学生，也可以是外校的教师、学生，甚至可以是外国的教师、学生。

四、评价语言的开放

教师运用批语对学生习作进行导向、激励、调控，是帮助学生提高习作水平的有效手段。批语，如旁批点评、尾批总评并不是什么新奇的评价方法，但历久弥新，沿用至今，这类评价语言的确起着点拨启发、指点迷津的作用。开放的评价语言应以发展性的眼光审度学生习作，使评价与指导相结合，取精华、扬长处、因材施评。

（一）巩固式评语

巩固式评语针对学生习作内容单调、取材范围狭窄的情况，鼓励学生广泛搜集资料，以丰富习作内容，达到巩固习作的目的。

学生习作

克　隆（初稿）

李　济

地球上人口迅猛增长，人们滥用化学物品，随意浪费自然资源，毫无节制地毁坏生态环境。N年后，地球的生态环境已变得一发不可收拾，地球面目全非。如果再不及时采取措施，人类就会面临着灭亡的危险，到时候恐怕就来不及了。

N 年后，我成了一位鼎鼎有名的科学家。此时我正匆匆忙忙地赶去星际学院商议星球大事。我坐上时空穿梭仪，一眨眼来到了星际学院。这里来了许多科学家，他们来自银河上的“五湖四海”，都是星际中家喻户晓的著名人士，此时大家正在激烈地探讨着。一位来自 S 星球的科学家说：“不如从别的星球找些能源来吧！”刚说完，就有人提出：“去哪找？地球所需要的能源很多，一时间上哪找那么多能源去？”又有人说：“不如移居到其他星球去！”马上就有人反驳：“附近能移居星球的都已被移居了；其余的距离太远，时间有限，恐怕不太现实。”突然，我脑子转了个弯，跨过门槛，对大家说：“不如克隆一个地球吧！”在座的都震惊了！“对啊，克隆地球！”大家都一致认同。于是，我接着说：“那还得请大家帮帮忙呢！”大家异口同声地说：“别客气，都是大家的家园，帮个忙不足挂齿。”于是在再三商量后，决定了方案。

经过一段时间，终于克隆成了地球。

消息传开了，震动人心，全球人们一起欢跃起来，人们陆续迁移到克隆的地球上去了，开始了全新的生活。呀，这里美极了：天空湛蓝深远，空气清新，令人神清气爽，陆地上到处都是绿洲，充满生机；海洋的水这般清澈，这般湛蓝，成了鱼儿们的乐园；岛屿上还栖息着各种各样的鸟儿，陆地上到处都是各色各样动物的踪迹。一切都并不陌生。的确，这确实是地球的真实写照，那样亲切，那样熟悉。人类似乎领悟到了什么。从此以后，他们勤恳地开创自己的家园，忠诚地保护自己的家园。

教师评价：

瞧，这个克隆的地球，天蓝地绿，一派生机。但是，这个可爱的地球，你是怎么克隆出来的呢？查查资料，看看克隆需要做哪些工作。

学生习作

克　　隆（改后稿）

李　济

地球上人口迅猛增长，加之人们滥用化学物品，随意浪费自然资源，毫无节制地毁坏生态环境，N 年后，地球的生态环境已变得一发不可收拾，地球面目全非。如果再不及时采取措施，人类就会面临着灭亡的危险，到时候恐怕就来不及了。

N年后，我成了一位鼎鼎有名的科学家。此时我正匆匆忙忙地赶去星际学院商议星球大事。我坐上时空穿梭仪，一眨眼来到了星际学院。这里来了许多科学家，他们来自银河上的“五湖四海”，都是星际中家喻户晓的著名人士，此时大家正在激烈地探讨着。一位来自S星球的科学家说：“不如从别的星球找些能源来吧！”刚说完，就有人提出：“去哪找？地球所需要的能源很多，一时间上哪找那么多能源去？”又有人说：“不如移居到其他星球去！”马上就有人反驳：“附近能移居星球的都已被移居了；其余的距离太远，时间有限，恐怕不太现实。”突然，我脑子转了个弯，跨过门槛，对大家说：“不如克隆一个地球吧！”在座的都震惊了！“对啊，克隆地球！”大家都一致认同。于是，我接着说：“那还得请大家帮帮忙呢！”大家异口同声地说：“别客气，都是大家的家园，帮个忙不足挂齿。”于是在再三商量后，决定了方案。

我们把地球上的各种细胞都收集起来，再存入人体基因繁殖器里，放入克隆所需的材料，精心设计后，就开始克隆地球了：先是克隆地球上的各种动物、植物、微生物，以及制作出人类生存所需要的各种环境条件，包括生活环境、生产条件、生活的必需品，等等。经过一段时间，终于克隆成了地球。

消息传开了，震动人心。全球人们一起欢跃起来，人们陆续迁移到克隆的地球上去了，开始了全新的生活。呀，这里美极了：天空湛蓝深远，空气清新，令人神清气爽，陆地上到处都是绿洲，充满生机；海洋的水这般清澈，这般湛蓝，成了鱼儿们的乐园；岛屿上还栖息着各种各样的鸟儿，陆地上到处都是各色各样动物的踪迹。一切都并不陌生。的确，这确实是地球的真实写照，那样亲切，那样熟悉。人类似乎领悟到了什么。

从此以后，他们勤恳地开创自己的家园，忠诚地保护自己的家园。

（二）鼓励式评语

大量的生理心理学实验证明：情感愉快则感知敏锐，记忆牢固，想象活跃；反之，消极情感则会阻抑认识活动的开展。对于学生情感的熏陶和激励，我国明代大教育家王守仁曾有过一段形象而又精辟的论述：“大抵童子之情，乐嬉游而惮拘俭，如草木之始萌芽，舒畅之则条达。今教童子，必使其趣向鼓舞，心中喜悦，则其进自不能已。辟之时雨春风，霑披卉木，莫不萌动发越，自然日长月化。”习作评价的目的之一也是通过对学生习作态度、习作过程及习作结果等的评价，来激发学生对于习作的学习兴趣，培养爱读书、爱写作的内在情感，从而推动学生习作学习的发展。对学生习作学习的激励性评价，应注重全面性和适度性原则。所谓全面性，就是从学生习作的整个动态过程进行评价，可以是习作之前的准备情况、习作的态度、习作的内容、习作的文字表达技巧、习作中所体现出来的道德情操，等等，不一而足。金无足赤，学生的习作不可能十分完美，经常会存在着这样或那样的不合要求之处，但如果教师以激励的眼光审视学生的习作，即使水平很低的学生习作也有值得教师肯定并鼓励的地方。所谓适度性，即是指在肯定学生习作中的优点时，既要充分肯定，又要注意科学性，不能为激励而激励，结果反而导致学生沾沾自喜、容易满足、不思上进。激励性评价的尺度就在于既充分肯定学生习作的优点，也要明确缺点和不足，提出希望和努力的方向。

学生习作

树　叶

罗蔚彦

一片叶子离开了树，它飘在空中，虽然是只身，但它不觉得闷，而是很快乐，因为这是它的第一次！

的确是呀，它怎么能不兴奋呢？自从它冒出枝头，看到这个世界以来，就再也没有离开过。就它生长的这个位置，顶多能看到几米远的地方，可那有什么用呢？眼前这些花呀草呀什么的，它早就看腻了。偶尔，它会惊奇地发现一些能飞而且会叫的东西飞来，这对它来说简直是再稀奇不过的了。“它们可真好！”每一次看到它们，树叶都会发出这样的感慨。它渴望着有一天也能过上这样自由自在的生活。在和它们的交谈中，树叶知道了它们有自己的名字。大一点儿的叫鸟，嗡嗡叫的是蜜蜂。树叶想，要是能像它们那样的话，它要飞去的第一个地方就是山的那一边，因为它常常听到从那儿传来的“哗啦啦”的声音。尽管它从那些会飞的朋友那里打听到了那是会唱歌的小河——这一点点根本满足不了树叶日日夜夜堆积起来的无限的好奇心：小河究竟是什么样子的？它为什么会唱歌，而且声音那么好听？小河旁边都有谁？……

它飞啊，飞啊，飞过了森林，终于飞到了小河边。瞧那河水，流得多么欢快，歌声一刻也不停歇，似乎永远感觉不到累似的。这就是它日思夜想的小河！

树叶并没有多想，一头就栽进了小河里，随着小河欢快地向前漂流。也许这是树叶早就做好了的决定。也就在这时候，风停了。

教师评价：

风就是树叶会飞的翅膀，帮助树叶实现了见小河的梦想。作为树叶的一生，从“冒出枝头”到“离开枝干”，始终固定在这个位置上，让人感受到了它有多么无奈呀！树叶能与小河相依为伴了，这可是个完美的结局呢！小作者纯美的想象的确值得学习！

（三）商榷式评语

这是与激励性评价相互补充、相互依存的。它是指教师在评价学生习作时，在充分肯定其优点的基础上，指出其在习作的整个动态过程中各个部分存在的问题和缺失，并分别提出建设性的改进意见。商榷式评价需要遵守合目的性与合规律性原则，即习作指导性评价中，针对学生习作动态过程各个部分存在的问题提出的建设性改进意见，必须有一定的指向性，指向本次习作教学的原始目的，符合目的性要求。同时，也要符合学生身心发展、认知发展规律，根据不同年龄阶段、不同家庭背景、不同个性特征的学生要采取不同的建议态度、方式和改进的具体内容，真正做到习作评价中的“因材施教”。

学生习作

精彩课间（初稿）

刘思慧

还没等到下课的“圣旨”，教室就沸腾起来了。

楼下的“小豆豆”这儿一丛，那儿一堆，玩起了“老鹰捉小鸡”。得了，他们年纪太小，玩法自然没有新意啦。

左勾拳，右勾拳。对手已经趴下。倒计时：十，九，八，七，六，五……咦？对手奇迹般地站起来了！两个拳击手继续纠缠。真是一出不错的比赛！这时，小卫士从天而降。比赛只好暂停。

“畅饮百事可乐，你将有机会参加‘美年达’巨星见面会……”let's go！“周杰伦”来了个漂亮的传球。投篮！哎呀，太可惜了，球碰到篮筐上，“嘭”的一声，掉了下来。一个假动作，把球传给了队员“姚明”。这时，对方四面包抄，“姚明”一个转身扣篮，球乖乖地进了。Yeah！

好了，现在我们来到了一（5）班教室。哇！多么精彩的蒙古摔跤。小个子搂着高个子的腰，高个子抱着小个子的头……

叮咚叮咚—— 上课了。

教师评价：

你就像一个摄像师，给观众呈现了精彩的课间十分钟。要是把你所拍摄的这些镜头串成一个节目，当成一次现场直播，那一定是非常吸引观众的哦！

学生习作

精彩课间（改后稿）

刘思慧

还没等到下课的“圣旨”，教室就沸腾起来了。精彩节目该上演了！

楼下的“小豆豆”这儿一丛，那儿一堆，玩起了“老鹰捉小鸡”。得了，他们年纪太小，玩法自然没有新意啦。还是换个频道吧！

左勾拳，右勾拳。对手已经趴下。倒计时：十，九，八，七，六，五……咦？对手奇迹般地站起来了！两个拳击手继续纠缠。真是一出不错的比赛！这时，小卫士从天而降。比赛只好暂停。

现在是广告时间。

“畅饮百事可乐，你将有机会参加‘美年达’巨星见面会……”let's go！“周杰伦”来了个漂亮的传球。投篮！哎呀，太可惜了，球碰到篮筐上，“嘭”的一声，掉了下来。一个假动作，把球传给了队员“姚明”。这时，对方四面包抄，“姚明”一个转身扣篮，球乖乖地进了。Yeah！

转台——

好了，现在我们来到了一（5）班教室。哇！多么精彩的蒙古摔跤。小个子搂着高个子的腰，高个子抱着小个子的头……

叮咚叮咚—— 观众朋友，感谢收看本期的《精彩课间》节目。待会儿见。

（四）启发性评语

启发性评语旨在为学生留下思考的空间、时间，让学生揣摩评语的言外之意、弦外之音，以欲言又止的语言技巧引导学生反复推敲、锤炼。有的同学已经掌握了写作技巧，平时善于观察，注意积累材料，习作时做到主题鲜明、内容具体，让人读后印象深，给人启示。如学生曾有一写景习作，内容涉及竹林和桃花。作者运用一般化的语言来叙述，把充满诗意的场面写得很平淡。教师在批语中启发道："以诗入画更精彩，聪明的你能联系与画面相关的古诗吗?"又如有一个爱好体育的学生，平时比较贪玩，学习成绩不太好，但习作写得不错，他写了一篇《有趣的课外活动》，不但内容充实，语句通顺，还从课外活动中真正体会到了快乐，教师看过后写了这样的评语："课外活动给了你快乐，也给了老师快乐，真有趣呀！愿你在今后的学习生活中，科学地安排时间，做到学习玩耍两不误，你的学习成绩会提高的。到那时，你会获得更多的快乐。"这个学生看过后很受感动和启发，开始尝试合理地安排学习与玩的时间，学习的自觉性有所加强，成绩也有了明显提高。

学生习作

鸟语林（初稿）

李　航

今天，我们到东莞的"绿色世界"游玩。

乘车到了绿色世界，我们先去鸟语林看秃鹫。秃鹫很大，大得很。如果把头伸直，高度绝对不亚于我们。秃鹫头发是白的，在笼子里飞不高也飞不远，所以翅膀都变得伤痕累累。笼子上方有几只小鸟，秃鹫很想吃上面的几只小鸟，可惜老是够不着。

随后，我们去看鹦鹉表演，鹦鹉打保龄球最有趣，那小鹦鹉打了六个，还有四个没倒，那“小家伙”跑前去把四个保龄球给一一啄倒了。惹来众人一片哄笑！

我们还去了驯兽场。单说这小猴骑车吧。这真是个可怜的小东西！骑在车上，不时地回头看它身后的驯兽师。不，确切地说应该是在关注训兽师手中拿着的那条鞭子。由于它的左顾右盼，落得个撞车的结局。当然，也免不了挨揍。

鸟语林里，到处都是鸟，大多数鸟都凌空展翅，只有少部分鸟在地上走。我先是看到天鹅，骄傲的天鹅把脖子伸得老高，好像要我们赞美它似的。就在这时，一群小鸽子像一阵风般地飞过来，吓得我差点掉进天鹅湖里去了。我走着走着，突然从草丛里窜出了一个丑陋无比的“怪物”，我一时也叫不出它的名字，接着是两个、三个，然后就是一大群。它们都看着我，好像要向我讨些食物。我无可奈何地扔出几块薯片，就悄悄地溜走了。

现在在我身旁的是一只大鸵鸟，它的腰笔直笔直的，走起路来斯斯文文的。要比我们显得更有绅士风度呢！前面有个“小卖部”，专卖鸟食的，我买了一杯。我把鸟食放在地上，鸟儿们都抢着吃，一只孔雀走了过来，吃了起来，孔雀虽然很美丽，可吃起东西来，还是狼吞虎咽的。我想把鸟食拿回来，可又怕孔雀啄我手指。不一会儿，孔雀不吃了，也是个“喜新厌旧”的家伙。

鸟语林的鸟真是各有特色，有趣极了！

教师评价：

读了你的题目“鸟语林”，就让我想象到了一个鸟的乐园，鸟的家园。你丰富的描述，证实了这一点。只是，鸟语林里忽然“跳”出猴子来，让人有点儿吃惊！

学生习作

鸟语林（改后稿）

李　航

今天，我们到东莞的“绿色世界”游玩。

乘车到了绿色世界，我们先去鸟语林看秃鹫。秃鹫很大，大得很。如果把头伸直，高度绝对不亚于我们。秃鹫头发是白的，在笼子里飞不高也飞不远，所以翅膀都变得伤痕累累。笼子上方有几只小鸟，秃鹫很想吃上面的几只小鸟，可惜老是够不着。

随后，我们去看鹦鹉表演，鹦鹉打保龄球最有趣，那小鹦鹉打了六个，还有四个没倒，那“小家伙”跑前去把四个保龄球给一一啄倒了。惹来众人一片哄笑！

鸟语林里，到处都是鸟，大多数鸟都凌空展翅，只有少部分鸟在地上走。我先是看到天鹅，骄傲的天鹅把脖子伸得老高，好像要我们赞美它似的。就在这时，一群小鸽子像一阵风般地飞过来，吓得我差点掉进天鹅湖里去了。我走着走着，突然从草丛里窜出了一个丑陋无比的“怪物”，我一时也叫不出它的名字，接着是两个、三个，然后就是一大群。它们都看着我，好像要向我讨些食物。我无可奈何地扔出几块薯片，就悄悄地溜走了。

现在在我身旁的是一只大鸵鸟，它的腰笔直笔直的，走起路来斯斯文文的。要比我们显得更有绅士风度呢！前面有个“小卖部”，专卖鸟食的，我买了一杯。我把鸟食放在地上，鸟儿们都抢着吃，一只孔雀走了过来，吃了起来，孔雀虽然很美丽，可吃起东西来，还是狼吞虎咽的。我想把鸟食拿回来，可又怕孔雀啄我手指。不一会儿，孔雀不吃了，也是个“喜新厌旧”的家伙。

鸟语林的鸟真是各有特色，有趣极了！

（五）谈话式评语

学生生活空间十分狭窄，不是家里就是学校，他们接触到的人，除了父母就是同学教师。因此他们对于社会的理解显得朦胧而稚嫩。但初中生毕竟是处在生机勃勃的人生花季，同学的交往，师生的接触，家庭成员之间的情感，又使他们在这一人生时期有着独有的特点：单纯美好，对未来充满无限憧憬。同时，这种憧憬和朦胧的社会认识会转化为对社会的自觉思考，并在他们的习作中有所体现。因此，用谈心鼓励期望式的评语，引导他们正确地关注生活，更加热爱生活，以一颗诚挚而无畏的心去编织美好的未来，帮助他们构建美好的理想。

教学示例

一名学生在学校表现还可以，学校班级活动他积极参加，课下与同学谈笑风生，在老师的印象里他是一个活泼开朗的孩子。在一次周记中，他却表明了紧张的家庭关系：在家中不与父母主动说话，讨厌爸爸妈妈，甚至恨妈妈。我看过后，心里很不是滋味。这是我熟悉的孩子吗？我该怎么样去引导他呢？经过深思熟虑后，我在评语中写道："如果你相信老师，就把你和家长关系紧张的真实原因告诉老师，有怨气肯定有你的理由的，说出来老师同你一起承担。"第二周他在周记中写出了原因：每天放学后，爸爸妈妈从来不让他下楼去玩。即使完成作业也总是让他写这写那，总说他不如表哥，表哥考上重点中学，他也必须考上，父母给他的压力太大。我告诉他："父母的心情可以理解，希望你能出类拔萃，只是方法欠佳，老师要与你的家长谈一谈。"后来我两次与他的家长谈话，改变了他们错误的做法，给孩子制定了切实可行的目标，他渐渐改善了与父母的关系。有句俗话说得好："人不可貌相，海水不可斗量。"我班上有一个看起来很幼稚的小孩子，却有着敏感而丰富的内心世界。一次随笔中，他叙述了自己的父母经常为一点小事争吵，让他很烦，父母总是说要不是为了孩子早就离婚了。他最烦听这句话，问我该怎么办？我琢磨了很久，告诉他："可以分别和父母说说自己的烦恼。既然为了你能在一起，为什么不能为了你不争吵呢？"后来我与他的父母交流了看法，以朋友的口气告诉了他们孩子的想法，劝解他们不要希望改变对方，而要学会适应对方，为孩子创造一个和睦温馨的家。改变了家长，孩子的思想也随之而变化——他也重现活泼与可爱。

附录一：教学实录

教学实录一

剪贴式习作教学

趣图趣事

执教教师：深圳市宝安区西乡街道中心小学　欧　玲

执教班级：深圳市宝安区西乡街道中心小学 三（6）班

教学流程：

师：同学们，昨天老师布置大家剪贴自己最喜欢的图片，都带来了吗？（学生展示图片）

师：这么多漂亮的图片，你们都是从哪找来的呀？

生：我是从旧画报上剪下来的。

生：我是在商店买的。

生：我是从报纸上剪下来的。

……

师：咱们搜集图片的途径有很多：书报上的插图、商店卖的贴纸都可以为我们所用，还可以从网上下载，如果有兴趣，我们还可以自己创作。图片的形式也可以是多种多样的。大家看：（展示一幅单幅图）这位同学的图属于单幅图。（再展示一幅多幅图）这位同学的图就是多幅图。

师：一幅图就是一个故事。今天老师也带来了一幅图，你们看看，这幅图讲了一个什么样的故事？（教师出示图）

生：鼠妈妈去找保姆，遇到一只猫。猫说："你请我吧，我肯定让你满意。我还给我的领导做过保姆呢！他夸我既会照顾小孩又会教认字。"鼠妈妈听了，就把猫带回了家。鼠爸爸对猫也很满意，就和鼠妈妈放心地出门去了。等它们一走，猫就把小老鼠带回了家，美美地饱吃了一顿老鼠肉。鼠爸爸鼠妈妈回到家，发现猫走了，儿子没了，后悔莫及！

师：你把猫骗鼠妈妈的过程说得多生动呀！“还给领导做过保姆呢！”鼠妈妈一听就动了心。可惜呀，它遇上了一个大骗子。

生：一天，小灰鼠在草地上散步。大脸猫走到它面前说：“小灰鼠，我家新买了很多玩具，一起去我家玩吧？”小灰鼠想：“上次让我去它家玩，差点儿吃了我，今天恐怕又是‘黄鼠狼给鸡拜年——没安好心’。这次我要好好教训教训它！”于是它爽快地答应了。来到大脸猫家，小灰鼠玩得入了迷，大脸猫趁机扑了过去。没想到小灰鼠早有准备，它从兜里拿出烟雾弹对准大脸猫一阵乱喷。等大脸猫擦亮眼睛，小灰鼠早躺在家里睡大觉了。

师：大家看看猫和老鼠的眼睛，原来它们心里各自打着小算盘：一个想吃老鼠，一个想整猫。有一点你做得特别好：你不光讲了猫引老鼠去它家、老鼠想整猫，你还讲了后来老鼠是怎么教训猫的。

生：一天，猫看见一只老鼠，想抓它回来做晚餐。老鼠哀求说：“猫大王，求求您放了我吧。如果您放过我，我就献给您一粒长生不老药。这可是我从神仙那里求来的。”猫一听，惊奇得眼珠子都快掉出来了。它说：“你快交出长生不老药，我马上放了你。”老鼠掏出一粒药丸马上溜走了。猫吃下药丸，没想到大病了一场，原来那不是长生不老药，而是一粒老鼠药。

师：一听说有长生不老药，猫惊奇得眼珠子都快掉出来了。你把猫的神态描述得活灵活现，太厉害了！

师：咱们班同学的想象力可真丰富呀！一幅图有了那么多不同版本的故事。这让老师想起了一句话“儿童是天生的故事大王”。刚才这几位故事大王讲故事各有特色，有的语言描写得特别精彩，有的神态描写得特别传神，这样一下子就让静止的画面动了起来，（板书：动）让我们感觉这两个家伙好像就站在我们面前一样。还有更重要的一点是，他们不光把图上的情景描述出来了，还推前想后，推想前面发生的事情，讲清楚现在发生的事情，再联想后面又怎么样了。这样串起来，（板书：串）一个完整的故事就新鲜出炉了。

师：大家借鉴一下他们的好方法，把你的故事讲给同桌听一听，让你的同桌给你提点建议，待会儿请你讲给大家听。

学生同桌互相讲故事。

师：哪位同学愿意跟大家分享你的故事？

生：（学猫说话惟妙惟肖）有一只猫，非常狡猾。一天，它肚子饿了，正巧遇到了一只小老鼠。它远远地对小老鼠说：“鼠小弟，以前都是我不好。自从我看了《好朋友》这本书后，我良心发现，决定跟你们做朋友。”小老鼠听了半信半疑。猫慢慢靠近它，伸出右手，对天发誓：“我再也不会吃你们了，否则天打雷劈。”小老鼠看它这么有诚意，就相信了它，放松了警惕。没想到，猫突然扑上来，一口就把小老鼠吃掉了，然后扬长而去。

师：你通过猫的语言表现猫的狡猾，很好！还有，你学猫说话学得特别像，这让你的故事更吸引人了，这一点值得大家学习。

生：（边讲边伴有动作）一间房子里，住着一只好吃懒做的猫。这间房子的后院，藏着一只小老鼠。主人对猫说："你要是抓到小老鼠，我就奖励你一盘活鱼。"懒猫来到后院，对小老鼠说："我的主人说抓到你我就可以得到奖励，你和我演一出戏吧，事成之后，我们五五分成。"小老鼠想了想，同意了。于是，猫拎着老鼠的尾巴来到主人面前。主人高兴地端出一盘活鱼。猫刚准备吃，没想到老鼠抢过盘子溜走了。气得主人一巴掌把猫拍得晕头转向，还罚它一天不许吃东西。懒猫自言自语地说："唉，我真是赔了夫人又折兵呀！"

师：主人让猫抓老鼠、猫让老鼠演一出戏、老鼠害得猫赔了夫人又折兵，这个故事线索清楚，串得好！

生：（很投入，声情并茂）猫和老鼠住在乡下。一天，猫听老鹰说大城市比乡下漂亮多了。于是，它找到老鼠，想约老鼠跟它一起去城里看看。猫说："鼠小弟，听说城里漂亮得不得了，我们一起去看看吧？"老鼠摇摇头说："我没兴趣。"猫凑近老鼠耳朵，神秘兮兮地说："你听说过肯德基吗？城里的肯德基里有汉堡、烤鸡翅，还有深海鳕鱼块呢？"老鼠一听，馋得口水都流出来了。它连连点头，说："我去我去我去。"猫和老鼠来到城里，发现肯德基里的东西真是太好吃了。于是，它们就在城里安了家。

师：我说现在的老鼠怎么都那么肥，原来是肯德基吃多了！看这只老鼠多贪吃，先是说"没兴趣"，一听说有好吃的，"馋得口水都流出来了"，马上"连连点头"，一只贪吃鼠跃然纸上。

师：同学们，根据图片编故事其实挺简单的，方法概括起来就是两句话：（补充板书：看清图意，让画面动起来；推前想后，把情节串起来）现在请你用这两个方法，观察自己的图片，看能编一个怎样的故事。

学生动笔习作，教师巡视，相机指导并挑选佳作（约20分钟）。

师：这一组同学的故事题目各有特色：《倒霉的小熊》《贪吃的下场》《考验》《心事》《快乐的一天》。题目是故事的眼睛，题目拟得好，一下就能引起别人的兴趣。

师：老师挑选了几个特别有意思的故事，我们一起来听听。先听第一个故事《一串钥匙》。

学生展示图：一只猴子拿着一串钥匙，图上还有小鱼、鸟、蚯蚓。学生展示习作，读故事。

一串钥匙

小猴和小鹿吵了一架。下午，小鹿的钥匙不见了，正巧小猴捡到了。小猴心想：我可不能把钥匙还给他，搞不好，他还会说是我偷了呢！而且前两天，他还骂了我。

小猴决定把钥匙扔进河里，可刚一扔，小鱼就举着钥匙探出头来："小猴，你的钥匙掉到河里了。"小猴只好把钥匙拿了回来。他把钥匙放在树上，刚走没多远，小鸟急匆匆地追来了："小猴，你的钥匙。"小猴又把钥匙埋进土里，没想到，蚯蚓又把钥匙给他送了回来。

小猴想："要不还是把钥匙还给小鹿吧。"

小猴来到小鹿家门口，只见小鹿正准备拿锤子砸门呢！小猴故意问："你的钥匙呢？"小鹿说："钥匙丢了，山羊爷爷生病了，钱不够，我特意回来拿钱的。"小猴听了，连忙掏出钥匙还给小鹿。小鹿笑着说："谢谢你帮我找回了钥匙。"小猴难为情地笑了。

师：这位同学的题目拟得很好《一串钥匙》，"捡钥匙、扔钥匙、还钥匙"，整个故事都是围绕这"一串钥匙"展开的。"扔钥匙"这一段写得特别好。

教师边讲评边用红笔在作文纸上标示，并着重强调带点的词：把钥匙扔进河里、放在树上、埋进土里。小鱼举着钥匙探出头来；小鸟急冲冲地追来；蚯蚓把钥匙给他送了回来。

学生展示图：三个人围坐在饭桌边，其中一个小胖子端着饭狼吞虎咽。学生展示习作，读故事。

胖子是怎么"炼"成的

星期六，小胖去亮亮家玩，亮亮的爷爷做了一桌好吃的招待他。

开饭了，小胖向餐桌边上一坐，"哇，这么多好吃的！"他拿起筷子，夹起猪蹄，两三下就把猪蹄啃掉了。他又抓起鸡翅、排骨往嘴里塞。亮亮说："别光吃菜呀！"小胖马上端起饭碗，几口就把一大碗饭吃光了。爷爷担心地说："小胖，再吃下去肚子要爆炸了！"小胖把嘴一撇说："吃这点东西算什么？还不知道放在我肚子的哪一个角落呢！"说完，又盛了一碗鸡汤，咕咚咕咚喝完了。

爷爷和亮亮看得目瞪口呆，亮亮说："我现在终于知道胖子是怎么'炼'成的了！"

师：哪位同学来评价一下，这个故事好在哪里？

生：他的故事题目很有趣。

师：有一部名著叫《钢铁是怎样炼成的》，他的是《胖子是怎样"炼"成的》，一下就勾起了我们听下去的兴趣。而且他的标点符号用得特别准确，“炼”加了引号。

生：他写小胖吃东西的那一段写得特别形象。

师：（红笔圈画：夹起猪蹄……啃掉了，抓起鸡翅、排骨往嘴里塞，端起饭碗……吃光了）多形象呀！

教师请出第三个学生，展示她的图：一个小女孩拿着一团纸巾追打一只小狗。

师：在听她读故事之前，先看看她的图，你们猜猜，她的故事大概是什么内容？

生：大概是小狗捣乱，主人在教训它吧。

生：可能是小狗乱拉屎，主人给它擦屁股。

师：你来揭示答案吧！

学生开始读故事。

小狗的烦恼

小狗噜噜最近心情很不好，因为主人不喜欢它了，主人说它不讲卫生，总是流鼻涕。噜噜觉得很委屈，它想告诉主人，狗鼻子要保持湿润，嗅觉才能灵敏。可主人听不懂它说的话。

一天上午，主人见噜噜的鼻子又湿了，赶紧拿纸巾帮它擦，越擦鼻子越难受，鼻水越多。噜噜实在受不了了，只好逃走。主人气得脸都红了，她眉毛拧成一团，两只眼睛好像在喷火，还把纸巾揉成纸团，狠狠地扔向噜噜。

噜噜边跑边解释，主人还是很生气。它想：唉，狗类和人类沟通起来真难呀！

师：她不仅让我们欣赏了一个有趣的故事，还让我们明白了一个科学道理：狗鼻子要保持湿润嗅觉才灵敏。

师：因为时间的关系，很多好的故事我们没时间一一欣赏了。不过没关系，大家借鉴一下刚才这几位同学的长处，把自己的故事再润色润色，下节课我们来一场故事比赛好不好？

生：（齐答）好！

师：那就赶快抓紧时间丰富故事的内容吧！

【专家点评】

习作教学是语文教学中的一个重要环节，但长期以来，“怕写”“难写”却成了学生在习作学习中存在的普遍心态。这与我们长期以来古板单一、限制学生思维的习作教学方法有很大的关系。

这堂课使学生摆脱了思维定式的束缚，为学生提供了自由驰骋的想象空间。

首先，教师提供一幅图，让学生自由想象“说”故事。仅仅只是“一只猫一只鼠”，在童心未泯的孩子眼里却成了一个个妙趣横生的故事。教师的评价、点拨虽只有三言两语，却准确、精炼，不着痕迹地为学生点化了方法。学生受到启发，故事情节连贯，加上语言、动作、神态的有机填充，使得整个故事生动丰满。紧接着，教师归纳提炼出方法——“让画面动起来，把情节串起来”，显得水到渠成。所以最后学生写自己的剪贴画时，其大胆的想象，富有个性的语言、出人意料的故事情节均令人耳目一新。

纵观整个教学过程，孩子们说得痛快，写得过瘾，静止的画面变成了一个个无比灵动的故事。

同时，我也想提出自己的一点思考：“说故事”能很好地训练学生的口头表达能力，但我们如何才能训练学生由“说得好”过渡到“写得好”？即如何指导学生把口头语言更好地转化为书面语言？我也希望教师在关注学生思维开放的同时，对字、词、句同样加以关注，使得我们的语言训练更加充分。

（杨建国，广东省教研室小学语文教研员、广东省小学语文教学研究会理事长）

教学实录二

话题式习作教学

手

执教教师：深圳市宝安区西乡街道中心小学　相长荣

执教班级：深圳市宝安区西乡街道中心小学　五（6）班

教学流程：

师：今天我们要进行的话题习作是《手》，有谁知道，这将会是一双怎样的手？

生：我觉得这是一双救死扶伤的手。

生：这是一双双缔造祖国未来的手，在他们的手下建筑起一栋栋高楼大厦。

生：这是一双不知廉耻的手，他们不知道什么叫自强，只是希望别人向他施舍钱财。手心向上，手背向下，向人乞讨，这是失去自尊的手。

生：这是为我们擎起一片晴空的手，那是我们父母的手。它会在我们艰难的时候鼓励我们，就像那个“手”字，那一撇就如同伞的顶端，为我们遮盖乌云、遮挡风雨。

师：这双手是伟大的，能够感受到这双伟大的手的人也是懂得感恩的。

生：这是一双饱经沧桑的手，那是我妈妈的手，妈妈的手并不是很灵巧，可以说，她是有点笨的，在制作美味佳肴的时候，锋利的菜刀割伤过她；在妈妈为我补衣服的时候，锐利的绣花针刺伤过她。当时，在看到那伤痕累累的手时，我心如刀绞，在我的眼里，那是最伟大、最美丽的手。因为那是我妈妈的手。

师：妈妈的手虽然粗糙，他却永远记得。同学们，虽然我们无法把这些手一一端详，但我们知道我们的生活中少不了这样的手，是它们带给我们温暖、安宁、幸福与快乐。同样，在老师的心中也有无数美丽、动人的镜头。大家请看！（出示图片一：千手观音）

师：这是手，你看到了什么？

生：这与其说是一双双手，不如说是手的艺术，它以自己独特的魅力影响着身边的人，让人感动。

师：我们为谁感动？你又从中看到了什么？

生：我看到了千手观音演员的一双双手，他们用自己的双手支撑着自己的生活，不依赖别人。

师：手是生活的支柱。

生：我从这手中看到了生活的希望，其实这些艺术家都是残疾人，手上的眼睛代表着他们看到生活的希望。

师：同学们对这手都有自己独特的理解，同时，这手也是演员们的心声。是这双手把他们从绝望的谷底推上了艺术的巅峰，是这双手演绎出人性的美丽，勾勒出人性的高洁，也正是这双手把他们自己的生命变成了一次绝美的舞蹈。这就是手，台上观音的千手我们难忘，台下千千万万的手你可曾记得？（出示图片二：《送伤员的手》）

师：汶川大地震中，他们挖掘出伤员，抬着他们走过残垣断壁，走出废墟，不辞辛劳，送他们踏上生命的征途。在这里，你又看到了什么呢？

生：这是一双双救死扶伤的手，证明他们是怀着一颗救人的心。

师：他看到了手的背后。

生：这双手，把伤员千里迢迢地送上列车。可以看出救援队员们迫切的心情，他们忘记了自己的安危。

师：这手与车厢上的手架起一座桥梁，一座生命的桥梁，他们的手在接力、爱心在传递，生命才能延续，这便是我们生活中那一双双你可能忽视的手，类似这样的画面，你在其他地方还见过吗？

生：我看见过地震的时候一个孩子死去了，还没有来得及松开手中的笔，就离开了这个世界。可以看得出，这是一个爱学习的孩子，他非常想活在这个世界，还想继续学习。

生：我看见过在圣火传递的时候，有一个捐款箱旁边，那里聚集着无数的手，那是充满爱心的手。

师：手不同，心一样。

生：我想说的是温家宝总理的手，地震时候 ，他来到灾区现场，有的孩子哭着要找妈妈，他用手抚平她受伤的心灵。

师：各种各样的手，我们无法忘却，我们也无法全部看到，但它们永远印在我们的心里。这就是手，这些人也是用手将自己的生命变得完美的人。大千世界，这样的人许许多多，你还能想起他们吗？

生：我学习有困难的时候，朋友会来帮助我，我的朋友会向我伸出友谊之手。

师：友谊之手的伸来，让你感到亲切。

生：父母的手是我的依靠，他们用手来抚养我，给我带来一切，我非常感恩。

师：这就是父母的手，他们用手向我们诠释了什么是父母之爱。

生：我印象深刻的手是教我们知识的老师的手，他们的手无时无刻不沾满粉笔灰，而且每天都面朝黑板"吃粉笔灰"。我觉得他们是为了传授知识给我们才这样辛苦的，我觉得很感动。

生：我见过一双文明的手，他将一块垃圾送进垃圾筒，虽然这是一个非常不起眼的动作，却给我留下了深刻的印象。

师：是啊，手解读了教师的职业，手告诉了我们什么是美德，这就是一双手。世间还有这样的手。（出示图片三：《失去双臂的女孩》，音乐烘托：《隐形的翅膀》）

师：刘仕春，一个刚满花季就失去双臂的女孩，曾经，她几乎被伤痛吞噬掉，但正是对手的向往，对手的渴望，让她那失去的双手成了一对隐形的翅膀。

师：这也是手，手是生命的完美，手是爱心的传递，手更是力量的源泉，如果来生，你有幸成为一双手，你愿意有着怎样的经历呢？

生：来生，我希望成为一双感恩的手，感恩老师，它教给我们知识，感恩父母抚育我们成长，我会替父母、老师抚平他们心中的痛苦。

生：我愿意成为保洁阿姨的手，因为她的手给人们宁静的生活，有了干净的地方，我们才能去学习。

师：给了我们一份洁净和美丽。

生：我希望我有一双感恩的手，母亲赐予我们生命，父亲教我们如何做人，教给我们知识，他们是我们人生的第一位老师。我将为母亲沏茶端汤，为父亲倒一杯茶，点一支烟。

师：你也是一个懂得感恩的孩子。

生：我想成为司马迁那样人的手，我相信自己的手会创作出比《史记》还要伟大的著作。

生：我觉得手并没有灵魂，是每个人的心赋予他的手以生命，我愿意用我的心塑造出一双文明的手，一双感恩的手。

生：我想拥有一双能改变命运的手，把那些对生活失去希望的人从生与死的边界拉回来。

师：相信有了你这双手，世界将会变得更美好！

师：是的，每个人都渴望拥有一双属于自己的真正的手，正如这位同学所说的，心手相连，手更是心的代表。

今天，我们对手有了新的认识，也希望同学们用手下的笔把对手的感想，把自己的心声倾吐出来。

（学生习作20分钟）

原创习作赏析会，学生自读。

生：我文章的题目是《那一双手》。

在废墟底下，伸出一只青紫青紫的小手，手中还握着一支笔，那只手，似乎还在依恋着刚刚的课堂，似乎想要书写真实的灵魂。可是就这么一瞬，青春的蓓蕾就这样悄无声息地凋零了，地震，就这样放肆地张开血盆大口吞噬了一个又一个鲜活的生命。生命的奇迹啊，你为何如此无情，不给这双还未绽放的手一个绮丽的梦呢？

师：这双手记录了灾难的残酷，这双手也让我们知道了生命的脆弱。让我们知道活着就是幸福。

生：我文章的题目是《手，力量的源泉》。

它的灵魂在我们心灵的深处，假如我们用手浇灌心灵的花朵，那花朵的芬芳就不言而喻了。司马迁用他的手撰写了一部伟大的《史记》，周恩来用他的手造福着共和国的人民，毛泽东用他的手指挥着工农红军南征北战，解放了人民。伟人们之所以功成名就，手自然是他们力量的源泉，只有手才能给我们力量，只有手才能浇灌心灵的创伤，抹去心灵的黑暗。

师：是否把“浇灌”改为“抚平”更好？

生：我文章的题目是《手的力量》。

如果把“手”字拆分开来，便是“二”和“丁”两个字，两只手就是园丁，辛勤的园丁，每个人都要用手来创造，创造自己心中的果实。手说：诗人用我写下人生的欢歌，写下千古诗篇。手说：工人用我建造万丈高楼，制造生活用品，给予人们温暖的家和便利的生活。手说：医生用我来赋予病人希望，带来生命的曙光，编织起生命的天空。

师：是啊，手是创造的灵魂。

师：这就是我们一双双的手，老师也想把“手”作为礼物送给大家，请看，这也是“一双手”，你读懂了吗？（出示图片四：《大手拉小手》）

生：这是大手拉小手，它的含义是让我们一起手拉手，撑起一片蓝天。

生：可能这是一位父亲和一个孩子的手，父亲正在传递爱给孩子，给孩子带来希望。

生：这也许是一个强者与一个弱者的手，强者拉起弱者。把弱者带上强者之路。

生：我想这是手拉手，心连心，共创一个美好的未来！

师：是的，这里的含义许许多多，从不同的角度来读它，每个人都有不同的认识与收获，只要你懂了它，你将会更好地利用自己的手。

教学点评：

这是一堂五年级话题习作教学课堂实录。课堂教学中明确地体现出话题习作教学的基本要求：纵论古今，还可以浮想联翩，多元辐射，多角度解读。引导学生在回忆、捕捉、感受中表达美好的愿望。在教师的引导中，学生将自己带入了一个历史的空间、一个情感的世界，认知了人性的真谛，并由此表达心中的美好愿望：让手勤劳，让手创造，把平凡变成伟大，让手成为心的代言人……而这一切是在教师的主导下进行的。教师在课堂教学中展开“手”的话题，表面上是对手的认识与解析，实际是引领着学生进行了一场真、善、美的心灵洗礼，既给了学生作文的指导，又给了学生做人的引导。

教学实录三

【习作评赏】

执教教师：深圳市宝安区西乡街道中心小学　陈玉文

执教班级：深圳市宝安区西乡街道中心小学　四（3）班

教学流程：

师：孩子们，咱们好好看看整个会场，你看到了什么？

生：我看到会场上人山人海。

师：你这句话用了一句成语，让人感觉有水平。

生：我看到了许多大人物。（众笑）

师：你有一双“火眼金睛”，能分辨出大人物。其实在座的个个都是大人物，是“人类灵魂的工程师”，专门培养“大人物”的人。

生：我看到了我们的张校长，她坐在前排。

师：茫茫人海，你还能看到校长，不简单。“人山人海”说的是整体印象，你却关注到了一个点，这在习作的时候叫——

生：点面结合。

师：刚才是看到的，现在来说说听到的。

生：我听到那边有人在说话。

师：那是在点评大家的表现。所以，大家要打起精神来哦。谁来说说你感受到了什么？

生：我感到有点儿紧张。

师：心跳得厉害吗？

生：厉害。

师：捂住，不要让心跳出来了。（众笑）

生：我感觉很幸福，因为我们能在这么豪华的会堂上课。

生：我感觉很好玩。

师：学中玩，是一种境界。

师：用眼睛去看，用耳朵去听，还要用心去感受，生活才能丰富起来。生活丰富了，文章自然写得好。写文章是这样，评文章也应该这样，细心地看，虚心地听，用心地去感受，才能评出一番天地来。今天，我们就来评一评这个单元的习作。（板书：习作评赏）在这之前，我们先回顾一下这次习作的内容。

教师用多媒体演示。

观察《胜似亲人》这幅图，注意图中人物的服饰，想一想她们可能是什么关系，她们之间可能发生了什么事。再把你想到的写下来，内容要具体，语句要通顺。可以用“胜似亲人”做题目，也可以根据习作的具体内容自拟题目。如果你不想写这幅图，也可以写生活中的真实故事。所写的事可以是自己亲身经历的，也可以是听到的或见到的。要把事情经过写清楚，最好能写出自己的感受。

教师演示博客里学生的习作，请作者读自己的作品给大家听。

师：我昨天在班级博客里转了转，发现许多同学已经把自己的作品传上去了，我随便选了一篇带来和大家一起分享。

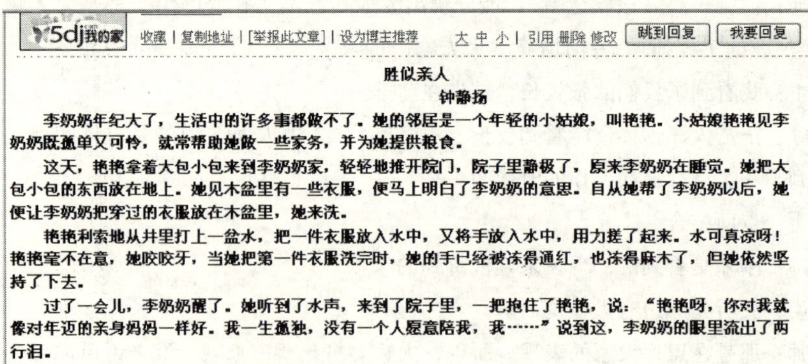

5dj我的家 收藏 | 复制地址 | [举报此文章] | 设为博主推荐 大 中 小 | 引用 删除 修改 跳到回复 我要回复

胜似亲人

钟静扬

李奶奶年纪大了，生活中的许多事都做不了。她的邻居是一个年轻的小姑娘，叫艳艳。小姑娘艳艳见李奶奶既孤单又可怜，就常帮助她做一些家务，并为她提供粮食。

这天，艳艳拿着大包小包来到李奶奶家，轻轻地推开院门，院子里静极了，原来李奶奶在睡觉。她把大包小包的东西放在地上。她见木盆里有一些衣服，便马上明白了李奶奶的意思。自从她帮了李奶奶以后，她便让李奶奶把穿过的衣服放在木盆里，她来洗。

艳艳利索地从井里打上一盆水，把一件衣服放入水中，又将手放入水中，用力搓了起来。水可真凉呀！艳艳毫不在意，她咬咬牙，当她把第一件衣服洗完时，她的手已经被冻得通红，也冻得麻木了，但她依然坚持了下去。

过了一会儿，李奶奶醒了。她听到了水声，来到了院子里，一把抱住了艳艳，说：“艳艳呀，你对我就像对年迈的亲身妈妈一样好。我一生孤独，没有一个人愿意陪我，我……”说到这，李奶奶的眼里流出了两行泪。

从此，艳艳与李奶奶的关系就像两母女那样了.

师：这是你昨天写的文章，今天你读它，有什么感觉？

生：我还是挺满意的。

师：你最满意哪些地方？

生：我觉得我给小姑娘取名叫“艳艳”很好听。

师：哦，名字好听，心灵也美。还有吗？

生：写艳艳洗衣服的这一段，先打水，再放衣服，再搓，而且天很冷，她仍然坚持了下去。

师：真好！我也特别喜欢这一段。一连串的动作，多麻利，不过好像忘了搓点儿肥皂，对吧？

生（笑）：嗯。

师：这一连串动作的描写，倒让我想起了我们学过的《爬山虎的脚》里的一段话：“爬山虎的脚触着墙的时候，六七根细丝的头上就变成小圆片，巴住墙。细丝原先是直的，现在弯曲了，把爬山虎的嫩茎拉一把，使它紧贴在墙上。”（学生很自然地背诵）

师：文章的作者是——

生：叶圣陶。

师：了不起！叶圣陶是大作家，你是小作家。

师：大家来评一评她的文章。

生：我觉得她写的内容太少了。我觉得还可以写一写人物心里的感受，这样就更丰富了。

师（问作者）：你接受这位同学的建议吗？

生：不接受。我觉得写清楚了就可以，不一定要多，多了一堆废话。再说，从老奶奶说的话里就可以看出她的感受了。

师：大家觉得呢？

生：对！

师：有时候，简单就是美，有时候，丰富细腻也是美。要看表达的需要，该要的坚决要，不该要的，打死我也不要。是吧？

生（笑）：是！

师：刚才我们是从整篇文章的角度去评议的。（板书：篇）谁再来评一评？

生：我觉得在第二段里，她用了两次“大包小包”，有点儿啰唆。

师：你说该怎么办？

生：可以把后面这个“大包小包”去掉。

师：我们试着来读一读，看是不是好一些。（生读）怎么样？

生：好些了。

师：我们关注到了句子。（板书：句）

生：文章第三段中，提到“艳艳”洗衣服时感觉到凉，觉得有点突然。应该说一下“正好是冬天”。因为从图中就可以看出，他们穿得挺多。

师：照你的说法，如果是冬天的话，“凉”字是不是应该改一个字比较准确？

生：可以改为“冻”。

生：可以改为“冰”。

生：可以改为“冷”。

师：这样这段话就显得自然和贴切多了。所以，评改时要看看整段话中内容是否衔接自然，还要注意用字的准确。（板书：段　字）字是文章的细胞。细胞健康，文章才健康。

王安石在写《泊船瓜洲》这首诗时，先后改了十几个字，最终才确定了“春风又绿江南岸”中的那个传神的“绿”字。

生：我觉得“李奶奶一把抱住了艳艳，说：‘艳艳啊，你对我就像对亲身（生）妈妈一样好，我一生孤独，没有人愿意陪我，我……’”这里，这个省略号用得好。让人感觉到李奶奶当时的激动心情，激动得都说不出话来了。

师：一个恰当的标点，居然表达着这样丰富的情感。标点虽小，也很重要，用得巧妙，拍手叫好！（板书：标点）

师：评赏文章，就应该这样。既要着眼于字词句段，更要通篇考虑，甚至标点也要精雕细琢。我们评了这么多，看看博客里的游客对这篇文章的一些评价。

教师演示博客中的评价内容。

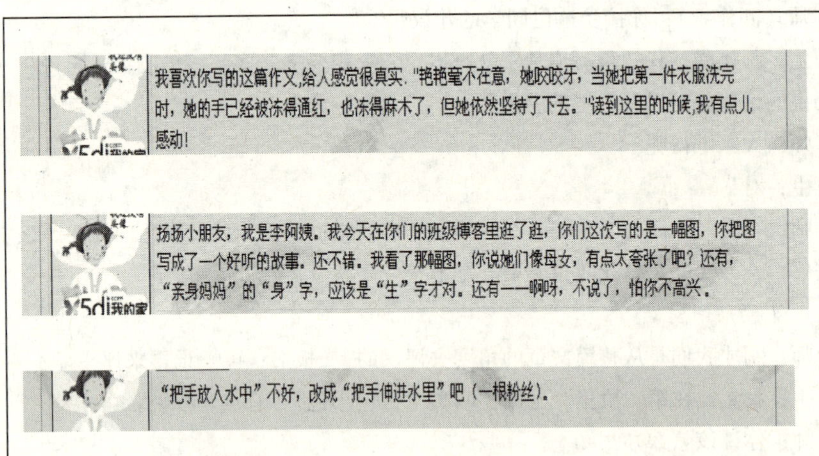

师（问作者）：你同意他们对你的文章的看法吗？

生：同意。

师：那么多人对你的文章“指手画脚”，你是不是有点不高兴啊？

生：不会。我觉得有些建议提得好，能给我帮助。

师：提得不好的呢，你会生气吗？

生（笑）：不会。

师：多好的态度。听对的，能扬长避短。对不同的观点，要学会包容。大家明白怎么修改自己的文章了吗？

生：明白了。

师：说到修改，我们刚刚学习了用符号修改。我们再来看一下课文中叶圣陶爷爷对肖复兴《一张画像》的修改。

教师用多媒体演示。

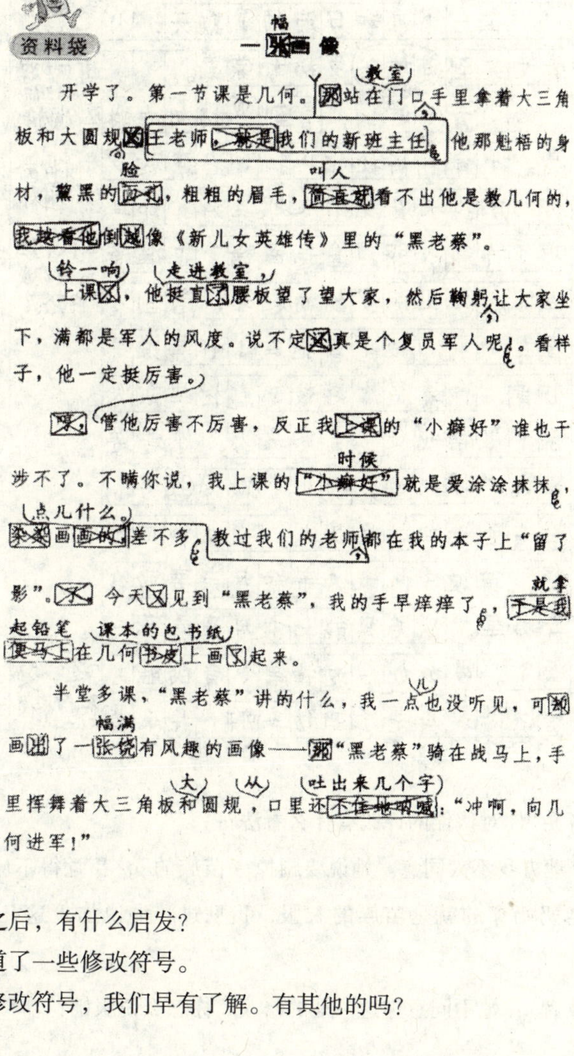

资料袋

一张画像

开学了。第一节课是几何。他站在门口手里拿着大三角板和大圆规，王老师，就是我们的新班主任，他那魁梧的身材，黧黑的面孔，粗粗的眉毛，简直就看不出他是教几何的，我越看他倒越像《新儿女英雄传》里的“黑老蔡”。

上课了，他挺直了腰板望了望大家，然后鞠躬让大家坐下，满都是军人的风度。说不定他真是个复员军人呢。看样子，他一定挺厉害。

咳，管他厉害不厉害，反正我上课的“小癖好”谁也干涉不了。不瞒你说，我上课的“小癖好”就是爱涂涂抹抹，涂涂画画的，差不多教过我们的老师都在我的本子上“留了影”。今天一见到“黑老蔡”，我的手早痒痒了，于是我便马上在几何书皮上画了起来。

半堂多课，“黑老蔡”讲的什么，我一点也没听见，可却画出了一张挺有风趣的画像——那“黑老蔡”骑在战马上，手里挥舞着大三角板和圆规，口里还不住地呐喊：“冲啊，向几何进军！”

师：看了之后，有什么启发？

生：我知道了一些修改符号。

师：关于修改符号，我们早有了解。有其他的吗？

生：我觉得叶圣陶爷爷修改得非常认真，我要向他学习。

师：叶圣陶爷爷这样认真、细致、全面的修改，改出了肖复兴这样一个有名的作家。正如肖复兴在《那片绿绿的爬山虎》中所说的那样：作家就是这么做的，作家的作品就是这么写的。除了可以用符号修改之外，我们还可以写评语，表达自己的观点。现在，我们也来评改别人的作品，说不定也能改出几个作家来呢！

学生之间交换评改作品，展示评改成果。

师：谁愿意来讲台展示一下你的评改？可以邀请作者也到前面来。

教师用多媒体演示学生习作的部分修改片段。

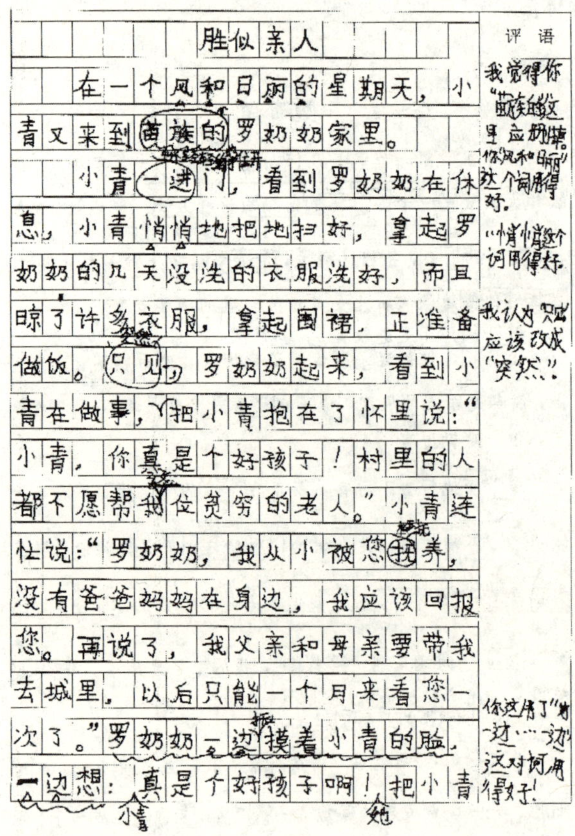

胜似亲人

在一个风和日丽的星期天，小青又来到苗族的罗奶奶家里。

小青一进门，看到罗奶奶在休息，小青悄悄地把地扫好，拿起罗奶奶的几天没洗的衣服洗好，而且晾了许多衣服，拿起围裙，正准备做饭。只见，罗奶奶起来，看到小青在做事，把小青抱在了怀里说："小青，你真是个好孩子！村里的人都不愿帮我位贫穷的老人。"小青连忙说："罗奶奶，我从小被您抚养，没有爸爸妈妈在身边，我应该回报您。再说了，我父亲和母亲要带我去城里，以后只能一个月来看您一次了。"罗奶奶一边摸着小青的脸，一边想：真是个好孩子啊！把小青

评语

我觉得你"苗族的"这里应删掉。你"风和日丽"这个词用得好。

"悄悄"这个词用得好。

我认为"只见"应该改成"突然"。

你这用了"一边……一边"这对词用得好！

师（问作者）：你对伙伴的评改有什么看法？

生：有一个地方我不太同意。她说要删掉"苗族的"，我觉得不应该删掉。因为从画面来看，老奶奶穿的就是苗族的衣服，我见过。再说加上这几个字也不觉得啰唆。

师（问评改者）：她不同意你这一处的修改，你怎么说服她？

生：小青是汉族的，罗奶奶又是苗族的，有点儿不可能。

生：汉族和苗族生活在同一个地方，这有什么不可能？

师：美好的情感不分民族。我反觉得不删去更好！大家觉得呢？

生：对。

师（问评改者）：你评改得很细致。我想知道，你为什么要把“一进门”改为“轻轻地推开门”？

生：因为小青并不想让罗奶奶知道自己帮她做事。所以应该是“轻轻地推开门”。

师：同时也体现了小青默默无闻的精神，对吗？改得好！谁愿意再来展示一下？

教师用多媒体演示另一篇学生习作的修改部分。

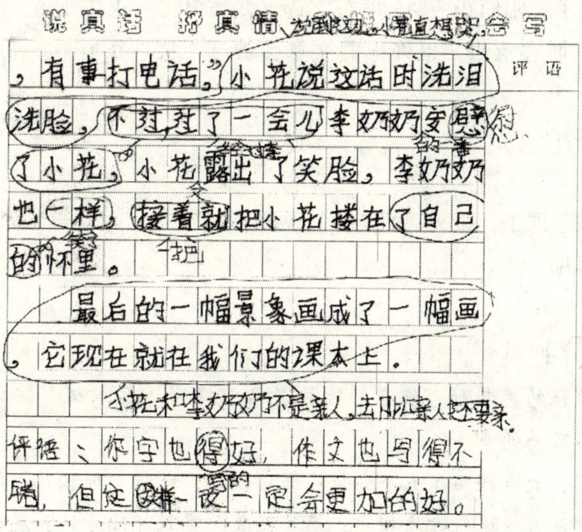

师（问作者）：你的伙伴在这一部分对你的文章做了大“手术”，你怎么看？

生：我没意见。

师：真爽快！（问评改者）你是“主刀医生”，你来给大家说明一下。

生：这样更通顺一点儿。

师：那你凭什么把人家最后一段都改了？

生：这一段是废话。（众笑）

师：为什么？

生：我们本来写的就是书上的这幅画，还用说吗？

师：那改成你这句话好在哪里？

生：我觉得这样表现出了他们的感情很深。

师：孩子们，我们这次看图作文题目是什么？

生：胜似亲人。

师：一起读读这位同学改的这一段话。

生：小花和李奶奶不是亲人，但比亲人还要亲。

师：这就叫“胜似亲人”。唐丝丝同学的这一改，实际上是“点睛之笔”啊！掌声鼓励一下吧。

师：明天是什么日子？

生：元旦。

师：高兴吗？

生：高兴。

师：我看你们高兴是因为要放假了吧？（众笑）

师：新年来了，咱们新一期的学校文选《西海浪花》正在征稿，回去大家把改好的作文传到班级博客上去，也许你的文章会被选上呢，正好算一份给自己的新年礼物。

你们说好不好？

生：好！

师：我们该下课了，跟听课的老师们说再见。

生：老师再见。

【专家点评】

作为一位年轻的男教师，陈老师能把教学演绎得这么细腻、这么生动、这么流畅，是一件很不容易的事。

纵观整堂课，大致经历了五个环节：课前谈话，进行心理预热；揭示内容，提出学习目标；习作评赏，进行方法指导；动笔互改，实践评改方法；展示成果，收获评改习惯。每个环节，目标清晰，环环相扣，逐级递进，交融无痕。课前“拉家常”般地展开对话，这种导入的方式，我们见得比较多，但大多显得冗长，是无的放矢。而陈老师的课前谈话自然、活泼，巧妙地与习作连接起来，既渗透了方法指导，又激活了学习期待，将“习作向生活开放”的理念演绎得十分到位。陈老师将“习作评赏”四个字作为标题，为我们呈现了“开放式习作”的一种新姿态。在我看来，这不是一个标题，而是一种思想，这种思想打破了传统的樊篱，改“讲评”为“评赏”，一字之差，千种意味。“讲”以教师为本，学生的习作思维何以开放？对习作怎会有热情？“赏”以生为本，学生的习作热情得到了呵护，心灵可以自由地舞蹈，语言可以美丽地绽放。这正是张云鹰校长提出的“开放式习作”之所以能枝繁叶茂的根本所在。

陈老师的“导”亦有道。首先是教学语言充满意趣，能让学生在快乐中有所收获。对学生的见解，他从不“否定”，而是倾听，让学生自悟自得。在学生对习作内容繁简问题上起冲突的时候，陈老师问“大家觉得呢？”问得是时候，问得有艺术。

“一连串的动作，多麻利，不过好像忘了搓肥皂，对吧?”——点化得多自然，多有效。“现在，我们也来评改别人的作品，说不定也能改出几个作家来呢”——这样的总结，怎能不叫学生神往？其次，教学的方式有效开放，能让学生心智兼动。建立班级自己的博客，在博客里发表自己的习作，在博客里进行评赏，这是多么有效的资源利用。学生们怎么会不愿意在这样一个自由、宽松的习作平台上“秀”自己？博客已不仅仅是博客了，还是连接家校的纽带，是师、生、家长交流的空间站，是一个开放的舞台，维持舞台秩序的，是客观、包容、真诚和负有责任的意识和心态。从这个意义上说，博客又是一个思想教育的阵地。正如陈老师和孩子们说的那句话一样：作家就是这么做的，作家的作品就是这么写的。难怪，陈老师问学生“这么多人对你的文章‘指手画脚’，你是不是很不高兴啊?”，学生做出了“能对我有帮助”的回答。另外，陈老师教学的方法贴近学生，学生对评赏方法的习得如雨入水，相融无痕。通过对话，陈老师引领学生在评赏过程中，既要关注字、词、句、段，又要考虑谋篇布局，甚至标点符号也要使用得当。说到“字”，陈老师很自然地引入了王安石“炼字”的故事。在评学生“一连串动作，多麻利”的时候，很自然地与学过的课文《爬山虎的脚》的描写方法进行了对接，称学生是“小作家”。我认为这种做法特别值得提倡。教学的过程不是简单的信息给予，而是激活和创生的过程，是课内和课外信息的有效整合过程，这样的教学才能有生命，才能灵动起来，才会有效。

（吴泓，中学语文特级教师，深圳市宝安区首席教师，“吴泓名师工作室”主持人）

附录二：专家链接（排名不分先后）

吴立岗　全国小学语文教学研究会副理事长。

吴立岗教授长期坚持“古为今用”“洋为中用”和多学科综合的研究方向，以活动心理学为基础，运用现代系统方法构建习作教学序列，在国内第一个提出要研究学生在各个年龄阶段的主导活动，根据语言交际功能发展的年龄特点和心理特征来构建比较科学的作文教学序列。他认为，习作教学既要抓好“自由习作”，也要抓好有指导性的、按一定序列进行的“训练习作”。习作训练要练好两个基本功：一是搜集习作材料的基本功；二是表达习作内容的基本功。习作训练的形式应符合儿童思维发展的年龄特征。低年级是儿童想象活动的“敏感期”，因此最佳的习作训练形式是创造型的想象习作和童话体习作；中年级是儿童观察活动的“敏感期”，最佳习作训练形式是观察习作；从高年级开始，学生的抽象概念思维进入“敏感期”，其习作训练应该转向有明确表达需要的实用型习作。

著有《小学作文素描教学》《吴立岗作文教学研究文集》《小学作文教学论》等书。

张田若　全国小学语文教学研究会常务理事、原中央教育科学研究所研究员、全国语文教育专家、全国农村小学作文教学研究课题组组长。

张田若教授数十年如一日，致力于识字、阅读、作文教学研究和推动语文教学改革，创建了“集中识字·大量阅读·分步习作”的教学体系。他认为，“小学生作文是习作，是练习，是训练，是练笔；不是成人的习作、著作、文学创作、科学论著，是最初步、最浅近的文字表达。它必然是幼稚的、初级的，甚至是错误百出的。它是一个过程，由不通到通、由不好到好的过程，而且是缓慢的过程”。其研究在国内外很有影响。

著有《小学作文教学研究》《集中识字·大量阅读·分步习作——张田若论小学语文教学》等书。

贾志敏　全国著名特级教师、上海市浦东名师，讲学足迹遍布国内外，在上海东方广播电台主讲的《特级教师到你家》深受广大师生和家长欢迎。

贾志敏老师主张学写文章必须“大量阅读”，必须每天“写一点”。他一贯坚持“课内课外两条线并行”的习作教学实践。他认为“课内训练作文”可以多方面地培养学生的习作能力，是必需的，是不可缺少的。然而，单纯这样的训练往往会有局限性，会抑制学生的写作热情。因而还要配合“课外生活作文”，让学生去写“放胆文”。这样，习作才能题材新颖别致，内容真实可信，语言鲜活生动，令人拍案叫绝。

著有《贾老师语文》《贾老师评改作文》（系列丛书）《贾老师读小学作文》（系列丛书）《贾老师对你说》等书。

张化万　特级教师，曾获全国曾宪梓先进教师二等奖，浙江省优秀教研员，浙江省小学语文教材的编委。现为全国小学作文教学研究会副会长、浙江省特级教师学会副会长。

张化万老师较早开始“语文最优化”课题研究，多部专著、论文和主编的录音系列在全国获奖，以他为代表的科学实验作文模式在全国独树一帜，有很高的知名度和美誉度。他主张摒弃知识本位的传统观念，以人的发展为本，尊重学生自主发展的权利和个性差异，进行认真而有效的作文教学改革。其教学的主要策略是：通过有趣的科学实验，引导促进并积极鼓励学生的个性化思考，努力尊重学生的个性化体验，不断引导学生的个性化表达。

著有《张化万作文教学》《现代小学写话与习作教学》等书。

李白坚　上海大学文学院教授、中国青少年写作研究会副会长、“快乐大作文”教学法的创始人。

李白坚老师认为，“快乐大作文”是以游戏为教学手段，从学生已有的认知经验世界和情感需要出发，让学生比较轻松地赢得“攫取生活材料”和“产生写作激情”这两大写作基本条件，使作文教学达到“易于动笔、乐于表达”的美好境界，并迅速而有效地提高学生的作文能力和综合素质。在李白坚那里，作文课成了一种技术操作的艺术实践，一种社会环境的课堂缩微，一种心理体验的工场、艺术生成的园地，为学生步入写作的美好殿堂打开了有趣而科学的大门。

著有《快乐大作文》《作文不用怕》《大鼻子李教授和他的快乐作文课堂》等书。

丁有宽 小学特级教师、国家级突出贡献专家、全国劳动模范，荣获国家、省部级荣誉20次，金质奖章8枚，立大功3次，发表论文500余篇，出版专著9部。

丁有宽老师一生从事农村小学教育，创立了“读写同步、系列训练、整体结合、综合提高”的小学语文教学体系，形成了“爱心是根、科研是本”的教育思想。他的“读写结合”体系颇具特色。他主张读为基础，从读学写，写中促读，突出重点，多读多写，把着力点放在学生的读写训练上，做到有序、有点、有法，让学生真正做语文学习的主人。丁有宽的读写结合作文教学法，是让学生掌握语文学习规律的一把“金钥匙”。

武宏钧 中学特级教师、作文教学专家。他于1985年提出自由作文新理念，之后相继提出了对话作文、情趣作文、绿色作文教学新理念，独创了“情趣穷快速作文教学法”，撰写专著120多本，以独特的创新思维独步小学作文教学之林。

武宏钧老师的“自由作文”是一个动态、开放的教学系统，具有自由选材、立意、拟题、布局、表达、修改六大特征，强调各种形式的自由写作，遵循大量读写、自主作文、开放感受、张扬个性、思维训练、少改重评、自主修改、鼓励肯定等原则，并做到“教师导源——使习作言之有物；教师导路——使习作言之有序；教师导悟——使学生开卷有益；教师导改——使习作心中有数；教师导评——使习作言之有理；教师导练——使习作借鉴有法”，极大地发挥了学生的创造性。

姚竹青 中学高级教师，曾获“铁道部有突出贡献的中青年专家”称号，是一位资深的教改专家。

姚竹青老师提出，快乐作文教学法能有效根治我国中小学生普遍患有的“作文头痛病”。他认为，首先，作文教学的快乐，根源于让学生“用平常话写平常事”，而不要求学生非要“用优美的词句”去写“有意义的事”，当然，必要的润饰是不可避免的；其次，语文教学法的快乐，根源于把作文教学与学生的生活和游戏融为一体，让学生在自由自在的氛围中轻松地写作，把事后的真实感受写出来；最后，要最大限度地对学生作文表示肯定和赞扬。

所著的《大语文教育法》一书，被专家誉为“世纪之交的语文教育杰作”。

杨初春　湖南省特级教师、全国快速作文研究中心主任、中国阅读学研究会常务理事，“快速作文教学法”的创始人，被誉为“中国快速作文之父”。

“快速作文教学法”以“快”见长。它关注作文思维的训练，将“快”作为唤醒学生表达欲望的“兴奋剂”，激活学生潜在的动力，变被动接受为主动驱使。“快速作文”概念的提出，对作文教学的改革创新产生了积极的影响。杨初春老师历经10年的艰苦探索与研究创建的快速作文教学法体系，已在全国30个省市推广。

著有《实用快速作文法》《快速作文方法运用70例》《快速作文教学法》等书。

滕昭蓉　小学特级教师，曾获全国“五一”劳动奖章，并获全国“三八”红旗手和“湖南省优秀中青年专家”称号。

滕昭蓉老师从1983年起，首创并开展“童话引路”小学语文教学实验，其观点成为小学作文教学流派之一。该项实验针对小学生富于幻想、喜爱童话的特点，让儿童听童话、说童话、读童话、写童话，从而把儿童引上爱听、爱说、爱读、爱写之路。其具体做法是：以听童话为先导，激发儿童的学习兴趣；以说童话为纽带，把听说读写连接起来；以读童话为基础，逐步扩大阅读范围；以写童话为形式，提早进行作文训练。效果十分显著。

著有《童话引路》一书，在全国小学语文教学界广泛流传。

参考文献

1. 约翰·洛克．教育漫话［M］．傅任敢，译．北京：人民教育出版社，1963.
2. 约翰·洛克．理解能力指导散论［M］．吴棠，译．北京：人民教育出版社，2005.
3. 杜威．学校与社会·明日之学校［M］．赵祥麟，等，译．北京：人民教育出版社，1994.
4. 赞科夫．论小学教育［M］．俞翔辉，译．北京：教育科学出版社，1982.
5. 皮亚杰．发生认识论原理［M］．王宪钿，等，译．北京：商务印书馆，1981.
6. 韦斯特 W. 提高写作技能［M］．章熊，章学淳，译．福州：福建教育出版社，1984.
7. 叶圣陶．叶圣陶语文教育论集［M］．北京：教育科学出版社，1980.
8. 叶圣陶．作文概说［M］．上海：亚细亚书局，1935.
9. 叶澜．新基础教育实验研究报告集［C］．上海：上海三联书店，1999.
10. 朱永新．朱永新教育文集（一）新教育之梦：我的教育理想［M］．北京：人民教育出版社，2004.
11. 朱光潜．诗论［M］//朱光潜全集：第三卷．合肥：安徽教育出版社，1987.
12. 朱慕菊．走进新课程——与课程实施者对话［M］．北京：北京师范大学出版社，2002.
13. 杨雁鹰，林志国．中小学生学古诗写作文［M］．北京：民主建设出版社，2005.
14. 钱理群．语文教育门外谈［M］．桂林：广西师范大学出版社，2003.
15. 赵福祺，李苑．语文教学实施指南［M］．武汉：华中师范大学出版社，2003.
16. 李菀．作文教学与教法［M］．成都：时代出版社，2005.
17. 吴立岗．小学作文教学论［M］．南宁：广西教育出版社，1993.
18. 张化万．张化万作文教学［M］．太原：山西教育音像出版社，1996.
19. 傅世侠，罗玲玲．科学创造方法论［M］．北京：中国经济出版社，2000.
20. 谢海龙．网络作文教学模式的研究与实践［J］．电化教育研究，2003（1）：70－75.
21. 何克抗．论语文教育中的创造性思维培养［J］．中国基础教育，2004（1）：7－16.

写在后面

语文教学的核心内容是习作教学。习作，作为语文教学最终的物质成果显现之一，是学生语文素养的综合体现。学生言语意识的苏醒和成长，言语技巧的创造和运用，以及生命情感的宣泄和升华等，都会在习作的过程中互相交融，交汇生辉。因此，习作教学应当也必须承担它特殊的使命。语文教师必须在这一领域有所作为。

长期以来，我国小学语文教学界给予习作教学的关注是积极的，也催生了不少关于习作教学的理论、方法、模式，并且在一定的时期产生了积极的影响，推动了语文教学的改革，夯实了习作教学的根基。但是，习作教学依然面临着“入不敷出”的尴尬局面，使得我们不得不理性地透视习作教学中存在的种种问题。所以，习作教学必须“变革”和“创新”。

习作教学要革新，就必须挣脱传统的束缚，以尊重生命和现实为前提，构建独树一帜的理念体系，践行独立特行的操作策略，将传统教学中注重传授所谓“技巧”“经验”的“形而下”形式，转变到关注习作者的情感、思维和状态的“形而上”的需要上来。而这种转变，需要从思想到行为上的全面“开放”。只有“开放”才能引来春风，让一度沉闷的习作教学迎来鲜活的气息。

正是基于这样的考虑，我寻求了“开放”这一独特的视角来审视习作教学的真实状态。习作教学为什么要开放？开放什么？怎样开放？我用了几年的时间去定义、解析、思考和实践，在这一过程中，我切身的感受就是，我们和习作教学贴得很近，虽无形，却可触可摸，以至于看到了一些潜藏在一个习作者内心深处的东西。因此，在渐行渐进中，我把自己的思考感悟和老师们的收获点点滴滴地记录在这一本《开放式习作教学》之中，与广大语文教师共同分享。

《开放式习作教学》从理念、思维、情感、内容、表达、文体、范式和评价等方面，揭示了开放式习作教学的内涵，全方位展现着开放式习作教学的体系。《开放式习作教学》没有高姿态，它和广大语文教师站在一起；没有距离，它像携手并进的伙伴，和语文教师平等对话，为语文教师提供参考。所以，它有规可循，有章可依，却没有既定的模式，一如"开放"二字的命题。《开放式习作教学》探寻的是习作思维的变革和教学方式的更新，但这并不是归宿，真正的落脚点是习作的主体，是学生。学生这个习作主体的智能生成才是检验教学效果的最好标准。我们更多地关注习作者的言语意识、言语状态和言语动机，并以此为切入口，优化习作教学。

2005 年，我在英国考察教育时，看到了伦敦博物馆前广场上的一尊青铜雕像。这是一个孕妇形象，从左侧看，孕妇面容恬静安谧，隆起的腹部形成了一道柔美的曲线。而转向右侧，却看到一幅血肉模糊的怀胎生理解剖图，令我为之一颤，心生敬畏——艺术和生命竟是如此相映生辉，如雨入水，相融无痕。

艺术孕育着生命。如果把《开放式习作教学》看成是一种艺术的探索的话，我相信它是有生命的，而且是有伸张力的。这样，也就无愧于为此书的编著者给予关心的各级领导、专家和同行。

五年前，我就已经提出和践行"开放式习作教学"这样一个课题，除了出于对习作教学本身的研究兴趣，还有身为广东省特级教师的一种责任——我应当为宝安区、深圳乃至广东的教育，为整个语文教学有所作为。但是真正把这些成果凝成文字的构想却是两年前的事。那年，全国小学语文研究会理事长、著名小学语文教学专家崔峦老师走进我们开放的习作教学课堂。他认为我们的开放式习作教学具有针对性、前瞻性、可操作性和实效性，是一项值得推广、值得深入研究和实践的非常有生命力的习作教学改革实验，并充分肯定"开放式习作教学"找到了解决"学生写作文难""教师教作文难"的问题的答案。对此，我表示最诚挚的感谢和敬意！我与小学语文教学界的知名人士陈先云老师进行过交流，他对我们的教学改革寄予厚望，在此表示感谢！还要特别感谢吕达教授和吴立岗教授在百忙中赐序鼓励，谨向他们致以敬意！特别感谢中央教育科学研究所袁振国所长的鼎力相助！特别感谢《小学语文教学》杂志编辑部杨伟主任、张暎老师的高度关注！特别感谢深圳市宝安区教育局郑映通局长、教育科学研究培训中心潘世祥主任和西乡街道党工委委员冯颖霞女士的关怀和支持！特别感谢教育科学出版社所广一社长、李东总编辑、杨晓琳主任和相关编辑对出版此书给予的悉心指导！

对《开放式习作教学》一书的成文作出贡献的有姚建武、张颖、陈玉文、宋瑞、王朝晖、欧玲、黄克萍等老师，指导和参与此课题研究的还有温福华、唐宝成、刘俊祥、张红华、相长荣、周锦、贺云等老师，在此一并表示深深的谢意！

习作教学研究与实践是一项长期而艰巨的任务，我提出的“开放式习作教学”理念还只是初具雏形，它有待进一步完善与升华并推而广之，恳请广大教师提出宝贵意见！

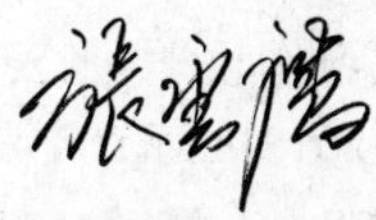

2009 年 2 月 7 日

责任编辑　谭文明
版式设计　尹明妤
责任校对　徐　虹
责任印制　曲凤玲

图书在版编目(CIP)数据

开放式习作教学/张云鹰著. —北京：教育科学出版社，2008.10(2013.1重印)

ISBN 978-7-5041-4226-9

Ⅰ.开… Ⅱ.张… Ⅲ.开放课堂-课堂教学-教学研究 Ⅳ.G424.27

中国版本图书馆CIP数据核字(2008)第134417号

出版发行	教育科学出版社		
社　址	北京·朝阳区安慧北里安园甲9号	市场部电话	010-64989009
邮　编	100101	编辑部电话	010-64981277
传　真	010-64891796	网　址	http://www.esph.com.cn
经　销	各地新华书店		
制　作	北京金奥都图文制作中心		
印　刷	保定市中画美凯印刷有限公司		
开　本	169毫米×239毫米　16开		
印　张	17.5	版　次	2008年10月第1版
字　数	257千	印　次	2013年1月第4次印刷
定　价	33.00元	印　数	9 001—12 000册